당신은 그 길을 끝까지 갈 수 있습니다

Turning Points *Moments that Shaped Me*

당신은 그 길을 끝까지 갈 수 있습니다

글 **박노희**
No-Hee Park
UCLA 명예학장 및 석학교수
옮김 **임수현**

다반

헌사

이 책을 저의 아내, 박유배(율리) 여사에게 바칩니다.

우리는 함께 56년의 세월을 걸어왔습니다. 그 오랜 시간 동안 그녀는 저의 가장 가까운 자리에서 묵묵히 그리고 단단히 저를 지탱해 주었습니다. 그녀의 사랑은 언제나 저를 북돋아 주는 가장 따뜻한 힘이었고, 그녀의 다정한 말 한마디는 거친 날들 속에 위안이었으며, 어떤 순간에도 흔들림 없이 저를 지켜 준 그녀의 믿음은 제가 다시 일어설 수 있게 만든 가장 든든한 버팀목이었습니다.

도전이 거셌던 시간에도, 성취의 기쁨 속에서도 그리고 그 사이의 무수한 평범한 날들 속에서도, 그녀는 언제나 품위와 헌신으로 제 곁을 지켜 주었습니다.

이 책은 단지 제 개인의 여정을 담은 기록이 아닙니다.

이것은 우리가 함께 일구어 온 삶의 증거이며, 그녀가 제게 아낌없이 베푼 사랑과 인내 그리고 담대한 용기의 흔적이 담긴 이야기입니다.

그녀 없이는 이 모든 여정도, 이 모든 성취도 불가능했을 것입니다.

제 마음이 가장 깊이 머무는 존재이자 아름다운 제 인생의 동반자에게 이 책을 바칩니다.

추천사

『당신은 그 길을 끝까지 갈 수 있습니다』를 읽으며 여러분은 단지 한 사람이 무엇을 이루었는지를 아는 데 그치지 않고, 그 사람이 누구인지를 알게 될 것입니다. 치의학계와 세계 과학계에 널리 알려진 박노희 박사님은 자신의 인격과 경력을 형성한 결정적인 순간들과 자신의 인생에 깊은 영향을 미친 인물들에 대해 회고합니다.

저는 UCLA 치과대학 학장직을 박노희 박사님으로부터 이어받는 영광을 누렸고, 그의 자서전을 읽은 후 깨달았습니다. 이 책은 단순히 직업적 성공의 나열에 그치지 않는다는 사실을 말입니다. 이 책은 강인함, 인내 그리고 세상에 긍정적인 영향을 주고자 하는 열망에 관한 이야기입니다.

전란 속에 태어나, 개인적 어려움을 겪으며 유년기를 보내고, 나아가 세계 최고의 치과대학을 이끌게 되기까지, 그의 여정은 결코 순탄치 않았지만 언제나 뚜렷한 목적이 있었습니다. 새로운 나라에서 살아남고 발전하는 법을 배울 때든, 리더로서 어려운 결정을 내릴 때든, 박노희 박사님은 역경을 정면으로 마주할 때 진정한 성장이 이루어진다고 이야기합니다. 그렇기 때문에 이 책은 단지 치의학 분야에 종사하는 사람들만을 위한 책이 아닙니다. 이 책 속의 리더십과 인내에 대한 교훈은 학계와 보건의료 분야에 있는 누구에게나 깊은 감명을 줄 것입니다.

이 책 속의 이야기를 읽으며 여러분은 우리 모두가 경험한 의심과 두려움을 겪으면서도 그것들을 평생에 걸친 봉사, 교육, 리더십으로 승화시킨 인물인 박노희 박사님을 만나게 될 것입니다. 제가 이 책을 읽으며 가장 감탄한 점은 이 책의 내용이 단지 그의 직업적 경로만을 따라가지 않는다는 것입니다. 박노희 박사님은 실수와 성공 그리고 삶을 형성하는 성찰의 순간들로 가득 찬 인간적인 이야기를 나누고 있습니다.

이 책은 목적을 가지고 리더십을 실천하는 삶에 관한 이야기입니다. 또한 우리가 어떤 선택을 하느냐뿐 아니라, 역경에 어떻게 대응하느냐에 의해 우리 자신의 모습이 다르게 만들어진다는 것을 상기시켜 줍니다. 박노희 박사님의 이야기는 여러분에게 앞으로 나아갈 용기를 주고, 인생에서 가장 의미 있는 교훈들이 종종 뜻밖의 계기를 통해 찾아온다는 사실을 일깨워 줄 것입니다.

UCLA 치과대학 학장

폴 H. 크렙스바흐 *Paul H. Krebsbach*

머리말

인생은 단순한 직선이 아닙니다. 인생은 고난과 변화 그리고 예상치 못한 승리의 순간들이 서로 얽히고설켜 펼쳐지는 한 편의 장대한 서사시입니다.

이 자서전은 단순한 사건의 나열이 아닙니다. 제가 어떻게 역경을 견디고, 변화에 적응하며, 마침내 그것을 넘어섰는지의 여정을 통해 인간 정신이 지닌 무한한 가능성을 탐구하는 기록입니다.

저는 한국의 한 작은 시골 마을에서 태어났습니다. 그리고 얼마 지나지 않아 조국은 전쟁이라는 거대한 비극의 소용돌이에 휘말렸습니다. 전쟁은 어린 저에게서 평범한 유년기를 앗아 갔고, 언어장애라는 짐과 함께 너무도 이른 책임을 어깨 위에 올려놓았습니다. 매일이 생존을 위한 싸움이었습니다.

그러나 그 시련의 한복판에서 저는 조용히 깨달았습니다. 진정한 인내란 단지 버티는 것이 아니라, 다시 사랑하고, 다시 배우고, 다시 꿈꿀 수 있는 용기라는 것을 말이지요.

그 어두운 시절은 단지 제 삶을 짓누르기만 한 것은 아니었습니다.

오히려 그것은 제 안에 꺼지지 않는 불꽃을 지폈습니다. 지식에 대한 열망, 더 넓은 세상에 대한 호기심 그리고 '나도 할 수 있다'는 확신이 저를 이끌었습니다. 이러한 갈망을 현실화하여 마침내 저는 서울대학교에 이르렀고, 그곳에서 학문이라는 또 하나의 세계를 만났습니다. 연구는 저에게 언어였고, 자유였으며, 생명이었습니다.

이후 미국으로 떠난 여정은 또 다른 시작이었습니다. 낯선 땅, 낯선 언어, 낯선 문화. 그러나 가장 낯설었던 것은 제 자신에 대해 피어나는 끊임없는 의구심이었습니다.

'나는 과연 자격이 있는가? 나는 여기서 살아남을 수 있을까?'

하지만 모든 의심이 사라지고 선명하게 남은 단 하나의 다짐은, 포기할 수 없다는 마음이었습니다. 재정적 어려움, 문화적 충격, 고독한 밤들을 이겨 내며 저는 배워 나갔습니다. 지식은 환경을 뛰어넘고, 끈기는 경계를 허물며, 인간의 정신은 상상보다 훨씬 더 강인하다는 것을 말입니다.

그리고 마침내 UCLA 치과대학에 이르게 되었습니다. 교수, 과학자, 학장으로서 보낸 시간은 제 삶의 절정이라 할 수 있습니다. 그것은 단지 직책이 아니라 하나의 사명이었습니다. 교육, 연구, 공공 봉사를 통해 저는 다음 세대를 위한 지식의 씨앗을 심었고, 혁신의 문을 열었으며, 소외된 이웃에게 희망의 손을 내밀 수 있었습니다. 석좌교수직 신설, 장학 기금 확대, 연구 인프라 구축—이 모든 일은 단지 성과에 그치지 않고, 제가 받은 사랑과 기회를 되돌려 드리는 감사의 실천이기도 했습니다.

이 책은 이 장대한 여정을 되짚는 기록입니다.

전쟁으로 폐허가 된 땅에서 시작된 삶, 언어의 장벽을 넘기 위한 분투, 학문적 발견의 기쁨 그리고 리더로서 감당해야 했던 책임과 환희.

그 모든 순간마다 제 곁에는 사람이 있었습니다.

가족, 스승, 동료, 후원자 그리고 제자들.

저는 그들의 신뢰와 지지 덕분에 일어설 수 있었고, 마침내 이 자리에 도달할 수 있었습니다.

이 책은 제 이야기를 넘어, 고통을 딛고 다시 일어선 모든 이들에게 바치는 헌사입니다.

이 책은 인간 정신의 강인함에 대한 증명입니다.

가장 깊은 절망 속에서도 성장은 가능하며, 가장 혹독한 시련 속에서도 삶은 여전히 찬란할 수 있다는 사실을 저는 이 여정을 통해 배웠습니다.

우리는 모두 각자의 길을 걷고 있지만, 그 길을 어떻게 걸어가느냐는 우리의 선택에 달려 있습니다.

이 책을 통해 저는 여러분께 묻고 싶습니다.

당신은 지금 어디를 걷고 있습니까?

그리고 그 여정 속에, 당신의 불꽃은 아직 살아 있습니까?

이 책의 페이지를 넘기며, 독자 여러분이 자신의 삶을 다시 들여다보고, 다가올 도전 앞에서 당당히 설 수 있기를 바랍니다.

인생은 우리가 어디서 시작했는가가 아니라, 그 여정을 어떻게 신념과 용기로 채워 나갔는가에 의해 정의되는 것이기 때문입니다.

박노희

UCLA 치과대학 명예학장

UCLA 치과대학 및 의과대학 석학교수

(왼쪽부터) 율리, 저자, 어머니. 1968년 서울대 치과대학 졸업식에서

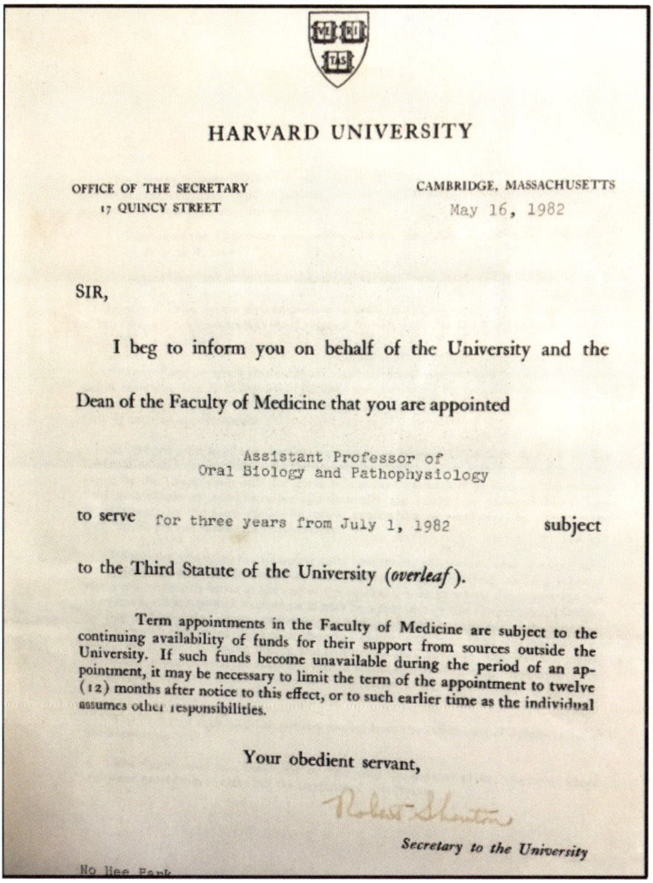

HARVARD UNIVERSITY

OFFICE OF THE SECRETARY
17 QUINCY STREET

CAMBRIDGE, MASSACHUSETTS
May 16, 1982

SIR,

I beg to inform you on behalf of the University and the Dean of the Faculty of Medicine that you are appointed

Assistant Professor of
Oral Biology and Pathophysiology

to serve for three years from July 1, 1982 subject to the Third Statute of the University (*overleaf*).

Term appointments in the Faculty of Medicine are subject to the continuing availability of funds for their support from sources outside the University. If such funds become unavailable during the period of an appointment, it may be necessary to limit the term of the appointment to twelve (12) months after notice to this effect, or to such earlier time as the individual assumes other responsibilities.

Your obedient servant,

Robert Shenton

Secretary to the University

No Hee Park

하버드 교수 임명장

(왼쪽부터) 알렉산드라(손녀), 제니퍼(딸), 저자, 율리, 그리고 조셉(사위)

2017년 저자의 초상화 제막식에서 연설하는 장면

2002년 생중계된 KBS 해외동포상 시상식 행사 장면

2010년 ‘탁월한 업적의 치과 교육자를 위한 윌리엄 가이스(William J. Gies) 상’ 시상식에서 가이스 박사의 흉상을 들고 있는 모습

2007년 자랑스러운 서울대인 선정 기념식에서 이장무 서울대학교 전 총장과 함께

2018년 이낙연 전 국무총리로부터 대한민국 과학기술 유공자 인증서를 받으며

2017년 우리 연구팀

2017년 UCLA 졸업식에서 연설하는 장면

차례

제1장

어린 시절과 청소년기

대한민국 단양에서 시작된 이야기

내 삶의 이야기는 1944년 고요하고 소박한 충청북도 단양에서 시작되었다. 내가 태어나기 전에 부모님께서는 이미 네 딸을 두고 계셨다. 오랜 기다림 끝에 맞이한 다섯째 아이가 아들임을 확인한 순간은 부모님께 말로 다할 수 없는 감격이었으리라. 그 시절, 한국을 비롯한 많은 아시아 문화권에서 아들은 가문의 계보를 잇는 상징적 존재로 여겨졌다. 부모님의 오랜 기도와 바람 속에 나는 그렇게 세상의 빛을 보았다. 나의 울음소리는 어쩌면 조용한 단양의 새벽을 깨우는 종소리처럼 울려 퍼졌을지도 모른다. 그리고 그날, 우리 집은 작은 마을 전체가 들썩일 만큼 환희로 가득 찼다.

그러나 내가 태어난 지 겨우 두 달이 지났을 무렵, 우리의 가족은 예상치 못한 슬픔과 마주해야 했다. 어느 날 누나가 갓난아이였던 나를 품에 안고 있다가 그만 놓쳐 버린 것이다. 작고 여린 내 몸은 단단한 나무 바닥에 떨어졌고, 그 충격은 너무도 컸다. 나는 뇌진탕을 입은 채 이틀 동안이나 의식을 잃고 누워 있었다고 한다. 차디찬 침묵만이 흘렀을 그 이틀은 어머니의 가슴을 천 갈래로 찢어 놓았을 터.

어머니는 그때의 사고가 나의 언어 발달에 큰 영향을 주었다고 믿으셨다. 또렷이 말을 배우지 못하고 더듬는 내 모습을 바라보며, 그때 그날의 일을 가슴속 깊은 응어리처럼 안고 살아가셨다. 어린 누나의 실수를 어머니는 쉽게 용서하지 못하셨다. 그날 이후 누나를 바라보는 눈빛에는 말로 다 표현할 수 없는 아픔이 스며 있었다.

그러나 어머니는 그 원망을 입 밖에 내지는 않으셨다. 오히려 더욱 조용히, 더 깊게 가슴에 묻으셨다. 그리하여 우리 가족을 둘러싼 공기 속에는 아무도 입에 올리지 않는 죄책감과 슬픔이 조용히 떠다녔다. 서로를 바라보는 눈빛 속에 오래도록 지워지지 않는 그림자가 드리워져 있었다.

세월이 흐르면서 나는 점점 깨달아 갔다. 언어장애는 단순히 한 번의 사고로 생기는 것이 아니라, 내면의 심리와 성격 그리고 환경이 얽혀 나타나는 복잡하고도 다층적인 문제라는 것을. 하지만 어머니의 믿음은 끝내 흔들리지 않았다. 그날의 사고가 내 말더듬의 유일한 원인이라는 어머니의 확신은 시간이 지나도 변함이 없었다. 어쩌면 어머니는 그렇게 믿어야만 그 상황을 견딜 수 있었는지도 모른다.

말을 더듬는다는 것은 생각보다 더 깊은 고통을 안겨 주는 일이었다. 누군가에게선 아무렇지도 않게 흘러나오는 말 한마디를 내뱉는 일이, 나에게는 마치 가시밭길을 걷는 것처럼 느껴질 때가 많았다. 그러나 나는 그 어려움들을 회피하지 않았다. 비록 두렵고 벅차기도 했지만, 오히려 그 경험은 나를 단단하게 만들었다. 나는 스스로를 다시 세우는 법을 배웠고, 그 속에서 조금씩 내 목소리를 찾아 나갔다.

말 그대로 그리고 비유적으로도—나는 역경 속에서 나만의 목소리를 찾았다. 그것은 분명 쉽지 않은 여정이었지만, 나에게는 무엇보다 값진 성장의 시간이기도 했다.

내가 태어난 지 1년쯤 지났을 때, 우리 가족은 단양을 떠나 대전으로 이사했다. 단양보다 훨씬 큰 도시인 대전은 당시 충청남도의 도청이 자리한 행정의 중심지였다. 고요하고 소박했던 단양과는 사뭇 다른 풍경과 분위기 속에서, 내 어린 시절의 또 다른 장이 열리게 되었다.

하지만 마음 한구석에는 늘 단양에 대한 그리움이 자리하고 있었

저자의 출생지 전경

다. 내가 태어난 고향이었지만 그곳에 대한 선명한 기억은 없었다. 단양에서 보낸 시간은 너무 짧았고, 사진 한 장조차 남아 있지 않았다. 그래서일까. 나에게 단양은 기억보다는 상상으로 남아 있는 마을이었다. 어머니와 누나들의 회상을 바탕으로 나는 단양의 전경을 머릿속에 그려 보곤 했다. 산이 둘러싸고 물이 흐르던 그 마을을 늘 마음속 어딘가에 품고 있었던 것이다.

그리고 마침내 단양을 떠난 지 거의 66년의 세월이 흐른 2012년, 나는 오랜 세월 가슴 속에 품고만 있던 그곳을 직접 찾아가 보기로 결심했다. 나의 삶이 시작된 곳, 아직도 이름만으로도 마음이 저릿해지는 그 고장을 향해 벅찬 발걸음을 옮겼다.

내 존재의 뿌리를 찾아서

단양을 찾은 건 단순한 여행이 아니었다. 내 삶의 시초, 나란 존재의 뿌리를 되짚어 가는 조용한 순례였다. 긴 세월 동안 마음속에만 그려 왔던 고향. 존재하지만 가닿을 수 없었던 그곳을 마침내 내 두 발로 딛는 순간, 묘한 낯섦과 따뜻함이 동시에 느껴졌다. 산은 여전히 듬직하니 마을을 감싸고 있었고, 강물은 말없이 흐르고 있었다. 모든 것이 그렇게 묵묵히 제자리를 지키고 있는 듯했지만, 동시에 세상은 너무도 많이 변해 있었다.

내 출생지의 풍경은 내 상상보다 더 아름다웠다. 산자락 아래, 물길 따라 이어진 집들, 저녁 햇살에 물든 지붕, 푸르고 쾌청한 공기. 마치 한 폭의 그림 같았다. 그러나 그 아름다움 속에서 나는 아련한 상실감을 마주했다. 내가 태어난 집—그 시작의 자리는 어디에도 없었다. 세월의 손길은 그곳마저 어루만져, 흔적 하나 남기지 않고 지워 버리고 말았다.

마을엔 백스무 채 남짓한 집들이 있었지만, 그 어떤 집도 어머니의 기억 속 풍경과 닮아 있지 않았다. 나 역시 마음속에서 수없이 그려 보았던 그 집을 현실 어디에서도 찾을 수 없었다. 그 순간, 나는 비로소 깨달았다. 어떤 장소는 기억 속에서만 존재한다는 사실을. 그것은 시간이 지워 버린 것이 아니라 오히려 시간이 품어 준 것이었음을, 나는 그날 단양의 산들바람을 맞으며 조용히 배웠다.

비록 내가 태어난 정확한 장소를 찾아낼 수는 없었지만, 그 마을 어딘가에 서 있다는 사실만으로도 가슴 깊은 곳에서부터 벅차오르는 감정을 느꼈다. 차분하게 흐르는 강물, 묵직하게 버티고 서 있는 산들 그리고 마을을 감싼 고요한 공기. 그 순간이 마치 과거와 현재를 잇는 다리처럼 느껴졌다. 시간이 멈춘 듯한 그때 나는 비로소 내 안의 어떤 갈피 하나가 조용히 열리는 것을 느꼈다.

단양으로의 여정은 잊힌 기억의 조각들을 더듬어 다시금 나의 뿌리와 연결되는 과정이었다. 그곳에서 나는 존재한다는 것의 깊이를 새삼 실감했다. 내가 이 세상에 처음 발을 디딘 곳, 삶의 첫 숨결을 내쉰 그 공간을 향해 조용히 고개를 숙였다. 그것은 하나의 여행이자, 작고도 진지한 의식이었다. 내 삶의 시작을 기억하고, 감사하는—그런 숭고한 순간이었다.

순수한 기쁨의 시기

대전으로 이사한 뒤, 우리 가족은 넓은 도로 끝 막다른 골목에 자리한 커다란 집에서 새로운 삶을 시작했다. 그 집엔 방이 무려 아흔아홉 개나 있다는 말이 떠돌았고, 사실 여부는 확인할 수 없었지만, 그 숫자만으로도 집의 크기와 신비로움이 아이들의 상상 속에서 더욱 부풀려졌다. '99'라는 숫자는 어쩌면 과장이었겠지만, 적어도 내 기억 속 그 집은 세상의 모든 이야기를 품을 수 있을 만큼 넓고 멋진 곳이었다.

그 집은 내 어린 시절의 배경이자, 우리 가족의 새로운 시작을 상징하는 공간이었다. 나는 동네 아이들과 어울려 해가 지도록 거리를 뛰놀았고, 마당과 골목은 언제나 웃음소리로 가득했다. 아무런 걱정도,

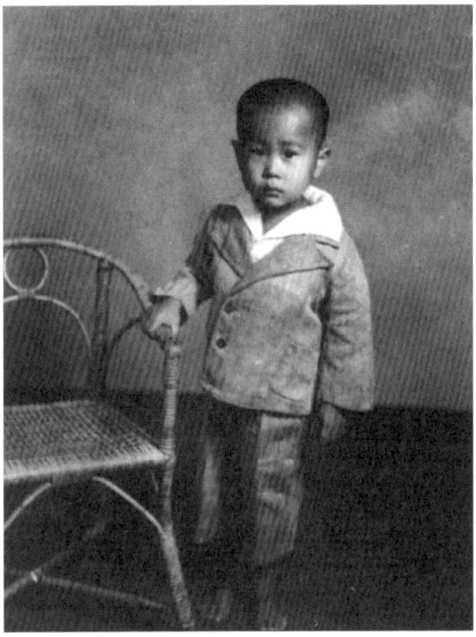

네 살 무렵의 저자

두려움도 없이 오직 그 순간의 기쁨에 몸을 맡겼던 나날들. 바람은 가볍게 불고, 햇살은 따뜻했고, 우리는 서로의 존재만으로도 충분히 즐거웠다.

함께 뛰놀던 그 시간 속엔 소박하지만 깊은 공동체의 온기가 있었다. 아이들이 나눈 웃음, 집집마다 부엌에서 풍겨 나오던 구수한 음식 내음, 골목마다 들려오던 따뜻하고 정겨운 인사들. 그것들은 내 기억 속에 부드럽고 선명하게 남아, 지금도 마음을 따뜻하게 감싸 준다.

넓게 펼쳐진 도로와 그 끝에 자리한 막다른 골목은 마치 끝없는 탐험의 무대처럼 느껴졌다. 하루하루, 내가 발을 내딛는 거리의 경계는 조금씩 확장되어 갔고, 그에 따라 내 세계도 점점 넓어졌다. 골목 어귀에서 마주치는 새로운 얼굴들, 낯설지만 금세 익숙해지는 놀이와 말투 그리고 소소하지만 따뜻한 우정이 하나씩 내 안에 자리 잡기 시작했다.

그 시절의 나는 매일이 작은 발견으로 가득한 여행자였다. 처음 듣는 이름, 처음 보는 풍경, 처음 느끼는 감정들이 나를 둘러싸고 있었고, 나는 그것들을 두려움 없이 받아들였다. 모든 것이 새롭고 눈부셨다. 아침이면 오늘은 어떤 놀라운 일이 기다리고 있을까 설레었고, 저녁이면 하루의 모험을 품에 안은 채 잠이 들었다.

그때의 나는 아직 인생이란 단어를 몰랐지만, 분명히 살아 있다는 것을 온몸으로 느끼고 있었다. 동네의 골목마다, 담장 너머의 빈터마다, 바람이 스치는 순간마다—세상은 나에게 말을 걸고 있었고, 나는 그것을 어린 마음으로 천진하게 받아들였다.

웃지 못할 제복의 추억

어린 시절, 나의 장래희망은 직업군인이나 경찰 수사관이었다. 위험 속에서도 당당히 맞서 싸우며 정의를 수호하는 이들의 모습이 어린 마음에 깊은 인상을 남긴 것이리라. 장난감이 귀하던 시절이었기에, 나는 나뭇가지를 깎아 총이나 칼을 만들어 허공에 휘두르며 나만의 작은 전투를 벌이곤 했다. 상상의 세계 속에서 나는 늘 용감한 영웅이었다.

그러나 삶은 다른 방향으로 나를 이끌었다. 나는 과학자가 되었고, 교수의 길을 걸었으며, 마침내 한 대학의 학장이 되었다. 어린 시절 꿈꾸었던 것처럼 군복이나 수사관 배지는 내 손에 쥐어지지 않았지만, 돌아보면 그 꿈들은 결코 사라진 것이 아니었다.

과학자와 수사관은 모두 진실을 추구한다. 보이지 않는 단서를 따라 미지의 세계를 탐험하고, 끝내 그 안에 숨겨진 원리와 진실을 밝혀내야 한다. 그리고 대학의 학장과 장군 역시, 공동체의 안녕과 더 나은 미래를 위한 무거운 책임감을 짊어진다는 점에서 닮아 있다. 어릴 적 내가 품었던 꿈은 결국 사라진 것이 아니라, 내 인생이 나아갈 방향을 비추는 나침반이 되어 주었다. 그렇게 보면 내가 걸어온 길은 지식과 리더십 그리고 봉사에 대한 평생의 헌신으로 이어지는 하나의 아름다운 귀결이었던 셈이다.

또 하나의 어린 시절 기억이 유난히 또렷하게 떠오른다. 어느 날 아버지께서 나와 두 살 아래 남동생을 위해 군복 느낌의 제복을 사오셨다. 아직도 선명히 기억난다. 포장을 벗기는 순간 느껴지던 설렘, 바스락거리는 천의 촉감 그리고 가슴팍과 소매에 박힌 반짝이는 계급장. 단순한 옷이 아니었다. 그것은 우리에게 '되어 보고 싶은 존재'가 되어 볼 수 있게 해주는 마법의 옷이었다.

내 제복에는 소매를 따라 여러 줄의 계급 표시가 달려 있어, 거울 앞에 서면 제법 위엄이 있어 보였다. 어깨가 절로 펴지고, 말투까지 달라졌다. 나는 어느새 나만의 상상의 부대에서 누구보다 용감한 병사가 되어 있었다. 반면, 동생의 제복은 조금 더 소박했다. 어깨 깃에 다이아몬드 모양의 계급장 하나만 달려 있었지만, 그 반짝임은 동생의 눈빛만큼이나 당당하고 자랑스러워 보였다.

신이 난 우리는 그 길로 제복을 입고 밖으로 뛰어나가 동네 친구들에게 자랑했다. 아이들의 부러운 시선과 감탄사가 우리를 둘러쌌고, 우리는 정말로 대단한 사람이 된 듯한 기분에 휩싸였다. 그러던 순간, 친구 형의 한마디가 내 세계를 송두리째 흔들어 놓았다.

"왜 네 계급이 동생보다 낮아?"

그 말은 마치 총알처럼 마음에 박혔다. 처음엔 이해가 되지 않았다. 왜 내가 낮은 계급이지? 집에 돌아온 나는 계급장을 찬찬히 들여다보았고, 마침내 진실을 깨달았다. 내 계급은 상사, 동생은 소위—군의 계급 체계 속에서 동생이 나보다 높은 위치였던 것이다.

믿을 수 없었다. 형인 내가, 키도 더 크고 더 성숙한 내가, 어떻게 동생보다 낮은 계급일 수 있단 말인가. 받아들일 수 없었던 나는 부모님께 단호하게 말했다.

"이 옷, 다시는 안 입을 거예요!"

그리고 정말로 그날 이후 두 번 다시 그 제복을 입지 않았다. 그 사건은 유난히 마음 깊은 곳에 오래 남아 오랫동안 잊히지 않았다. 그때는 정확히 이유를 몰랐지만, 지금 생각해 보면 그 반응 속에는 내 안에 자리하고 있던 또렷한 성향이 있었다. 누구에게도 뒤처지고 싶지 않은 마음, 형으로서의 자존심 그리고 나의 위상을 스스로 증명하고 싶은 본능이 복합적으로 작용한 것이리라. 어린 날의 나는 이미, 인생이란 무대 위에서 '내 위치'를 찾기 시작했던 것이다.

한국전쟁 발발

1950년 3월, 여섯 살이 된 나는 초등학교에 입학했다. 겨우내 기다려 온 벅찬 순간이었다. 설렘과 긴장 그리고 어쩐지 막연한 자부심 같은 것이 뒤섞인 채, 나는 교문을 들어섰다. 책가방은 무거웠지만, 마음은 날아갈 듯 가벼웠다. 친구를 사귀고, 새로운 세상을 배워 갈 미래가 앞에 펼쳐져 있었다.

초등학교 입학은 어린 나에게 중대한 이정표이자 더 넓은 세상으로 나아가는 문이었다. 그러나 그 문은 열리자마자 닫혀 버리고 말았다. 입학한 지 불과 석 달째였던 6월, 한국전쟁이 발발하면서 나의 학교 생활이 뜻하지 않게 중단되었던 것이다.

전쟁은 모든 것을 집어삼켰다. 따뜻했던 교실, 친구들의 웃음소리, 어머니가 싸주시던 도시락까지—모든 것이 순식간에 사라졌다. 한순간에 평범한 일상은 두려움과 불안으로 뒤덮였다. 거리의 분위기는 변했고, 사람들의 얼굴에는 긴장이 감돌았다. 어제까지의 평화는 꿈처럼 멀어졌고, 세상은 낯설고 위태로워졌다.

그해 여름, 나는 인생에서 처음 '상실'이라는 단어의 의미를 배웠다. 전쟁은 어린아이의 눈에도 삶의 덧없음을 각인시켰다. 그 시절은 동시에 내게 인간 정신의 강인함이라는 것을 처음으로 실감케 했다. 하루아침에 모든 것을 잃은 사람들이 서로를 붙들고, 다시 일어설 방법을 찾아가는 모습 속에서 나는 삶의 진짜 본질을 배워 나갔다.

아버지는 처음엔 전쟁이 금세 끝날 것이라 예상했다. 하지만 상황은 급박하게 흘러갔고, 북한군이 대전을 점령할지도 모른다는 우려 속에, 아버지는 온 가족이 남쪽으로 피난을 가야 한다는 결정을 내렸다. 우리가 향한 곳은 대전 남쪽의 한적한 시골 동네, 복수 마을이었다. 어머니가 우리 남매들을 이끌고 먼저 떠났고, 아버지는 2주 뒤에 합류하겠다고 했다.

그러나 우리가 도착했을 때, 복수 마을은 이미 북한군에 점령당한 상태였다. 그날의 풍경을 나는 지금도 잊을 수 없다. 짙은 침묵에 잠긴 골목, 문이 굳게 닫힌 채 사람들의 기척이 사라진 집들 그리고 어른들의 낯빛에 감도는 공포와 불안. 그곳은 더 이상 피난처가 아니었다.

그 어려웠던 시기, 우리 가족과 마을 사람들은 매일 밤 강제로 한자리에 모여야 했다. 북한의 선전 방송을 듣고, 북한 애국가를 따라 부르며, 지도자를 찬양하는 구호를 익혀야 했다. 아이와 어른, 남녀를 가리지 않았다. 하루하루가 숨죽인 채 살아가는 시간들이었다.

아버지에게서는 몇 달이 지나도록 아무런 소식이 없었다. 전쟁통에 어디서 무슨 일이 있었는지 알 길도 없었다. 매일이 불안의 연속이었고, 어머니는 말없이 하늘만 바라보곤 하셨다.

그러던 어느 날, 해 질 녘 즈음이었다. 흙먼지를 일으키며 절뚝거리는 한 남자의 실루엣이 골목 끝에 나타났다. 지팡이를 짚고 천천히, 마치 오랜 시간을 거쳐 마침내 이곳에 닿은 듯한 발걸음이었다. 가슴이 철렁 내려앉은 채 나는 그 모습을 응시했다. 그 사람은… 아버지였다.

기쁨과 안도감이 동시에 몰려왔다. 그러나 아버지는 왼쪽 다리를 크게 다쳐 절름발이가 되어 있었다. 아버지는 다리 부상으로 인해 북한군에 징집되지 않고 살아 돌아오실 수 있었던 것이다.

말하지 말아야 할 것들

전쟁의 그늘 아래서도 어린 우리는 나름의 즐거움을 찾아내곤 했다. 밤마다 아이들은 북한군의 지휘 아래 모여 노래를 배웠고, 나는 그 시간이 즐거웠다. 새로운 멜로디, 박수, 환호. 무슨 뜻인지도 모른 채, 나는 그 노래들을 흥얼거리며 집으로 돌아왔다.

그러던 어느 날, 나는 배운 노래들을 집 안 가득 울려 퍼지도록 자랑스럽게 불러 댔다. 그러나 그 순간 아버지의 반응은 뜻밖이었다. 아버지는 놀란 얼굴로 다가오시더니, 이내 내 뺨을 세게 치셨다. 그 순간 나는 너무나 놀라고 당황했지만, 아버지의 눈빛은 단순한 분노가 아니었다. 그건 절망에 가까운, 깊고 복합적인 감정의 소용돌이였다.

잠시 후, 아버지는 조용히 내 옆에 앉았다. 그리고 부드럽지만 단호한 목소리로 말했다.

"나는 네가 미워서 그런 게 아니다. 네가 부른 그 노래… 그 노래가 상징하는 것이 너무 싫어서 그랬다."

아버지는 잠시 말을 멈추고 천천히 고개를 저으며 말했다.

"만약 네가 그 노래를 불러서 아버지한테 혼났다고 다른 사람에게 이야기하면, 우리 모두가 위험에 처할 수도 있다."

나는 그날 처음으로 '입 밖에 내지 말아야 할 것들'이 있다는 것을 배웠다. 세상에는 단지 무지에서 비롯된 실수조차 용납되지 않는 순간들이 있다는 것도. 아버지는 그날의 일을 절대 남에게 이야기하지 말라고 신신당부하셨다.

그날 이후, 나는 그 노래를 다시는 입에 올리지 않았다. 그리고 오늘 이 글을 쓰는 이 순간까지도, 단 한 번도 누구에게도 그 이야기를 꺼낸 적이 없었다.

이제야 비로소, 그날의 아버지 마음을 조금은 알 것 같다.

얼어붙은 땅 위의 존엄

몹시 추웠던 어느 겨울날의 기억이 아직도 뇌리에 생생하게 남아 있다. 그날, 마을 사람들은 모두 길가에 나와 줄을 서야 했다. 북한군은 전쟁 포로들을 이끌고 마을을 통과하며 행진했고, 우리는 그들에게 박수를 치도록 강요받았다.

차가운 바람이 살을 에듯 불어오는 날이었고, 군인들의 발소리는 얼어붙은 땅 위를 단단히 두드리며 울려 퍼졌다. 그들은 당당하게, 마치 승리를 자축하듯 행진하고 있었고, 그 뒤를 따라 포로들이 하나둘 터벅터벅 지나갔다.

그들 중에서도 유독 눈에 띄는 이가 있었다. 키가 크고, 피부가 하얀 백인 남성이었다. 나는 그때까지 한 번도 백인을 본 적이 없었다. 낯설고 이질적인 존재였지만, 그보다 먼저 다가온 것은 그가 처한 처참한 모습이 주는 불편한 감정이었다.

그는 손이 뒤로 묶인 채 속옷만 입고 있었고, 다리를 절룩이며 걷고 있었다. 입김조차 얼어붙을 듯한 매서운 추위 속에서 그는 온몸을 떨고 있었고, 그의 피부는 추위와 고통으로 붉게 얼룩져 있었다.

어린 나에게 그의 모습은 충격 그 자체였다. 어쩌면 나는 그때 처음으로 인간의 존엄이 무참히 짓밟힐 수 있다는 사실을 마주했는지도 모른다. 무방비로 노출된 고통과 수치심 그리고 무력감이 그대로 전해졌다.

그날 나는 박수를 치지 못했다. 손은 얼어붙은 듯 움직이지 않았고, 가슴은 알 수 없는 감정으로 먹먹해졌다. 나는 그 백인 남성이 이 시련을 견뎌 낼 수 있기를, 부디 살아남을 수 있기를 조용히, 마음속 깊이 바라게 되었다.

그의 걸음은 느리고 힘겨웠지만, 끝내 그는 고개를 숙이지 않았다. 그의 자세에서 무언가 말로 설명할 수 없는 품위와 인내를 보았던 것 같다. 어린 마음에도 그 순간은 너무나 또렷하게 각인되어, 지금까지도 그날의 찬바람과 묵직한 침묵이 잊히지 않는다.

지워진 과거, 지켜야 할 내일

한국전쟁은 3년에 걸친 긴 고통의 시간을 지나 마침내 막을 내렸다. 대한민국은 미군의 결정적인 지원 아래 가까스로 국토를 수복할 수 있었고, 우리는 다시 대전으로 돌아왔다.

그러나 우리가 마주한 대전은 기억 속 그 따뜻한 도시가 아니었다. 거리 곳곳은 폐허로 변해 있었고, 집들은 형체조차 알아볼 수 없을 만큼 무너져 있었다. 전쟁이 휩쓸고 간 자리는 참혹했고, 그곳엔 생명의 기척 대신 정적과 먼지만이 가득했다.

우리 가족이 웃고, 울고, 살아 냈던 집 또한 사라지고 없었다. 그 흔적이라도 찾고 싶어 주변을 서성였지만, 알아볼 만한 벽돌 하나, 나무 한 그루조차 남아 있지 않았다. 손끝으로라도 과거를 더듬고 싶었지만, 전쟁은 우리의 추억까지도 무참히 앗아 가버렸다.

그 자리에 서서, 나는 처음으로 시간을 되돌릴 수 없다는 사실이 이렇게도 아프게 다가올 수 있음을 느꼈다. 모든 것이 무너진 자리에서, 우리는 다시 살아가야 했다. 아무것도 남지 않은 그곳에서, 처음으로 돌아가야 했다.

전쟁이 끝난 뒤, 남한 정부는 확고한 권력을 손에 쥔 채 전쟁 중 북한에 협력한 이들을 가차 없이 추적하기 시작했다. 마을에는 끊이지 않는 고발과 비난이 떠돌았고, 그 끝은 종종 잔인한 처벌로 이어졌다. 누군가는 총살당했고, 누군가는 철창 속으로 사라졌다. 누구든 의심받을 수 있었고, 누구든 표적이 될 수 있었다. 사람들은 서로를 경계하며, 자신을 지키기 위해 침묵 속에 웅크려야 했다.

우리 가족 또한 그 혹독한 시대의 중심에 서 있었다. 전쟁은 우리에게서 거의 모든 것을 앗아 갔다. 몇 안 되는 소유물들, 익숙했던 일상 그리고 삶을 떠받쳐 주던 안락함까지—한순간에 휩쓸려 가버렸다. 눈앞에 남겨진 것은 무너진 집들과 잿더미 위에 선 절망뿐이었다. 앞날은 짙은 안개 속에 가려져 있었고, 희망이라 부를 만한 것은 아무것도 보이지 않았다.

하지만 이상하게도, 그 끝자락에서 우리는 아주 작은, 그러나 분명한 무언가를 발견했다. 그것은 단념하지 않겠다는 조용한 결심이었다. 불모지 같은 현실 속에서도, 우리 안에는 여전히 살아 있는 온기가 있었다. 꺼질 듯 꺼지지 않는 작은 불씨처럼, 삶을 다시 시작하려는 의지가 우리를 붙들고 있었다.

아버지의 진실

아버지가 자주 자랑스럽게 들려주시던, 부러진 다리에 얽힌 이야기가 전적으로 사실이 아니었음을 나는 우연히 알게 되었다. 아버지는 전쟁의 혼돈 속에서 날아든 파편에 맞아 다리가 산산이 부서졌다고 말씀하셨다. 마치 조국을 위해 몸을 던진 한 영웅이 입은 상처처럼, 그 이야기는 언제나 장엄하고 빛나는 결말로 맺어지곤 했다.

그러나 진실은 그렇게 고상하지 않았다. 현실은 훨씬 더 처절하고 고통스러웠다. 아버지는 북한군의 강제 징집을 피하기 위해, 극심한 고뇌 끝에 자신의 다리에 스스로 큰 돌을 내리쳤던 것이다. 그 소리, 그 고통, 그 순간의 절망은 오직 아버지 혼자만이 감당해야 할 무게였다. 아무도 모르게, 혹여 누군가 목격할까 조바심 내며, 아버지는 자신의 몸에 깊고도 비참한 상처를 새긴 것이다.

그 선택은 생존을 향한 마지막 본능이었으리라. 하지만 아버지는 그 끔찍한 행위를, 조국에 대한 충성과 희생의 상징으로 바꾸어 가족에게 들려주었다. 쓰라린 고통을 자랑스러운 상처로 감싸안은 채, 아버지는 우리 앞에서만큼은 부끄러움을 들키고 싶지 않았던 것 같다.

기대의 무게

앞서 언급했듯이, 내가 태어났을 때 우리 집안은 커다란 기쁨으로 들썩였다. 기다리고 기다리던 아들이 태어난 그날, 우리 집 담장을 넘어 온 마을 전체가 마치 잔칫날처럼 환희로 가득했다. 그러나 나의 탄생이 선사한 행복은 오래 가지 못했다. 전쟁이라는 거대한 비극이 조국을 폐허로 몰아넣었고, 우리의 삶은 전란의 고통 속으로 휘말려 들어갔다. 가족의 고난은 짙어졌고, 나는 그 속에서 아버지의 거대한 기대와 맞서야 했다.

아버지에게 나는 단순한 아들이 아니었다. 아버지는 나를 통해 이루지 못한 자신의 꿈을 다시 그려 보고자 하셨다. 조부의 이른 죽음으로 중단될 수밖에 없었던 젊은 시절의 포부와 열망을, 나라는 존재에 고스란히 투영하신 것이다. 나의 삶은 어느새 아버지의 꿈의 연장선이 되었고, 나는 그의 이상을 실현해야 할 사명을 짊어지게 되었다.

아버지의 기대는 늘 산처럼 높았다. 나는 그 정상을 향해 쉬지 않고 오르기를 강요받았다. 아무리 노력해도, 아무리 달려도, 아버지가 정해 놓은 목표는 늘 한 걸음 더 앞에 있었다. 마치 그림자처럼, 잡히지 않는 무언가를 좇는 듯한 기분이었다. 아버지에게 나는 자랑스러운 존재이길 바랐지만, 동시에 포기하지 못한 꿈의 대리물이기도 했다. 그래서 나는 종종 아버지의 인정이라는 신호를 쫓아 끝없는 추격전을 벌이고 있다는 느낌에 사로잡히곤 했다.

그렇게 3년에 걸친 전쟁이 끝났고, 나는 다시 학교로 돌아갔다. 그러나 내가 마주한 학교는 더 이상 '학교'라 부를 수 있는 공간이 아니었다. 건물은 무너졌고, 교실은 없었으며, 책상도 칠판도 찾아볼 수 없었다. 수업은 자갈이 깔린 황량한 빈터나, 폭격으로 뼈대만 앙상하게 남은 건물 안에서 이루어졌다. 마치 상처 입은 도시의 폐허 위에 교육이라는 희망을 억지로 세워 놓은 듯한 풍경이었다.

모든 것이 무너져 있었다. 눈에 보이는 것만이 아니라, 아이들의 마음과 어른들의 삶까지. 실제로도 그리고 비유적으로도 우리는 폐허 위에서 다시 삶을 시작해야 했다. 그럼에도 불구하고, 그 척박한 공간 속에서도 아이들은 책을 펼쳤고, 선생님은 말을 이어 갔다. 누군가는 울었고, 누군가는 조용히 희망을 되새기며 그 자리에 앉아 있었다. 나 역시 그들 중 하나였다.

초등학생 시절의 기억

뒤처짐 그리고 말더듬증의 공포

전쟁 전, 나는 겨우 석 달가량의 짧은 시간 동안 초등학교에 다녔다. 전쟁이 끝나고 나서 아버지의 강한 주장으로 나는 1~2학년을 건너뛰고 바로 3학년에 배정되었다. 처음엔 그것이 자랑처럼 느껴졌지만, 곧 나는 자신이 얼마나 부족한지를 뼈저리게 깨닫게 되었다. 교실에 앉아 있는 시간 동안 무거운 돌이 어깨를 짓누르는 듯했고, 다른 아이들과의 격차는 숨 막힐 정도로 크게 벌어졌다.

물론 전쟁 중 학교를 다니지 못한 건 모두가 매한가지였다. 하지만 대부분의 아이들은 전쟁이 나기 전 최소한 2년의 초등교육을 마친 상태였다. 게다가 그들은 대개 나보다 두세 살 더 많았고, 학업 수준에서도 훨씬 앞서 있었다. 나는 그들보다 어리고, 덜 배우고, 뒤처진 존재였다. 따라잡기 위한 노력이 오히려 내 부족함을 더 적나라하게 드러냈다. 동급생들과의 격차는 마음속을 짓눌렀고, 하루하루가 부끄러움과 자책의 연속이었다.

그 위에 또 하나의 짐이 얹혀 있었다. 바로 언어장애. 말더듬증은 마치 그림자처럼 나를 따라다녔다. 특히 국어 시간은 공포의 순간이었다. 선생님이 학생들에게 돌아가며 책을 읽도록 시키면 나는 책장이 넘어갈 때마다 간절히 기도했다. 제발 이번엔 내 차례가 오지 않기를. 하지만 어김없이 내 이름이 불렸다. 그리고 그 순간, 나는 얼어붙은 듯 입을 떼지 못했다.

말은 목구멍에서 걸렸고, 혀는 생각을 따라 주지 않았다. 단어 하나를 꺼내기까지 시간이 너무 오래 걸렸고, 그 사이 교실은 비웃음으로 물들었다. 친구들의 눈빛은 냉소로 가득했고, 조용한 조롱이 귓가를 맴돌았다. 나는 책을 읽는 것이 아니라, 내 존재를 시험받는 기분이었다. 더듬거리는 목소리는 교실을 울렸고, 그 소리는 내 마음을 찢어놓았다. 그로 인한 불안과 수치심은 악순환이 되어 내 말더듬을 더욱 심화시켰다.

4학년이 되던 해, 한 줄기 희망이 내게로 다가왔다. 말더듬을 고쳐는 특별 수업을 방과 후에 진행하는 임시 선생님이 부임했던 것이다. 처음 그 소식을 들었을 때, 나는 믿기지 않을 만큼 기뻤다. 마치 누군가 몰래 건네주는 작고 따뜻한 위로 같았다. 수업은 무료로 시작되었고, 나는 내 목소리를 되찾고 싶다는 간절한 마음으로 망설임 없이 참여했다.

선생님의 눈빛은 따뜻했고, 말이 막히더라도 다그치지 않으셨다. 그 시간만큼은 내가 조롱당하지 않아도 되는 곳이었다. 나는 처음으로 '내가 변할 수 있을지도 모른다'라는 희미한 희망을 품었다. 더듬거리는 말투 속에서도 서서히 자신감이 자라기 시작했고, 그 조용한 진전은 내게는 기적처럼 느껴졌다.

그러나 그 희망이 막 뿌리를 내리려는 순간, 수업이 유료로 전환되었다. 가정 형편을 누구보다 잘 알고 있었던 나는, 부모님께 그 사실을 알리는 것이 두려웠다. 결국 나는 입을 다물었고, 그 수업도 조용히 포기해야만 했다. 간신히 붙잡았던 희망의 불씨는 그렇게 꺼져 버렸다. 다시, 나는 혼자 힘으로 고군분투해야 했다.

그 이후로 나는 국어와 문학 과목에 자연스럽게 마음을 닫게 되었다. 책을 소리 내어 읽는 일이 두려웠고, 발표는 고통이었으며, 언어는 나를 끊임없이 무력하게 만들었다. 그 거부감은 고등학교를 지나 대학까지 길게 이어졌고, 언어와의 거리는 좀처럼 좁혀지지 않았다.

음악: 상처받은 어린 영혼의 피난처

어둠 속에서도 나를 숨 쉴 수 있게 해주는 피난처는 분명히 존재했다. 말을 내뱉을 필요 없이 생각이나 감정으로 풀어내는 수학, 역사, 생물학, 물리학, 미술, 음악 등의 과목이 내게는 안식처가 되어 주었다. 말더듬으로 규정되지 않는 나, 표현 방식이 다를 뿐 결코 모자라지 않은 나를, 이 과목들은 묵묵히 인정하고 품어 주었다. 이로써 나는 작은 위안과 새로운 가능성을 발견하며 다시 나아갈 힘을 얻었다.

특히 음악은 내게 참으로 모순적인 피난처였다. 말은 자꾸만 막히고 끊겼지만, 노래를 부를 때만큼은 내 목소리가 놀랍도록 유창하고 자유로워졌다. 멜로디가 흐르면 혀는 풀리고, 숨은 정돈되었으며, 마음 깊은 곳에 숨겨 둔 언어가 거침없이 흘러나왔다. 나는 우리 반에서, 아니 어쩌면 학교 전체에서 가장 뛰어난 가수였다.

6학년이 되던 해, 선생님의 인솔로 우리 반은 지역 라디오 방송국을 견학하게 되었다. 어쩐지 그날은 아침부터 마음이 설렜다. 방송국이라는 공간이 주는 특별함도 있었지만, 그보다 더 가슴 뛰는 순간은 그 이후 곧 찾아왔다. 선생님은 나를 대표로 추천해 노래를 녹음하게 하셨고, 나는 작은 녹음실 안에서, 어두운 유리창 너머 마이크 앞에 서게 되었다.

불안감에 떨리기도 했지만, 막상 노래가 시작되자 나는 그 안으로 스며들듯 빠져들었다. 음악은 나를 감쌌고, 나는 그 안에서 오롯이 '나'로 존재했다. 더듬는 말이 아닌, 맑고 힘 있는 노랫소리로. 그렇게 녹음된 내 목소리는 며칠 뒤 실제 라디오를 통해 방송되었고, 그 소식을 들은 선생님과 친구들, 심지어 동네 사람들까지 깜짝 놀랐다.

그렇게 심하게 말을 더듬던 소년이, 어쩌면 말을 제대로 잇지조차 못 하던 내가, 그토록 유창하게 노래를 부를 수 있다는 사실은 많은 이들에게 놀라움이자 감동이었다. 그 순간은 내게도 낯설 만큼 눈부셨다. 세상이 늘 내 결점을 먼저 보려 했던 날들 속에서 드물게 찾아온 승리의 순간이었다. 나는 처음으로 목소리로 사랑받을 수 있다는 희망을 느꼈고, 그 감정은 오래도록 내 마음속에서 잔잔하게 울려 퍼졌다.

세상사의 부당함에 눈뜨다

나는 미술을 무척 좋아했다. 색과 선, 종이 위에 펼쳐지는 세계는 언제나 내 마음을 두근거리게 했다. 그러나 그 설렘은 늘 아쉬움과 함께였다. 내가 가진 크레용은 색이 뿌옇고, 심이 자주 부러졌으며, 종이에 선을 그을 때마다 갈라졌다. 그림을 그릴 때마다 색은 마음속 이미지와 다르게 번졌고, 어린 나는 그것이 내 탓인 줄 알고 종종 실망에 빠지곤 했다.

그러던 어느 날부터, 한 친구가 내 시선을 끌기 시작했다. 그는 대전시 구세군 지도자의 아들이었고, 항상 미국 구세군에서 기부한 고급 크레용과 미술용품을 사용했다. 반 친구들은 그 아이를 둘러싸며 미술 시간이 되면 그의 크레용을 빌리기 위해 애썼다. 말 그대로 입안의 혀처럼, 조심스럽고도 공손하게 굴었다. 그 크레용은 부드럽게 종이를 미끄러졌고, 색은 선명하고 깊었다. 내가 가진 것들과는 비교조차 되지 않았다.

나는 속으로 물었다. 왜 그 아이만 그런 도구를 쓸 수 있는 걸까. 왜 그런 특권은 나와는 거리가 먼 것일까. 이러한 경험은 내 마음에 조용한 선을 하나 그었다. 세상은 공평하지 않다는, 말로 설명할 수 없는 씁쓸한 자각이었다. 자선을 베푸는 조직, 나눔과 도움을 말하는 단체에 대한 인식이 그때부터 조금은 퇴색되었다. 물론 이제는 안다. 구세군이 얼마나 많은 이들을 도와 왔는지, 그들이 펼치는 활동이 얼마나 의미 있는지. 하지만 그 어린 시절, 나는 그 고급 크레용 하나 앞에서 세상사의 부당함과 불공평함을 처음으로 체감하고 있었던 것이다.

투쟁을 통해 배운 것

6학년이 되던 무렵, 나는 아버지의 예측 불가능한 엄격함과 까다로움으로부터 스스로를 보호하는 법을 서서히 터득하게 되었다. 정면으로 맞서기보다는, 감정을 조용히 거두고 일정한 거리를 두는 방식이었다. 그것은 피하는 것이 아니라, 내 마음을 지키기 위한 생존의 기술이었고, 어린 내가 할 수 있는 최선의 선택이었다.

가정에서의 갈등과 감정의 소용돌이 속에서도 나는 학업에서 나름의 성취를 이어 갔다. 100명이나 되는 반에서 상위 10% 안에 들 정도였고, 그것은 스스로도 놀라운 일이었다. 더 놀라운 건, 나는 집에서 따로 책상 앞에 앉아 공부한 기억이 거의 없다는 사실이다. 실은, 나는 자주 교과서와 공책, 연필이 담긴 보자기를 잃어버리곤 했다. 골목 어귀에서 친구들과 구슬치기에 빠져 시간을 보내는 일이 더 많았으니, 어찌 보면 기적 같은 성적이었다.

그러나 교실 밖은 또 다른 싸움의 공간이었다. 전쟁의 상처는 여전히 깊었고, 우리 가족에게 초등학교 학비조차 버거운 짐이 되었다. 아버지는 이런 문제에 있어 언제나 멀고도 어려운 존재였다. 그래서 나는 자연스럽게 어머니와 함께 현실적인 문제들을 마주하게 되었다.

학비 납부일이 다가오면, 나는 조심스레 어머니께 그것을 상기시켰다. 하지만 어머니는 종종 깜빡하셨고, 때로는 지갑이 텅 비어 있는 현실 앞에서 말없이 고개를 숙이셨다. 그런 날이면 나도 눈물을 삼켰고, 더 이상 말로 설명할 수 없는 답답함에 단식이라는 방식으로 마음을 표현하곤 했다. 하루, 이틀—입맛을 잃은 듯 밥을 거르고 앉아 있으면, 어머니는 결국 내 손을 잡으시고 조용히 말씀하셨다.

"엄마가 어떻게든 해볼게."

그 순간들은 짧고도 길었다. 몸은 허기졌지만, 마음은 무언가를 견뎌 내고 있다는 확신으로 차올랐다. 그렇게 나는 인내라는 것 그리고 한 번 한 약속을 지키기 위해 끝까지 버텨야 한다는 삶의 태도를 배웠다. 세상이 언제나 공평하지는 않다는 사실을 알게 된 것도, 그즈음이었다. 하지만 그 불공평함에 무너지기보다는, 나는 끝까지 손에서 놓지 않아야 할 어떤 내면의 원칙을 조금씩 품어 가고 있었다.

나의 아버지

복잡한 기질을 지닌 사업가였던 아버지는, 내가 노래할 때만큼은 잠시 마음의 쉼을 얻는 듯했다. 친구들과의 모임 자리에서 아버지는 종종 나를 불러 노래를 시키셨고, 내가 입을 열면 모든 대화가 멈추곤 했다. 노래가 끝나면 아버지는 흐뭇한 미소를 지으며 내 등을 두드리셨다. 그 짧은 순간만큼은, 나도 아버지의 자랑스러운 아들처럼 느껴졌다.

하지만 그런 따뜻함은 오래가지 않았다. 아버지의 이중성은 아이였던 나에게도 뚜렷하게 드러났다. 노래할 때는 나를 칭찬하시다가도, 내가 말을 더듬기라도 하면 거침없는 비난이 쏟아졌다. 특히 술에 취한 날이면, 그 분노는 전혀 예고 없이 터져 나왔다.

"그 입 좀 제대로 놀려라!"

아버지의 비난은 칼날 같았고, 그 차디찬 시선에 나는 한없이 작아졌다. 말은 더더욱 나오지 않았고, 위축된 내 모습은 다시금 아버지의 화를 자극했다. 두려움과 굴욕의 악순환은 쉴 틈 없이 반복되었다.

아버지는 동네에서 유명한 사냥꾼이기도 하셨다. 꿩, 멧돼지, 노루—정글 같은 산을 누비며 종종 며칠씩 원정에 나서셨다. 나는 그런 아버지의 명성을 부정하지 않았고, 어딘가 존경심도 품고 있었다. 하지만 동시에, 나름대로 비판적인 시선도 잃지 않으려 했다.

그 감정은 아홉 살 무렵, 어느 날 선명하게 드러났다. 아버지가 사냥에서 돌아오시며 꿩 두 마리를 들고 오셨는데, 이상하게도 총상 자국이 하나도 없었다. 나는 그저 호기심에, 아무런 의도 없이 여쭈었다.

"아버지, 이건 어떻게 잡으셨어요? 왜 총 맞은 자국이 없어요?"

아버지는 잠시 할 말을 잃은 듯 나를 바라보더니 황급히 방을 나가셨다. 나는 그 순간 무언가 잘못되었다는 것을 직감했다.

잠시 후 어머니는 분노에 찬 얼굴로 나를 끌어내 매질하셨다. 어른들 앞에서 아버지를 망신 줬다는 것이 이유였다. 회초리가 다리를 스치고 등을 내리칠 때도, 나는 잘못했다는 생각이 들지 않았다. 그리하여 고집스럽게 사과를 거부했다. 눈물을 흘리면서도 난 내가 틀리지 않았다는 확신이 있었다.

훗날 알게 된 건, 그 꿩들이 아버지가 직접 사냥한 것이 아니라 덫으로 잡은 누군가에게서 사들인 것이라는 진실이었다. 나의 무심한 질문은 아버지가 감추고자 했던 비밀을 우연히 들춰낸 셈이었다. 그날의 장면은 어린 나에게 권위와 진실, 체면과 용기의 복잡한 경계를 깨닫게 하는 사건이 되었다.

예상치 못한 칭찬의 깊은 의미

정직함과 진실성은 나의 태도를 가장 잘 설명해 주는 말이었지만, 그 가치를 부모님께서 적극적으로 인정해 주지는 않았다. 말보다 행동이 앞서는 성향, 조용한 원칙을 고수하려는 내 모습은 때로는 무심히 간과되었다. 그러나 실리적이고 눈에 보이는 결과에 대해서는 달랐다. 부모님은 그러한 측면에서는 유난히 눈이 밝았고, 아낌없는 칭찬을 건네셨다.

그중 하나가 바로 내가 만든 예산 수첩이었다. 나는 어린 나이에 용돈을 철저히 관리하기 위해 자발적으로 수첩을 만들었다. 수입과 지출을 하루하루 빠짐없이 기록하며, 단돈 몇 푼도 가벼이 쓰지 않으려 애썼다. 누군가는 유난스럽다고 했겠지만, 나는 그 과정을 즐겼고, 그것이 내 삶을 정돈하는 방식이기도 했다.

놀랍게도, 부모님은 그런 나의 행동에 진심으로 감탄하셨다. "이 아이는 다르다"라고 칭찬하시며, 그 작은 수첩을 친구들과 이웃에게 자랑까지 하셨다. 그때의 나는 의아했다. '이 정도가 그렇게 대단한 일인가?' 하고. 하지만 어쨌든 기뻤다. 오랜만에 부모님의 관심이 칭찬의 형태로 내게 닿았고, 나는 그 감정을 조용히 마음에 새겼다.

오랜 세월이 흐르고, 내가 UCLA 치과대학 학장이 되었을 무렵에야 그때의 칭찬이 단지 예산 수첩 때문만은 아니었음을 깨달았다. 어릴 적부터 체화된 계획성과 자율성 그리고 숫자 하나도 허투루 넘기지 않던 감각이 곧 조직을 이끄는 리더십과 관리 능력으로 이어졌던 것이다. 그것은 책상 위에서 만들어진 기술이 아니라, 생활 속에서 단단히 다져진 태도였다.

그리하여 나는 뒤늦게, 부모님의 그 칭찬이 결코 가볍지 않았다는 사실을 이해하게 되었다. 그것은 단지 돈을 아꼈다는 칭찬이 아니라, 미래를 준비하는 태도에 대한 그리고 살아가는 방식에 대한 인정을 담고 있었던 것이다.

입시: 나를 지배한 두 글자의 명령

6학년이 되기 전까지, 아버지가 나와 개인적인 대화를 나누기 위해 날 먼저 호출한 적은 거의 없었다. 아버지의 부름은 대개 좋지 않은 징조였고, 나는 이미 그것에 익숙해져 있었다. 아버지가 나를 찾는다는 것은, 무언가 잘못되었거나 곧 내가 꾸지람을 들어야 할 일이 생겼다는 의미였다. 그래서 어느 날 아버지가 낮고 단호한 목소리로 나를 부르셨을 때, 나는 마음속으로 최악의 상황을 각오했다.

하지만 그날은 달랐다. 아버지는 나를 마주 앉히고는 처음으로 '미래'에 대해 이야기하셨다. 그것도 막연한 미래가 아니라, 내 삶의 방향과 선택에 관한 아주 구체적인 이야기였다. 아버지는 침묵을 가르며 말문을 여셨고, 그 목소리는 낯설 만큼 무겁고 진지했다. 대전중학교에 입학하는 것이 얼마나 중요한 일인지, 그것이 내 인생을 어떻게 바꿀 수 있는지를 아버지는 조목조목 설명하셨다.

대전중학교는 당시 도내에서 가장 명망 있는 학교였다. 아버지에게 그것은 단지 교육기관이 아니라 '성공'으로 가는 입구였다. 거기에 합격하면 삶의 궤도가 달라질 것이고, 실패한다면 실망과 치욕 그리고 아버지의 말대로라면 '집에서 쫓겨나는 것'까지도 각오해야 했다.

나는 그 입시에 대해 아무것도 모르고 있었다. 주변 친구들 중 그런 경쟁에 나서는 아이는 거의 없었고, 나 역시 그 수준에 도달할 수 있을 거라 생각해 본 적이 없었다. 반에서 상위 10% 안팎의 성적을 유지하고는 있었지만, 그것으로는 명문 중학교의 문턱을 넘기에 턱없이 부족하다고 느껴졌다.

하지만 우리 집에서 아버지의 말은 곧 법이었다. 아버지가 한번 결정을 내리면, 그것은 선택이 아닌 의무가 되었다. 그 순간 나는 깨달았다. 이제부터 내 일상은 입시를 중심으로 재편될 것이라는 것을. 꿈도, 두려움도, 감정도 모두 미뤄 두고, 오직 '합격'이라는 두 글자를 향해 나아가야 한다는 것을.

무려 3일에 걸쳐 치러진 입학시험은 어린 나에게 하나의 고비이자 전장과도 같았다. 국어, 한문, 수학, 역사, 과학, 음악, 미술, 체육—과목은 폭넓었고, 시험의 강도는 상상을 초월했다. 당시 중학교 입시에는 초등학교 성적이나 활동 등이 반영될 여지가 전혀 없었다. 모든 것이 오직 입학시험 점수에 달려 있었고, 그 점수가 곧 나의 운명을 결정지었다.

특히 수학은 악명 높았다. 단 네 문항, 그러나 그 네 문제는 마치 거대한 성채처럼 높은 난이도를 자랑했다. 대부분의 학생은 반 이상도 풀지 못했고, 포기한 채 답안지를 내려놓기도 했다. 하지만 나는 네 문제를 모두 끝까지 풀었다. 손은 떨렸고, 머릿속은 하얘졌지만, 이상하게도 집중은 또렷했다. 그때 나는 처음으로 조심스레 희망을 품었다. '혹시 나에게도 가능성이 있는 걸까?'—그 작은 가능성은 이후 고등학교에 진학한 뒤, 내가 지닌 수학적 감각이 결코 우연이 아니었음을 깨닫게 하는 단서가 되었다.

시험을 치르던 어느 날, 아버지가 점심시간에 나를 보기 위해 시험장에 오셨다. 평소 같았으면 긴장한 내 얼굴만 보고도 한 소리 하셨을 분이지만, 그날 점심을 먹는 동안 아버지는 말없이 내 옆에 앉아 계셨다. 나는 너무 긴장한 나머지 말도 제대로 하지 못했고, 음식도 목으로 넘어가지 않았다. 하지만 묵묵히 곁에 앉아 계시던 아버지의 존재 자체가 나에게는 큰 위안이었다.

아버지는 애정을 표현하는 데 익숙한 분이 아니었다. 칭찬보다 질책이 익숙했고, 다정함보다 거리가 먼저였던 분. 하지만 그날, 아무 말 없이 내 곁에 있어 준 그 작은 행위 하나로, 나는 처음으로 아버지의 마음을 엿본 듯한 기분이 들었다. 거칠고 단단한 겉모습 뒤에 감춰진 따뜻한 온기. 그 짧은 순간이 내 마음에 조용한 울림을 남겼다. 긴장으로 흔들리던 내 마음을 붙잡아 준 건, 어쩌면 시험 문제도 아닌,

바로 그 시간의 침묵이었는지도 모른다.

삶의 궤도를 바꾼 승리의 순간

시험 결과는 학교에서 3주 후 공지될 예정이었지만, 개인 정보 보호라는 개념조차 없었던 그 시절엔 라디오를 통해 하루 일찍 발표되곤 했다. 지원자는 무려 2,500명이 넘었고, 그중 단 480명만이 합격권에 들었다. 이름은 성적순으로 천천히, 또렷하게 불렸다. 그날의 방송은 마치 하나의 운명을 결정짓는 커다란 이벤트처럼 느껴졌다.

나는 친한 친구 신동윤의 집에 함께 모여 그 방송을 들었다. 라디오에서는 여느 날처럼 선곡이 이어지다가, 이윽고 시험 결과 발표가 시작되었다. 방 안은 긴장감으로 가득 찼고, 손끝 하나 움직이기 어려울 만큼 숨이 막혔다. 동윤이의 이름이 약 150등대에서 불렸을 때, 그의 가족은 안도의 숨을 내쉬었고, 방 안은 환하게 밝아졌다. 하지만 내 기다림은 고통스럽게도 길어졌다.

그리고 마침내, 285등. 내 이름이 울려 퍼졌다. 너무도 선명하게, 너무도 믿기지 않을 만큼 또렷하게. 그 순간, 가슴 깊은 곳에서부터 말로 형언할 수 없는 감정이 한꺼번에 밀려 올라왔다. 안도와 자부심, 기쁨과 경외. 내가 해냈다는 사실을 믿을 수 없었다. 나는, 내가 그 치열한 경쟁 속에서 이름을 올렸다는 사실을 몇 번이고 마음속에서 되뇌었다.

집으로 돌아가 부모님께 이 소식을 전했을 때, 부모님의 얼굴에도 환한 빛이 번졌다. 평소 감정을 좀처럼 드러내지 않던 아버지 역시 그날만큼은 다르게 보였다. 말없이 고개를 끄덕이며 입가에 머금은 미소—그것이 내겐 무엇보다 큰 상이었다. 어머니는 기쁨을 숨기지 않으셨다. 동네 이웃들에게 합격 소식을 자랑스럽게 전하셨고, 나를 꼭 끌어안고는 눈가가 촉촉해지셨다. 그 순간, 나는 어머니의 사랑이 나를 여기까지 데려왔다는 사실을 온몸으로 느꼈다.

우리 반 100명의 학생 중 단 5명만이 합격했다. 그만큼 이 승리는 더없이 값지고 즐거웠다. 하지만 이 합격은 단순한 입학 이상의 의미를 지니고 있었다. 그것은 처음으로 내가 아버지의 인정을 받은 순간이었고, 어머니의 믿음이 실현된 감동의 순간이었다. 더 나아가, 내 삶의 방향을 바꾸는 결정적인 전환점이었다.

그날 이후 나는 배움이 단지 지식을 쌓는 행위가 아니라, 스스로에 대해 깨닫고 주변 사람들을 이해하는 방법이라는 걸 알게 되었다. 그 첫 번째 깨달음은 조용한 라디오 스피커를 통해, 내 이름 세 글자가 울려 퍼지던 그 순간에서 비롯되었다.

아버지란 무엇인가

내 눈에 비친 아버지는 자식들과 거의 대화를 나누지 않는 분이었다. 마음속 깊은 애정을 품고 계셨음에도, 그것을 표현하는 데에는 언제나 인색하셨다. 단호하고 엄격한 모습, 침묵 속에서 권위를 드러내는 태도는 당시 한국 사회가 이상적으로 여겼던 전통적인 아버지의 전형과 정확히 맞닿아 있었다.

세월이 흘러 내가 UCLA 치과대학의 학장으로 재직하던 시절의 일화다. 어느 날, 한인 가족 상담소(Korean American Family Services Inc., KFAM)의 이사장으로부터 연락을 받게 되었다. 연례 기금 모금 갈라 행사의 기조연설자로 나를 초청하고 싶다는 것이었다.

연설 주제는, '이상적인 아버지상'.

처음엔 당황스러웠다. 심리학자도, 사회학자도 아닌 내게 아버지라는 존재에 대해 논할 자격이 있는지 의문이 들었다. 나는 오랜 시간 의료와 교육 현장에 몸담아 온 건강과학 전문가였지, 사회적 역학이나 양육 이론을 연구해 온 학자가 아니었다.

그래서 정중히 거절했다. 하지만 이사장은 쉽게 물러서지 않았다. 그는 몇 차례에 걸쳐 다시 연락을 주었고, 마침내 나는 그의 진심에 설득되어 연설을 수락하게 되었다. 그때부터 나는 생애 처음으로 '이상적인 아버지상'이라는 주제에 대해 깊이 고민하기 시작했다.

연설을 준비하는 과정에서 나는 다양한 책과 연구 자료들을 찾아보기 시작했다. 그중에서도 유독 내 마음을 사로잡은 책이 있었다. 바로 NBC 기자이자 변호사였던 티모시 러서트(Timothy Russert)의 회고록, 『아버지와 나(Big Russ and Me)』였다.

티모시 러서트는 미국에서 가장 존경받는 방송 저널리스트 중 한 명이었다. NBC 방송의 〈시사 인터뷰(Meet the Press)〉에서 무려 16년 이상 진행자로 활동하며, 그 누구보다 깊이 있는 질문과 균형 잡힌 시각으로 시청자들의 신뢰를 얻었다. 그는 또한 변호사 출신의 날카로운 지성을 지닌 언론인이기도 했다. 안타깝게도 2008년, 58세의 나이로 세상을 떠났지만, 그가 남긴 유산은 여전히 언론계 안팎에서 큰 울림을 주고 있다.

그의 회고록 『아버지와 나』는 단순한 자서전이 아니었다. 그것은 아버지라는 존재에 대한 진심 어린 찬사였고, 사랑을 표현하지 못했던 세대의 아버지들이 어떻게 말 대신 행동으로 삶의 가치를 전해 줬는지를 담담하게 풀어낸 기록이었다. 나는 이 책을 좀처럼 손에서 놓을 수 없었다. 페이지마다 묻어나는 진정성과 절제된 문장들 그리고 한 인물로서 러서트 자신이 품어 온 감정의 흐름은 나의 마음을 단단히 붙들었다.

러서트의 아버지를 뜻하는 'Big Russ', 즉 티모시 조셉 러서트 시니어(Timothy Joseph Russert Sr.)는 제2차 세계대전에 참전한 퇴역 군인이었고, 뉴욕 버팔로에서 환경미화원과 신문 배달원으로 성실하게 일해 온 사람이었다. 러서트는 그런 아버지를 통해 정직과 책임, 존중과 인내를 배웠고, 그 가르침이 자신의 삶을 어떻게 만들어 왔는지를 조용하지만 강하게 전한다. 그가 강조한 키워드는 노력, 신앙 그리고 감사였다.

나는 이 책을 통해 처음으로 '이상적인 아버지상'이라는 추상적 개념에 감정을 부여할 수 있었다. 또한 어린 시절의 아버지 그리고 한 아이의 아버지가 된 나 자신 사이의 경계 어딘가에서 흔들려 온 시간들을 되짚어 보게 되었다.

그 감동은 자연스럽게 내 안에서 언어로 피어나기 시작했다. 나는 연설문을 쓰기 시작했다. 그 안에는 내 아버지와의 기억, 딸과의 소중한 경험 그리고 친구와 동료들이 자녀와 나누었던 이야기들이 하나씩 자리 잡았다. 내가 살아오며, 또 지켜보며 마음속에 쌓아 온 다양한 아버지의 얼굴들이었다.

연설 전문을 이 자리에서 모두 나누지는 않겠다. 하지만 그 핵심만큼은 분명하게 전하고 싶다.

* **좋은 소통자가 되세요** - 의미 있는 대화를 나누고, 다가가기 쉬운 태도를 가지며, 아이들과 개방적이고도 정직한 관계를 형성하는 것이 중요합니다. 제 아버지는 저와 열린 소통을 하신 적이 거의 없었습니다. 어린 시절, 아버지가 제게 다가오는 모습은 종종 제가 무언가 잘못했음을 의미하곤 했습니다. 그래서 나는 부모가 된 뒤 딸과 최대한 많이 소통하려고 의식적으로 노력했습니다. 하지만 세대 차이, 문화적 차이 그리고 제가 자라 온 환경에서 물려받은 성향들 때문에 그것이 결코 쉬운 일이 아니라는 것을 금방 깨닫게 되었습니다.

* **지지하고 격려해 주세요** - 아버지는 자녀가 자신의 꿈을 추구하도록 동기를 부여하고, 성공하든 실패하든 언제나 함께해 주어야 합니다. 안타깝게도 많은 부모들이 자녀를 통해 대리만족을 하려고 하며, 자신이 이루지 못한 꿈을 자녀에게 강요하는 경우가 많습니다. 이는 종종 갈등과 괴로움으로 이어지게 됩니다.

* **존중하는 자세와 윤리적인 행동을 보여 주세요** - 아버지는 다른 사람들뿐만 아니라 자녀에게도 정직함, 존중, 윤리적인 행동을 모범으로 보여야 합니다. 나는 부모가 스스로 말한 가치를 실천하지 않는다는 것을 자녀들이 깨달았을 때, 그 자녀들이 점점 반항적이고 저항적으로 변해 가는 모습을 종종 보아 왔습니다.

* **인내심과 이해심을 내면화하세요** - 섣불리 판단하지 않고 들어주며, 자녀의 개성을 존중하고, 권위를 강요하기보다는 방향을 제시하는 것이 중요합니다. 한국 가정에서 자라면서, 이것은 저에게 특히 어려운 일이었습니다. 제 세대의 한국 아버지들은 "내 방식대로 하거나 아니면 떠나라"는 식의 권위적인 양육 방식을 견지했습니다. 인내심을 가지고 저의 딸을 이해하기 위해서는 그러한 전통적인 틀에서 벗어나기 위한 의식적인 노력이 필요했습니다.

* **사랑스럽고 친밀하게 애정을 드러내세요** - 아버지는 말과 행동을 통해 무조건적인 사랑을 표현해야 하며, 자녀가 소중한 존재로서 보호받고 있다는 느낌을 받을 수 있도록 해주어야 합니다.

* **겸손하게 배우려는 자세를 가지세요** - 완벽한 아버지는 없습니다. 자신의 실수를 인정하고, 필요할 때는 사과하며, 끊임없이 성장하려는 노력은 더 나은 부모가 되는 데 있어 핵심적인 요소입니다.

* **함께 의미 있는 시간을 보내세요** - 시간은 아버지가 줄 수 있는 가장 소중한 선물 중 하나입니다. 제 친구 중 한 명은 언젠가 자신의 아들과 함께 보스턴에서 로스앤젤레스까지 미국을 횡단하는 자동차 여행을 떠난 적이 있습니다. 그 여정을 통해 그들은 서로에 대해 더 많이 알게 되었고, 훨씬 더 가까운 관계를 형성하게 되었다고 합니다.

40분에 걸친 연설을 마친 뒤, 청중과의 토론이 자연스럽게 이어졌다. 조심스럽게 손을 든 몇 명의 참석자들이 각자의 경험을 이야기하기 시작하자 이내 공간 가득 온기가 돌기 시작했다. 누군가는 오래전 돌아가신 아버지를 떠올렸고, 또 다른 이는 이제 막 아버지가 되어 겪는 시행착오를 솔직하게 털어놓았다. 저마다 다른 삶을 살아온 사람들이었지만, 아버지라는 존재를 매개로 서로 깊이 공감하고 있었다.

많은 이들이 내게 다가와 고개를 숙이며 감사의 뜻을 전했다. "솔직한 이야기에 마음이 움직였습니다", "저도 우리 아버지를 다시 생각하게 되었습니다"—그들의 한마디 한마디는 내게 큰 울림이 되었다. 그날의 경험은 단순한 강연이 아니었다. 그것은 각자의 내면에 자리 잡은 '아버지'라는 이름의 기억을 꺼내어, 함께 마주 보고 따뜻하게 어루만지는 귀한 시간이었다.

나는 그 경험을 깊은 보람으로 기억한다. 아버지라는 주제에 대해, 그 묵직한 의미에 대해, 내 나름의 목소리로 이야기할 수 있었던 기회. 나는 단지 내 이야기를 했을 뿐이지만, 누군가에게 그것이 위로가 되고, 또 누군가에게는 성찰의 시작이 되었다는 사실이 기쁘고도 경이로웠다.

나는 그날, 진심을 담은 이야기는 경계를 초월해 사람의 마음을 움직일 수 있다는 믿음을 얻었다.

메리와 퓹시의 추억

내가 초등학교 4학년이던 어느 날이었다. 학교를 마치고 집으로 돌아오던 길, 나는 우연히 한 마리 개와 마주쳤다. 오른쪽 뒷다리를 다쳐 절뚝거리고 있던 암컷 개였다. 그 작은 몸으로 한 걸음 한 걸음 힘겹게 내딛는 모습은 내 마음을 아프게 했고, 나는 그 길로 집에 돌아와 부모님께 간절하게 말했다.

"그 개를 데려오고 싶어요. 안 그러면 계속 생각날 것 같아요."

그 당시 한국 사회에서 '반려동물'이라는 개념은 지금처럼 보편적이지 않았다. 동물을 기른다는 건 대부분 시골에서 집이나 밭을 지키게 하기 위한 목적에서였고, 도시에서 개를 키우는 경우는 더더욱 드물었다. 어머니는 무덤덤하게 반응하셨고, 별다른 관심을 보이지 않으셨다. 그런데 뜻밖에도 아버지가 고개를 끄덕이셨다. 그렇게 나는 내 첫 반려견을 갖게 되었다.

그 개에게는 이름이 없었다. 나는 고민 끝에 '메리'라고 부르기로 했다. 사실, 당시 한국에서 암컷 개들의 이름은 대부분 '메리'였다. 수컷은 '존', 혹은 그냥 '독그(dog를 의미)'라고 불리는 경우가 많았다. 지금 생각하면 웃음이 나오는 문화적 코드지만, 당시에는 그게 당연했다.

이 흔한 이름에 얽힌 웃지 못할 기억 하나가 있다. 미국에서 방한한 유명한 한국계 미국인 교수가 서울의 한 호텔에서 인터뷰를 앞두고 있던 중이었다. 인터뷰가 시작되기 전, 교수님이 자녀들을 소개하기 위해 그들을 불렀다. "메리와 존, 이리 와서 기자님께 인사드려라." 순간 기자는 놀란 얼굴로 반응했다.

"오, 이렇게 많은 개를 데리고 오신 줄 몰랐습니다!"

교수님의 아이들이 '메리'와 '존'이라는 이름을 가졌다는 사실이 당시 한국인 기자에게 오해를 불러일으킨 것이다. 그 장면은 우연히 본

코미디 영화의 한 장면이었지만, 나는 아직도 그 대사를 생생히 기억한다.

메리는 곧 나의 가장 친한 친구가 되었다. 나는 메리와 하루 종일 함께 뛰어놀았고, 혼잣말처럼 속삭이며 메리에게 재미난 이야기들을 들려주곤 했다. 내가 기쁘면 메리도 꼬리를 흔들며 같이 뛰었고, 내가 슬플 땐 말없이 옆에 앉아 있어 주었다. 메리는 그냥 한 마리의 개가 아니었다. 어린 시절 내 감정을 비추는 가장 가까운 거울이자, 아무 조건 없이 내 곁에 머물러 주는 친구였다.

메리는 세 번 새끼를 낳았다. 나는 작고 보드라운 강아지들이 엄마 품에 파고드는 모습을 넋을 잃고 바라보곤 했다. 하지만 그 새끼들이 어디로 갔는지에 대한 기억은 남아 있지 않다. 아버지께서 친구들에게 나눠 주셨다는 말만 어렴풋이 들었다. 그저 자연스럽게, 아무런 이별 의식도 없이 그 귀여운 존재들이 사라져 버렸다는 사실이, 어쩌면 더 쓸쓸하게 느껴진다.

세월이 흐르고, 메리가 늙어 가자 뒷마당을 파헤치는 이상한 습관이 생기기 시작했다. 발톱으로 흙을 긁고, 깊이도 알 수 없는 구멍들을 곳곳에 남겼다. 미신에 따라 아버지는 그것을 불길한 징조라고 단정 지으셨고, 어느 날 내게 아무 말도 없이 메리를 팔아 버리셨다. 대전 외곽의 다리 아래, 수십 마리 개들이 좁은 끈에 묶여 키워지던 곳. 그곳이 메리의 마지막 행선지였다.

그 당시에는 동물병원도 없었고, 노견을 품위 있게 보내는 '인도적 안락사'라는 개념 또한 희박했다. 메리를 위한 선택은 없었다. 인간의 기준, 어른의 판단 그리고 속전속결의 거래만이 존재했다.

나는 그 사실을 전혀 알지 못한 채, 여느 날처럼 학교가 끝나자마자 메리를 찾아갔다. 마당을 향해 달려가던 발걸음이 멈춘 그 자리. 메리는 없었다. 나는 멍하니 서서 허공을 바라보다가, 그 자리에 주저앉고 말았다.

내가 가장 사랑했던 친구는 사라졌고, 그 빈 공간에 대해 설명해 줄 사람은 없었다. 나는 처음으로 세상이 무너지는 기분을 느꼈다. 그리고 인생에서 처음으로, 아버지를 미워했다. 그의 침묵, 그의 일방적인 결정, 그의 무뚝뚝한 단호함이 그날만큼은 참을 수 없이 원망스러웠다.

나는 며칠이고 울었다. 무릎을 안고 웅크린 채, 메리가 내 곁에 와 다시 꼬리를 흔들어 주기를 기다렸다. 하지만 메리는 돌아오지 않았다. 세상이 그런 식으로 잔인하다는 걸, 나는 그때 처음으로 배웠다.

1988년, 딸 제니퍼가 캘리포니아 대학교 버클리 캠퍼스에 입학하며 집을 떠나던 그날, 나는 마음 한구석에서 오래전 익숙했던 공허함이 다시 밀려오는 것을 느꼈다. 손을 놓고 이별로 인한 빈자리를 받아들여야 하는 서글픈 감정이었다.

그 공허함을 채우기 위해, 아내와 나는 3개월 된 작은 코커 스패니얼 한 마리를 입양했다. 나는 그녀에게 '퓹시'라는 이름을 지어 주었다. 퓹시는 집에 들어선 순간부터 우리 가족의 둘째 딸이 되었다. 퓹시 덕에 따뜻함과 웃음 그리고 유대감이 우리 삶 속으로 흘러들었다.

퓹시는 믿을 수 없을 만큼 똑똑했다. 식탁에서 우리와 함께 앉아 있기를 좋아했고, 특히 내 안락의자 옆에 올라앉는 걸 가장 좋아했다. 매주 목욕을 시킬 땐 처음엔 불만을 표했지만, 목욕을 하면 우리 침대에서 잘 수 있다는 걸 알게 된 뒤로는 기꺼이 물속으로 뛰어들곤 했다.

출장을 마치고 돌아올 때면, 퓹시는 집 안을 정신없이 뛰어다니며 나를 맞이했다. 꼬리를 흔들며 내 가방을 살피고, 내 무릎 위로 올라와 나를 꼭 껴안았다. 침대에 파고들며 코끝을 내 얼굴에 가져다 대던 그 따스한 순간들은 지금도 눈을 감으면 생생하게 떠오른다.

퓹시는 나의 안락의자에 함께 앉는 걸 좋아했다. 시간이 지나 그녀의 몸이 자라자, 나는 내 옆에서 그녀가 더 편하게 몸을 말고 쉴 수 있도록 더 큰 의자를 샀다. 내게 퓹시는 단순한 반려견이 아니었다. 그녀는 나의 딸이었고, 친구였으며, 살아 있는 사랑 그 자체였다. 그래서 누군가 퓹시를 가리켜 '당신의 개'라고 부를 때면 나는 그 말이 못내 거슬렸다.

그렇게 열두 해를 함께했다. 하지만 어느 날, 그녀의 복부에서 암이 발견되었다. 수의사는 수술을 시도했지만, 종양은 이미 깊이 뿌리를 내리고 있었다. 시간이 지날수록 그녀는 더 이상 걷지 못했고, 고통은 심해졌다. 아내 율리가 튜브를 통해 정성스레 그녀에게 밥을 먹였지만, 우리는 결국 결정을 내려야 했다. 그녀를 위한 마지막 배려, 안락사였다.

동물병원에서 나는 퓹시를 품에 안고 있었다. 그녀의 작은 몸은 무겁지도, 가볍지도 않았다. 수의사가 조심스럽게 주사를 놓았고, 나는 그녀의 귀에 속삭였다.

"우린 다시 만날 거야. 꼭 기다려 줘."

그녀의 눈에서 서서히 빛이 사라졌고, 내 얼굴 위로 눈물이 조용히

2000년 퓹시와 함께

흘러내렸다. 아내와 나는 울음을 참지 못했다. 그날 이후 두 달 동안, 나는 깊은 슬픔 속에 잠겼다. 마치 내 영혼의 한 조각이 함께 떠나간 것 같은 기분이었다.

퓹시는 메리와 마찬가지로 내 마음속에 영원히 남아 있다. 우리가 나눈 사랑은 말로 다 표현할 수 없고, 그녀들이 비록 곁에 없을지라도, 그 영혼은 여전히 내 안 어딘가에 머물러 있다.

중고교 시절의 기억

위기 극복과 깨달음

중학교 시절, 나는 여전히 자유를 사랑하는 아이였다. 주말과 여름

방학이면 친구들과 함께 산을 오르며 잠자리, 매미, 장수풍뎅이를 잡았고, 거리에서는 구슬치기를 하며 시간을 보냈다. 모험이라 부를 만큼 대단한 일은 아니었지만, 그 시절 내겐 세상을 탐험하는 순수한 기쁨이자 자유의 다른 이름이었다.

영어 수업도 듣긴 했지만, 중학교 1학년이 끝날 무렵에도 나는 알파벳조차 제대로 외우지 못했다. 교과서는 자주 잃어버렸고, 초등학교 때처럼 적당히 해도 상위 10% 안에는 들 수 있을 거라는 안일한 생각을 품고 있었다. 하지만 그것이 얼마나 큰 착각이었는지를 깨닫는 데에는 그리 오래 걸리지 않았다.

중학교에서 만난 친구들은 모두 각자의 초등학교에서 상위 2~3% 안에 들던 우수한 학생들이었다. 그들은 나보다 훨씬 앞서 있었고, 나는 금세 반에서 하위권으로 밀려났다. 초등학교 시절의 여유롭고 느슨했던 공부 방식은 더 이상 통하지 않았다. 나는 이제 진지하게, 체계적으로 공부하지 않으면 따라잡을 수 없는 위치에 있었다. 뒤처지지 않기 위해 나는 각성했고, 조금씩 나의 시간을 다르게 사용하기 시작했다.

중학교 2학년에 접어들 무렵, 나는 드디어 학업에 집중하는 법을 익혔다. 분명한 진전을 이루었고, 그만큼 자신감도 생겼다. 하지만 예상치 못한 또 다른 시련이 다가오고 있었다.

우리 반에는 한 해 유급된 덩치 큰 학생이 있었다. 도 지역 구세군 지도자의 아들이라던 그는, 이상하리만치 나를 집중적으로 괴롭혔다. 이유도, 맥락도 없었다. 그냥 나를 괴롭히는 것이 그에겐 즐거움이었던 것처럼 보였다. 매일같이 이어지는 괴롭힘에 나는 심각하게 무술을 배워야 할지 고민하기까지 했다. 그런데 어느 날, 그 아이는 예고 없이 학교에서 사라졌다. 퇴학을 당했다는 소문도 있었고, 다른 학교로 전학을 갔다는 얘기도 들렸다. 시작만큼이나 갑작스럽게, 그의 괴롭힘은 끝났다.

그 후로 나는 구세군이라는 단어를 들을 때마다 묘한 불편함을 느끼기 시작했다. 사실 초등학교 시절, 대전시 구세군 지도자의 아들이었던 친구가 보였던 부적절한 행동이 이미 내 마음속에 반감을 심어 놓고 있었다. 중학교에서의 또 다른 경험은 그 감정을 더욱 단단하게 만들었다.

물론 시간이 지나면서 나는 구세군의 존재와 사명을 더 넓고 깊게 이해하게 되었다. 그들은 자선을 실천하며, 이민자와 저소득 가정, 위기에 처한 사람들을 돕는 조직이었다. 하지만 그 시절, 나는 단지 나를 괴롭히던 '누군가의 아들'이라는 이미지로 인해 구세군 전체를 부정적으로 바라보고 있었던 것이다.

그리고 1975년, 내가 한국을 떠나 미국으로 가기 직전, 한 공무원이 내게 들려준 짧지만 깊은 말이 있었다.

"당신은 미국에서 한국을 대표하게 될 것입니다."

그 말은 그저 격려의 수사처럼 들렸지만, 시간이 흐를수록 그 말의 무게는 현실로 다가왔다. 미국에서의 삶을 통해 나는 알게 되었다. 한 개인의 행동이, 때로는 하나의 국가를, 하나의 조직을, 혹은 문화를 대표하게 된다는 사실을. 그리고 그 개인의 말과 행동은 때때로 전체를 오해하게 만드는 그림자를 드리우기도 한다는 것을.

돌이켜 보면, 그 시절의 경험들은 단순한 유년기의 상처가 아니었다. 그것은 내가 타인을 어떻게 이해하고, 조직을 어떻게 받아들이며, 나아가 나 자신의 태도를 어떻게 다듬어야 하는지를 알려 주는, 작지만 결정적인 인생의 이정표였다.

중학교 2학년 과정을 마칠 무렵, 나는 마침내 성적 향상을 이루었고, 전국에서도 손꼽히는 명문 대전고등학교에 무난히 합격했다. 언제나 최상위권은 아니었지만, 꾸준함과 배움에 대한 열정은 결실을 맺었다. 졸업식 날 받은 개근상은 단순한 출석 기록을 넘어, 내가 3년 동안 보여 준 책임감의 상징이었다. 나는 그것이 무척 자랑스러웠다.

시대의 소용돌이에 맞서

고등학교 시절, 나는 신체적으로도 급격한 변화를 겪었다. 눈에 띄게 키가 자라 반에서 가장 큰 학생이 되었고, 자연스럽게 신체 단련에 관심을 갖게 되었다. 처음엔 역기를 들며 근육을 기르기 시작했고, 이내 유도 수업에 등록했다. 놀랍게도 나는 유도에 타고난 소질이 있었다. 불과 3개월의 훈련 끝에, 거의 2년을 연마해 온 선배를 제압하며 승리를 거뒀다.

그 승리는 단순한 경기의 결과를 넘어서, 내 안에 새로운 자신감과 내면의 규율을 심어 주었다. 유도는 내게 강인함이란 단지 힘의 문제가 아니라, 절제와 집중 그리고 정신의 힘임을 가르쳐 주었다. 나는 그 경험을 통해 어린이와 청소년에게 있어 스포츠가 자존감과 자기 통제력을 키우는 데 얼마나 중요한지를 깊이 체감하게 되었다.

그러나 2년이 흐른 뒤, 나는 대학 입시를 준비하기 위해 유도를 포기할 수밖에 없었다. 그 시기, 대한민국은 4.19 혁명 이후 극심한 혼란기를 겪고 있었다. 정치적 공백 속에서 거리의 혼란은 교실에까지 이어졌고, 학생들조차 무기를 들고 자신의 생존을 위해 싸워야 하는 시대로 치달았다. 칼, 손도끼, 자전거 체인—이 모든 것은 학생들이 지니던 현실의 도구이자, 방어의 상징이었다.

그 불안 속에서, 나는 어느 날 무자비한 폭행의 표적이 되었다. 같은 학교 학생들로 이루어진 집단에게 둘러싸인 그 순간, 나는 세상의 어둠을 온몸으로 받아 냈다. 그 경험은 내게 두려움을 남겼고, 스스로를 지켜야 한다는 절박함을 심어 주었다. 그렇게 나는 결국 '허리케인'이라는 이름의 학생 단체에 가입하게 되었다.

'허리케인'에 가입한 것은 허세용이 아니라 생존을 위한 방편이었다. '허리케인'은 공격적이고 과격한 단체였으며, 많은 구성원이 잦은 폭력 사건으로 퇴학을 당했다. 하지만 나는 달랐다. 나는 힘으로가 아니라 학업 성취로, 폭력이 아닌 지성으로 그 안에서 나의 자리를 지켰다. 학업에의 집중과 우수한 성적이 나를 보호하는 방패가 되어 주었다.

1961년 5월, 군사 혁명이 일어났고, 정치 상황은 또 한 번 급변했다. 새로운 정권은 '허리케인'을 포함한 모든 폭력적 학생 단체를 해산시켰고, 학교는 마침내 조용한 평화를 되찾았다. 갈등과 충돌, 두려움의 그림자가 서서히 사라졌고, 학생들은 다시 책상 앞에 앉을 수 있게 되었다.

그 시기는 혼란과 성장, 공포와 각성의 시간이었다. 나는 그 속에서 살아남았고, 배웠고, 단단해졌다. 거대한 역사 속에서도, 한 명의 학생이 선택할 수 있는 길은 분명히 존재했다—그리고 나는 학업과 성실함이라는 좁고도 바른 길을 선택했던 것이다.

도전 그리고 비약적 성취

고등학교 생활은 매 순간이 새로운 학문적 도전의 연속이었다. 학교에서는 매월 전 과목에 대한 종합시험을 치렀고, 시험이 끝나면 성적 순위가 1등부터 200등까지 커다란 포스터에 적혀 건물 벽에 게시되었다. 순위는 누구나 볼 수 있도록 대놓고 공개되었고, 그 사실을 부끄러워하거나 문제 삼는 사람은 없었다. 개인 정보 보호의 개념은 존재하지 않았고, 우리는 그저 그 시스템을 따랐다. 순위는 실력의 증거였고, 동시에 자존심의 무게였다.

고등학교 1학년이던 어느 날, 나는 설레는 마음으로 그 포스터 앞에 섰다. 나의 이름이 상위권 어딘가에 적혀 있기를 바라며 200등부터 천천히, 한 줄씩 눈을 옮겨 갔다. 150등… 120등… 101등… 그러나 아무리 찾아도 내 이름은 없었다. 그 순간, 나는 겸손해졌다. 그리고 동시에 마음속 깊은 곳에서 새로운 결심이 피어올랐다.

'나는 아직 부족하다. 하지만, 반드시 최고의 자리에 도달할 것이다.'

고등학교 2학년이 되며 나는 처음으로 진심을 다해 시험을 준비했다. 밤이 깊도록 책상 앞에 앉아, 어려운 문제를 반복해서 풀고, 노트에 손이 아프도록 정리하며 스스로를 몰아붙였다. 시험이 끝났을 때 나는 지쳐 있었지만, 어렴풋이 희망을 품고 있었다.

포스터가 게시되던 날, 나는 다시 그 앞에 섰다. 조심스럽게 200등부터 위로 올라갔다. 180등… 160등… 120등… 그러나 또다시, 내 이름은 없었다. 실망은 빠르게 찾아왔다. '이번에도 부족했구나…' 나는 고개를 떨군 채 교실로 돌아갔다.

하지만, 그건 사실이 아니었다. 나중에서야 나는 진실을 알게 되었다. 나의 이름은 무려 2등에 올라 있었던 것이다. 나는 놀라움에 말문이 막혔다. 내가, 그렇게 짧은 시간 안에, 그렇게 높은 등수에 올랐다는 사실이 믿기지 않았다.

그러나 그 기쁨은 오래 지속되지 않았다. 담임 선생님은 내 성적에 의심의 눈초리를 보냈고, 부정행위를 의심했다. 순간 나는 상처를 받았지만, 이내 당당히 고개를 들었다. 왜냐하면 모든 결과는 온전히 나의 노력으로 만들어졌다는 것이 분명했기 때문이다. 스스로에 대한 강한 확신으로, 어떤 의혹의 눈초리도 떨쳐 낼 수 있었다.

그날 이후, 나는 시험을 준비하는 방식을 완전히 바꾸었다. 매 시험 전날은 자정을 훌쩍 넘기도록 책상 앞에 앉아 있었고, 그만큼 성적은 확실히 오르기 시작했다. 내 이름은 이제 포스터의 중간이 아니라, 최상단 어딘가에 자리를 잡기 시작했다. 점점 더 많은 친구들이 나를 '공부 잘하는 우수한 학생'으로 불렀고, 나도 그 명성에 걸맞게 책임감을 갖고 매사에 임했다.

그때의 경험은 내게 단지 성적 이상의 것을 남겼다. 성취란 우연이 아니라, 꾸준한 자기 확신과 끈기의 산물이라는 사실. 그리고 진심을 다한 노력은 결국 반드시 그 가치를 증명하게 된다는, 아주 단순하지만 진실된 교훈.

수학, 그중에서도 미적분과 기하학은 내게 놀라운 세계였다. 숫자와 도형, 논리와 증명이 어우러진 그 구조 속에서 나는 이상하리만치 깊은 매력을 느꼈다. 고급 개념들이 내 머릿속에서 하나둘씩 정리되어 갈 때마다 마치 퍼즐이 맞춰지는 듯한 희열이 있었다. 그 열정 덕분에 나는 고등학교 시절, 이미 대학교 수준의 수학 과정을 마칠 수 있었다.

하지만 수학만이 내 호기심의 전부는 아니었다. 영어, 생물학, 화학—각기 다른 분야에서도 나는 흥미를 느꼈고, 꽤 좋은 성과도 거두었다. 무엇보다도 학문을 통해 내가 바뀌고 있다는 것을 느낄 수 있었다. 지식은 단지 성적을 얻는 도구가 아니라, 나 자신을 이해하고, 나아가 내 미래를 구체화하는 거울이 되어 주었다.

담대한 결단

고등학교 졸업반이던 시기, 나는 인생에서 가장 큰 위기를 맞이했다. 아버지의 건강이 급격히 악화되었고, 가족은 심각한 재정난에 직면하게 되었다. 대학에 입학하면 더는 가족에게 의존할 수 없다는 현실은 내게 너무도 무거운 짐이었다. 어릴 적부터 품어 온 의사의 꿈은 그렇게 서서히 멀어져 가고 있었다.

나는 결국 담임 선생님께 속마음을 털어놓았다.

"저, 의대를 가고 싶은데 가능할까요?"

그러자 선생님은 내 가능성을 인정해 주셨다. 서울대학교 의과대학에도 충분히 합격할 수 있을 거라고 하셨다. 하지만 그 말씀은 다음과 같은 경고로 이어졌다.

17세의 저자

"다만, 전액 장학금은 어려울 수 있어. 등록금도 만만치 않고 말이야."

그 말은 나를 잠시 멈춰 세웠다. 그리고 선생님은 조심스레 한 가지 제안을 건넸다.

"대신에 서울대학교 치과대학은 어때? 너의 실력이면 서울대 치대에 1등으로 합격하고 장학금도 받을 수 있어."

나는 오랫동안 고민했다. 꿈과 현실 사이에서 마음은 여러 번 흔들렸다. 하지만 고민 끝에 나는 치과대학을 선택했다. 단지 돈 때문만은 아니었다. 선생님의 진심 어린 조언 속에서 나는 '안정성'과 '지속 가능성'이라는 삶의 또 다른 가치를 배우게 되었기 때문이다.

그 결정은 내 인생의 중요한 분기점이 되었다. 아버지의 부담을 조금이나마 덜어 드릴 수 있었고, 나는 배움을 이어 갈 수 있었다. 감정적으로나 경제적으로나 녹록지 않은 시기였지만, 나는 결국 고등학교를 우등으로 졸업했고, 3년 개근상의 주인공이 되었다.

그 순간, 나는 인생의 1막을 마무리하고 있었다. 그리고 동시에 새로운 장을 펼치고 있었다. 치과대학이라는 현실적인 선택은 타협이 아닌, 나만의 방식으로 더 밝은 미래를 향한 희망과 결단의 결과였다.

제2장

열정에서 목표로의 전환: 대한민국 서울에서 보낸 학부 시절

지성의 전당, 그 문을 열다

1962년 1월, 한 통의 편지가 내 인생을 바꾸었다. 그것은 바로 서울대학교에서 보낸 입학 통지서였다. 생물학, 그중에서도 치의예과 전공 전액 장학생으로 합격. 내가 바라던 대로였다. 대전이라는 익숙한 고향에서 140킬로미터 떨어진, 한국 최고의 지성의 전당으로 발을 들일 자격을 얻게 된 것이다. 그 순간, 어린 시절부터 품어 왔던 꿈이 마침내 현실이 되었다.

그리고 두 달 뒤, 3월 1일 목요일. 봄기운이 채 돌지 않은 서울대학교 문리과대학 운동장에서 입학식이 열렸다. 서울대는 당시에도 방대한 규모를 자랑하며, 문리과대학, 의과대학, 치과대학, 공과대학, 음악대학, 미술대학 등 여러 단과대학이 서울 시내 곳곳에 흩어져 있었다. 이처럼 캠퍼스가 분산되어 있다는 점은, 의도치 않게 서로 다른 단과대학 학생들 간에 정서적 거리감을 만들어 냈고, 그것은 훗날 서울대 동문 사회의 연대 부족이라는 유산으로 남았다. 학문적 다양성과 규모라는 자산이, 한편으로는 분열의 씨앗이 되었던 셈이다.

그러나 그런 외적 환경보다도 내 마음속에서 일어난 변화가 훨씬 더 거셌다. 동기들이 설렘과 기대에 부풀어 있는 그 순간, 나는 홀로 고요한 공포와 마주하고 있었다. 꿈을 이뤘다는 환희보다, 그다음의 여정이 얼마나 험난할지에 대한 직감이 더 강렬하게 몰려왔다. 명문 대학의 문턱을 넘었지만, 그것은 곧 전례 없는 경쟁과 압박 그리고 나 자신에 대한 끊임없는 의심으로 이어지는 길이기도 했다.

나는 알고 있었다. 이제는 단순히 공부를 '잘하는' 것으로는 부족하다는 것을. 나를 향한 기대 그리고 이 위대한 학문의 바다에 몸을 던졌다는 현실 앞에서, 나는 막막함과 두려움 속에 서 있었다. 서울대학교라는 이름 뒤에 가려진, 치열하고 냉혹한 진실이 이제 막 모습을 드러내고 있었다.

아버지의 죽음

1962년 4월 4일, 내 인생을 송두리째 흔든 비극이 닥쳐왔다. 아버지가 58세의 나이로 세상을 떠나신 것이다. 당시 한국 남성의 평균 수명이 지금보다 훨씬 짧았던 것을 감안하면 전혀 뜻밖의 일은 아니었을지도 모른다. 그러나 그 죽음은 너무도 갑작스럽고도 절망적이었다. 의료 환경은 열악했고, 과도한 음주와 흡연, 운동 부족은 일상이었으며, 삶은 늘 전쟁처럼 버텨 내야 하는 것이었다.

그리하여 나는 어릴 때부터 막연히 생각해 왔다. '나 역시 오래 살지는 못하겠구나' 하고 말이다. 심지어 훗날 나의 반려자가 된 율리와 연애하던 시절에도 조심스럽게 내 예감을 털어놓은 적이 있다. "내가 예순까지 살 수 있을지 모르겠어." 그 말은 진심이었다. 지금도 율리는 당시 내 어두웠던 태도를 농담처럼 회상하곤 한다. 그만큼 나는 삶을 오래 누릴 수 있을 거라는 믿음이 없었다.

아버지의 죽음은 단순한 상실이 아니었다. 그것은 후회였고, 고통이었으며, 무엇보다도 끝내 맺지 못한 관계에 대한 깊은 아쉬움이었다. 나는 아버지와 정서적으로 가까운 유대를 형성해 본 기억이 거의 없었다. 친구들이 아버지와 웃고 떠들며 장난치는 모습을 볼 때마다 나는 당황스러움과 부러움을 동시에 느꼈다. 한번은 친구의 집에 놀러 갔다가 그 친구가 아버지 어깨에 올라타 장난치는 모습을 본 적이 있다. 나는 말문이 막혔다. '아버지와 그렇게도 친밀할 수 있는 건가?' 내겐 상상조차 할 수 없는 광경이었다.

다음 날 친구에게 그 일을 조심스럽게 이야기했더니, 그는 아무렇지 않게 "무슨 일이 있었는지 기억도 안 나"라고 했다. 그제야 나는 깨달았다. 세상의 모든 아이들이 나처럼 아버지를 두려워하는 것은 아니며, 어떤 아이들에게 아버지는 곁에 있는 따뜻한 존재라는 사실을 말이다. 그 순간 나는 비로소 내가 평생 놓치고 살아온 것이 무엇인지 실감했다. 그것은 단순한 정이 아니었다. 아버지와 아들이 함께 쌓아 올릴 수 있었던 따뜻하고도 인간적인 관계였다.

초등학교 음악 시간에 자주 불렀던 동요가 하나 있다. 〈꽃밭에서〉라는 노래였다. "아빠하고 나하고 만든 꽃밭에 채송화도 봉선화도 활짝 피었네…"라는 가사를 지닌 노래였다. 아이들은 이 노래를 밝고 해

맑게 불렀지만, 나에겐 이 노래가 늘 어딘가 낯설고 어색하게 느껴졌다. '아빠와 내가, 뭘 한다고?' 가사 속 세계는 내겐 동화였고, 현실에서는 결코 존재할 수 없는 것이었다.

지금 돌이켜 보면 아버지는 시대가 만든 사람이었다. 강인함과 무뚝뚝함, 그것이 그 세대 남성들의 미덕이자 생존 방식이었다. 나는 아버지에게서 내가 원했던 감정적 교감을 얻지 못했지만, 시간이 흐르며 점점 아버지를 이해하게 되었다. 성실함과 정직함으로 묵묵히 살아 낸 삶. 그것이야말로 아버지가 내게 남긴 가장 강력한 유산이었다.

놀랍게도 아버지는 돌아가시기 전, 나에 대한 마지막 배려를 남기고 가셨다. 가족을 통해 나중에 알게 된 사실이지만, 아버지는 내가 장례식에 오지 않기를 바라셨다. 내게 충격이 클 것을 염려했고, 어머니와 동생들을 부양하겠다는 책임감에 학업을 포기할까 걱정하셨던 것이다. 아버지는 내가 대학 공부에만 전념하기를 바라셨고, 나는 결국 그 뜻을 따라 장례식에 가지 않았다.

그러나 그 선택은 지금까지도 내 마음속에 깊은 흔적으로 남아 있다. 아버지와 마지막 인사를 나누지 못했다는 후회는 수십 년이 지나도 희미해지지 않았다. 아버지의 죽음 이후, 우리 가족은 심각한 경제적 위기에 몰렸고, 크고 작은 빚이 우리를 짓눌렀다. 그 와중에도 채권자들은 다행히도 자비를 베풀어 주었고, 빚의 절반만 받기로 동의해 주었다. 어머니는 절망 속에서도 중심을 잡았다. 과감한 결단과 함께 우리 가족을 이끌고 서울로 이사했다. 낯선 도시, 새로운 시작. 그곳에서 우리는 새출발해야 했다.

절망 속에 피워 낸 꽃: 치의예과 시절

서울대학교에 입학했을 당시, 학교에는 기숙사가 없었다. 지방에서 올라온 학생들은 하숙집을 구하는 것이 당연한 수순이었다. 대부분 하루 두 끼 식사가 제공되는 하숙집에서 또래 학생과 방 한 칸을 나눠 써야 했다. 그러나 우리 집의 재정 상황으로는 그런 하숙비조차 감당할 수 없었다. 나는 머물 수 있는 곳을 찾아야 했고, 생계를 위한 일자리를 구해야 했다. 서울대학교라는 꿈의 터전에 발을 디딘 지 얼마 되지 않아, 나는 냉혹한 현실의 벽과 맞닥뜨렸다.

다행히도 서울 외곽의 작은 투룸에서 살던 경찰관 매형과 큰누나가 나를 기꺼이 받아 주었다. 나는 그 집의 다락방에서 생활하며 대학을 다니게 되었다. 학비는 전액 장학금으로 해결되었지만, 교통비, 점심값, 교재비, 학용품비 등 기본적인 생활비는 매일 압박처럼 다가왔다. 서울대학교까지는 편도 한 시간 넘게 버스를 갈아타야 했고, 그 먼 거리를 매일 오가야 했다.

생활비를 벌기 위해 중·고등학생을 대상으로 과외를 시작했다. 과외 자리가 없을 때도 있었지만 나는 포기하지 않았다. 결코 무너지지 않겠다는 의지로 버텼고, 마침내 몇 달간의 절약 끝에 하숙집으로 들어갈 수 있었다. 이후 치의예과 과정 내내 그곳에서 지냈다.

서울대학교에서의 첫 2년은 교양 과정을 이수하는 시기였지만, 실상은 일반 대학 4년 과정을 단 2년에 압축해 공부하는 혹독한 시간이었다. 일요일을 제외하고 매일 오전 9시부터 오후 5시까지 수업이 이어졌고, 필수 과목은 어마어마했다. 영어, 한국 문학, 한문, 독일어, 프랑스어, 라틴어, 한국사, 세계사, 수학, 화학, 물리, 물리화학, 생물 등. 압도적인 수업량과 높은 난이도는 나를 끊임없이 시험에 들게 했다.

그 가운데에서도 독일어는 내게 특별한 감각을 불러일으켰다. 고등학교 3년, 대학교 2년, 총 5년에 걸쳐 깊이 있게 공부하며 나는 독일어가 지닌 과학적이고 정밀한 구조에 매료되었다. 대학원 진학 무렵에는 독일어 논문을 비교적 수월하게 읽을 수 있게 되었다.

하지만 치의예과 교육과정에는 아쉬움도 많았다. 많은 수업이 외부 시간강사나 비정규직 교수에 의해 이루어졌고, 수업은 자주 취소되었으며 교수의 지각은 일상이었다. 어느 날 한 교수가 또다시 강의에 늦자 나는 참지 못하고 동기들을 이끌어 수업 보이콧을 주도했다. 퇴학 위기를 맞기도 했지만 다행히 위기를 모면했다. 비정상적인 구조 속에서도 몇몇 교수는 진심을 다해 학생들을 가르쳤고, 그들의 열정은 나에게 깊은 인상을 남겼다. 나는 영어, 유기화학, 세계사, 독일어에 깊은 관심을 갖게 되었고, 학업과 과외를 병행하면서도 반에서 항상 상위권을 유지했다. 수학 수업은 거의 듣지 않았지만, 이미 고등학교 때 내용을 마스터한 덕분에 무리가 없었다.

그렇게 2년간의 예과 생활을 마친 후, 나는 자랑스럽게 문리과 치의예과 과정 우등 수료증을 손에 넣었다. 하지만 그 기쁨은 오래가지 않았다. 학업의 과중한 부담, 불균형한 식사 그리고 쉼 없이 이어지는 과외로 인해 나는 서서히 건강을 잃어 갔던 것이다. 하숙집의 식사는 대부분 탄수화물과 채소 위주였고, 단백질은 거의 없었다.

시간이 흐를수록 부정맥, 식은땀, 극심한 피로가 나를 덮쳐 왔다. 당시엔 의료보험도 존재하지 않았기에 병원에 갈 여유는 없었다. 그리하여 나는 약국에서 아스피린을 사 먹으며 자가 치료를 시도했다. 그러나 증상은 더 악화되었고, 결국 내과 진료를 받게 되었다. 처음 받은 진단은 심낭염이었다. 하지만 한 달간의 치료에도 나아지지 않자, 나는 또 다른 병원의 문을 두드렸다. 그리고 이번엔 정확한 진단을 받았다. 늑막염과 결핵. 충격적인 결과였다.

본과 입학을 앞둔 겨울방학 3개월 동안 나는 매일 스트렙토마이신 주사를 맞고, 복합 약물 치료를 병행했다. 한 달 만에 호전되기 시작했지만, 완전한 치료를 위해 1년간 약물 복용을 이어 갔다. 그 결과 나는 살아남았지만, 왼쪽 폐의 늑막이 유착되어 영구적인 흉터로 남았다.

이 절체절명의 고비에서 나는 평생의 동반자를 만났다. 그녀의 이름은 율리, 한국명은 유배였다. 그녀는 끝없는 헌신과 묵묵한 사랑으로 내 곁을 지켰고, 나의 버팀목이 되어 주었다. 만약 그녀가 없었다면, 이 지난한 여정을 끝까지 버텨 낼 수 있었을지 확신할 수 없다. 그녀는 단지 사랑하는 사람이 아니라, 나를 다시 걷게 만든 치유의 힘 그 자체였다.

미래 설계: 학문과 연구에 몰두한 본과 시절

1964년 3월, 나는 무사히 서울대학교 치과대학 본과에 진급했다. 하지만 그 길은 결코 평탄하지 않았다. 본과 초기 1년은 내 삶의 어떤 시기보다도 고된 나날이었다. 장학금을 유지하려면 높은 성적을 계속 받아야 했고, 생계를 이어 가기 위해 과외는 멈출 수 없었다. 빡빡한 일정, 쉴 틈 없이 계속된 공부, 끝나지 않는 경제적 압박. 그 속에서 내가 붙잡은 유일한 등불은 '기초 의학에 대한 열정'이었다.

해부학, 생리학, 생화학, 조직학, 병리학, 약리학… 그 복잡하고 난해한 과목들은 내게 고통이 아니라 도전이었고, 좌절이 아니라 목적이었다. 나는 마음속으로 다짐했다. 이 어려운 학문에서 반드시 최고가 되겠다고. 내게 주어진 조건은 불리했지만, 그 누구보다 간절했고, 누구보다 뜨거웠다.

어둠 속의 빛, 양영재단 장학금

그러던 어느 날, 내 삶을 바꾸는 기회가 찾아왔다. 나는 양영재단 장학금을 받게 되었다. 그것은 단순한 금전적 지원이 아니었다. 그것은 숨 쉴 틈 없는 어둠 속에 내리쬔 한 줄기 빛이었다.

양영재단은 1939년 삼양그룹의 창립자이자 초대 회장인 수당 김연수 선생이 설립한, 대한민국 최초의 민간 장학재단이다. "교육을 통해 인재를 기르고, 인재를 통해 나라를 세운다"라는 철학 아래, 재단은 수십 년간 우수한 학생들과 학자들에게 지원을 아끼지 않았다. 매년 80여 명의 대학생에게 장학금을 지급하고, 교수들의 연구도 함께 후원했다. 지금까지 2만 명 이상의 학생들과 약 600명의 연구자가 그 혜택을 받았다. 양영재단은 말 그대로 '미래의 지도자'를 길러 내는 손길이었다.

내가 받은 장학금은 치과대학 4년간의 등록금을 전액 지원했고, 매

달 생활비 보조금까지 제공했다. 이 지원 덕분에 나는 처음으로 생존의 압박에서 벗어나, 온전히 학업과 연구에 몰두할 수 있는 자유를 얻게 되었다. 그 자유는 나에게 단순한 여유가 아니라 '비상할 수 있는 도약대'였다. 만약 그 재정적 지원이 없었다면, 치과대학 교육도, 연구도, 나아가 학문에 대한 꿈 자체까지도 흔적 없이 사라졌을지도 모른다.

이 장학금은 단순한 후원이 아니었다. 내게는 그것이 '운명'이었다. 양영재단의 이름은, 이후 내 삶 전반에 걸쳐 지워지지 않는 인장처럼 남았다. UCLA 치과대학 학장이 된 뒤에도 나는 종종 이 장학금이 내 인생을 얼마나 극적으로 바꾸었는지 되새기곤 했다. 그리고 생각했다. '나도 누군가에게 이런 기회를 줄 수 있어야 한다.'

그래서 나는 UCLA에서 가장 먼저 장학 프로그램을 확대하는 데 심혈을 기울였다. 능력은 있지만 돈이 없어 기회를 놓치는 학생들을 외면할 수 없었다. 그것은 단순한 정책이 아니라, 내 인생이 내게 준 사명 같은 것이었다. 내가 한때 받은 그 혜택에 보답하고, 교육이 한 사람의 인생을 얼마나 드라마틱하게 바꿀 수 있는지를 증명하고 싶었다. 그래서 나는 확신했다. 장학금은 단순한 지원이 아니라, 누군가의 '미래'라는 것을.

본격적인 연구와 리더 역할의 시작

나는 단순히 성적을 유지하는 것에 머무르고 싶지 않았다. 진정한 성장은 성적표 너머에 있다고 믿었다. 그래서 본과 시절, 나는 '연우회'에 가입했다. 이 동아리는 학년 상위 5% 학생들에게만 가입이 허용된, 지적 긴장감이 살아 숨 쉬는 집단이었다. 분기마다 교수들을 초청해 최신 연구에 대한 강연을 들었고, 매년 한 차례씩 회원 각자가 직접 정한 주제에 대해 발표하여 세미나를 진행했다. 발표는 의무였다. 피할 수 없었다.

내 차례가 다가오고 있었다. 나는 '비타민B12와 악성 빈혈'을 주제로 발표를 준비했다. 하지만 그 과정은 말 그대로 고통이었다. 어릴 적부터 앓아 온 언어장애는 내 자신을 더욱 작게 만들었다. 30분 동안 수십 명의 동료와 교수들 앞에서 발표해야 한다는 사실만으로도 숨이 막혔다. 머릿속에서는 온갖 최악의 시나리오가 떠올랐다. 말이 막히는 순간, 멈춰 버린 호흡, 심지어는 무대에서 쓰러지는 장면까지—그 모든 공포가 내 마음을 짓눌렀다.

하지만 나는 피하지 않았다. 도망치지 않겠다고 다짐했다. 두려움 속으로 걸어 들어가 보기로 했다. 발표 당일, 나는 떨리는 목소리로 첫 문장을 뗐다. 몇 차례 말을 더듬었고, 목소리가 갈라지기도 했지만, 끝까지 발표를 마쳤다. 그것은 내게 있어 단순한 발표가 아니었다. 내 안에 깊이 뿌리내린 불안을 끄집어내어, 그것을 마주하고 이겨낸 첫 번째 승리였다. 그날 이후, 나는 세미나마다 조금씩 더 나아졌다. 숨을 고르는 법을 배웠고, 시선을 고정하는 법을 익혔다. 무엇보다 스스로를 믿는 법을 배웠다.

그 경험은 내 삶 전체에 걸쳐 깊은 영향을 주었다. 그때 누군가가 내게 "당신은 언젠가 수백 명 앞에서도 당당히 발표할 수 있을 거다"라고 말했다면, 나는 비웃었을 것이다. 하지만 이제 나는 안다. 두려움이란 정복 가능한 적이며, 반복된 도전은 그것을 무너뜨리는 가장 강력한 무기라는 것을.

그로부터 1년 후, 나는 연우회의 회장으로 선출되었다. 책임은 막중했지만, 나는 이 기회를 도약의 발판으로 삼고자 했다. 단지 연구 발표에만 머무르는 것이 아니라, 더 넓은 시야와 사고를 가진 공동체를 만들고 싶었다. 그래서 나는 기존의 학술 위주 프로그램에서 벗어나, 다양한 분야의 전문가들을 초청하기 시작했다. 과학자는 물론 인문학자, 저널리스트, 의사, 기업가까지. 나는 동아리를 통해 학문의 경계를 넘나드는 대화를 만들어 내고자 했다.

이 작은 조직에서의 경험은 나에게 연구와 리더십의 본질을 가르쳐 주었다. 지식은 고립된 섬이 아니며, 진정한 학문은 타인과의 소통 속에서 더욱 풍요로워진다는 사실을 깨달았다. 그리고 그 속에서 나는 점점, 내가 나아가야 할 방향을 또렷하게 인식해 갔다.

기억에 남는 세미나 그리고 넓어진 세계

연우회 회장을 맡으면서 나는 단순히 틀 안의 학문을 넘어서고 싶었다. 우리 동아리의 세미나가 단지 지식을 나누는 자리를 넘어서, 사람과 사람을 연결하고, 세계를 확장하는 계기가 되기를 바랐다. 그리고 실제로, 몇몇 특별한 강연은 내게 잊을 수 없는 기억으로 남았다.

그중 하나는 서울중앙지검의 석진강 검사를 초청했던 세미나였다. 그는 한국 법조계의 핵심 인물로, 굵직한 사건을 담당해 온 검사이자 정의 구현의 상징 같은 존재였다. 우리는 의학 분야의 윤리와 법적 책임에 대해 더 깊이 있는 통찰을 얻고자 그를 모셨고, 그는 '의료 과실과 법적 책임'이라는 주제로 두 시간 동안 강연했다. 그의 말에는 무게가 실려 있었고, 복잡한 법적 개념을 명확하고도 생생한 사례로 풀어냈다. 학생들은 숨을 죽인 채 그의 이야기에 빠져들었다. 그 강연은 의료라는 분야가 결코 과학과 기술만으로 완성되지 않으며, 법과 윤리라는 또 다른 축 위에서 작동한다는 사실을 강하게 일깨워 주었다.

또 하나의 전환점이 된 세미나는, 바로 이어령 선생을 모셨던 자리였다. 『우상의 파괴』, 『이상론』 등의 저작으로 시대를 관통하는 비판적 화두를 던졌던 그는 이미 한국 지성계의 거장이었다. 중앙일보의 편집자이자 이후 한국 최초의 문화부 장관이 된 인물이었다. 초청은 즉흥적으로 이루어졌지만, 그는 흔쾌히 나의 제안을 수락했다. 그의 강연은 동아리 차원을 넘어 전 학생 대상으로 진행되었고, 서울대학교 대강당은 인산인해를 이루었다.

그날 이어령 선생은 '탐욕은 어떻게 자산이 되는가'라는 주제로, 비즈니스와 인간 본성에 대한 통찰을 풀어냈다. 그 내용은 단순한 도덕적 비판이 아니었다. 탐욕을 무작정 악으로 단정하지 않고, 그것이 어떻게 창조적 동력으로 변환될 수 있는지 설명했다. 학생들은 고정관념을 흔드는 그 이야기에서 신선한 충격과 깊은 사유를 동시에 얻었다. 나 또한 문과와 이과의 경계를 허무는 지식의 확장을 실감했고, 학문이란 결국 인간을 향해 있어야 한다는 사실을 되새겼다.

가장 이색적이었던 강연은 치과의사이자 공인 최면 치료사로 활동하던 한 군의관을 초청했을 때 이루어졌다. 그는 어린이 최면 치료를 주제로 강연했는데, 단순한 이론 발표를 넘어 현장 최면 시연까지 포함된 실험적 구성이었다. 몇몇 학생들이 실제로 무대 위에서 최면 상태에 빠졌고, 강연장은 마치 과학 실험과 공연이 교차하는 듯한 전율로 가득 찼다. 일부는 회의적이었지만, 대부분은 그 체험 자체로 깊은 흥미와 호기심을 느꼈다. 이 강연 이후로 우리 세미나는 소문을 타기 시작했고, 참석자가 급격히 늘어 더 큰 강의실로 장소를 옮겨야 했다.

이러한 강연 시리즈를 통해 나는 확신하게 되었다. 학문이란 단순히 교과서 속에 있는 정보가 아니라, 서로 다른 분야와 생각 그리고 사람들의 삶과 맞닿아 있을 때 비로소 진짜 힘을 갖는다는 사실을. 그리고 그 교차점에 설 수 있는 기회는, 젊은 시절 오롯이 노력한 사람에게 주어지는 선물이라는 것도 알게 되었다.

스승과의 만남 그리고 연구의 길로

그러던 중 내 인생의 궤적을 송두리째 바꾼 귀인을 만나게 되었다. 바로, 서울대학교 치과대학의 약리학 조교수였던 정동균 박사님. 정 박사님은 나의 초청을 흔쾌히 수락하여 우리 모임 구성원들에게 강의를 들려주셨다.

정 박사님은 약리학에 관한 자신의 획기적인 연구를 열정적으로 공유했고, 복잡한 과학적 개념들을 놀라울 정도로 명료하고 설득력 있게 설명했다. 그분의 강연은 단순히 학문을 전달하는 자리가 아니었다. 그것은 과학의 아름다움과 탐구의 기쁨을 전염시키는, 마치 하나의 불꽃과도 같은 순간이었다. 그날 이후 나는, 단지 강연을 들은 학생이 아니라, 학문의 여정에 들어선 탐구자가 되었다.

강연이 끝난 후, 나는 용기를 내어 정 박사님에게 다가갔다. 그리고 떨리는 목소리로 그의 연구실에서 자원봉사 조교로 일하고 싶다고 말씀드렸다. 그는 잠시 나를 바라보더니, 따뜻하게 웃으며 내 손을 잡아 주었다. "좋아요. 우리 함께 해봅시다." 그렇게 나는 정동균 박사님의 연구팀에 들어가게 되었고, 나의 삶은 새로운 방향으로 흘러가기 시작했다.

그의 지도 아래, 나는 실험 기술, 데이터 분석, 연구 설계에 이르는 과학적 사고의 전 과정을 몸으로 익혀 나갔다. 단지 손을 움직이는 기술자가 아니라, 질문을 던지고 스스로 답을 찾아가는 진정한 학자가 되어 갔다. 약리학이 단지 치과학의 보조 개념이 아니라, 의학 전체의 핵심 축이 될 수 있다는 사실을 깨달은 것도 이 시기였다. 정 박사님과 함께했던 시간은 나의 세계를 넓혔고, 나는 연구라는 길을 일생의 소명으로 받아들이기 시작했다.

정 박사님은 내게 단순한 스승 이상이었다. 때로는 아버지처럼, 때로는 형처럼, 다정하고 따뜻하게 나를 이끌어 주셨다. 그는 기술만 가르치지 않았다. 그는 윤리와 인내 그리고 학문에 임하는 태도 그 자체를 가르쳤다. 세포 생물학이나 유전자 공학이 아직 대중화되지 않았던 시절, 우리는 동물 모델에 의존해 연구를 진행했고, 실험에서 미묘한 오차가 생기면 그는 늘 말했다.

"과학은 정직한 반복이야. 진실은 숨지 않아. 찾아낼 때까지 계속해야 해."

그 한마디 한마디가 나의 연구 철학을 만들었다.

1967년, 나는 미국 과학 저널에서 단일층 세포 배양 이미지를 처음으로 보게 되었다. 그 이미지는 내게 전율에 가까운 충격을 주었다.

생명이 눈앞에서 질서 있게 자라고, 반응하고, 변화하는 모습. 나는 연구라는 여정에 더욱 깊숙이 빠져들었고, 이 분야에 헌신하고 싶다는 결심이 굳어졌다.

정 박사님 역시 내 안의 열정을 알아보셨다. 본과 3학년 무렵, 그는 내게 뜻밖의 제안을 건넸다. "2학년 학생들 대상으로 약리학 실험 수업을 맡아 강의해 보지 않겠나?" 나는 놀랐고, 동시에 벅찬 자부심을 느꼈다. 그렇게 나는 학생에서 강사로, 배우는 자에서 가르치는 자로 조금씩 나아가기 시작했다.

그 여정을 마무리할 무렵, 나는 서울대학교 치과대학을 우등으로 졸업했다. 그리고 그 성취 뒤에는 언제나 한 사람이 있었다. 정동균 박사님. 그의 헌신적인 가르침은 내게 단지 하나의 졸업장을 안겨 준 것이 아니었다. 그는 내 안에 지식에 대한 책임, 연구에 대한 헌신 그리고 미래를 향한 분명한 방향성을 심어 주었다.

자유의 가치: 탈출한 쥐에게서 배운 교훈

1967년에서 1968년 겨울, 서울대학교 치과대학 졸업을 앞두고 나는 정동균 박사님의 연구실에서 실험을 수행했다. 주제는 '인삼이 추위 스트레스에 미치는 영향'을 평가하는 것이었다. 우리는 정식 동물 시설도 갖추지 못한 열악한 환경 속에서 연구를 진행해야 했다. 실험용 쥐들은 연구실 안의 작은 우리에 나누어 넣어야 했다.

서울의 혹독한 겨울, 연구실 온도는 밤이면 영하 15도까지 떨어졌다. 나는 두 그룹의 쥐를 준비했다. 한 그룹에게는 일반 물을 제공하고, 다른 그룹에게는 인삼 추출물이 섞인 물을 제공하여 마시게 했다. 실험의 목표는 한 달 후 두 그룹의 체중 변화와 혈액 세포 변화를 비교하여 인삼이 추위 스트레스를 완화하는지 효과를 분석하는 것이었다.

실험은 순조롭게 시작되는 듯했다. 그러나 이틀째 되는 날, 예기치 않은 일이 벌어졌다. 일반 물을 마시던 그룹의 쥐 한 마리가 우리를 탈출해 버린 것이다. 연구실은 작고 좁은 공간이라 나는 쥐를 곧 찾을 수 있으리라 믿었다. 쥐가 밤에 나와 물과 먹이를 찾고 다시 제자리로 돌아올 것이라 기대하며, 조심스럽게 먹이와 물을 놓아두었다.

한 달 동안, 우리 속에 남은 쥐들은 차가운 공기와 제한된 공간 속에서 살아남아야 했다. 실험이 끝난 후 결과를 분석하면서 나는 뜻밖의 사실을 마주했다. 일반 물을 마신 쥐들은 체중이 평균 10% 감소했으나, 인삼 추출물을 먹은 쥐들은 오히려 30% 가까이 체중이 증가했다. 인삼이 추위 스트레스를 완화한다는 가설을 뒷받침하는 결과였다.

그러나 진정한 놀라움은 탈출한 쥐를 다시 잡은 순간 찾아왔다. 그 쥐는 인삼 추출물이 섞인 물을 제공받은 우리 속 그룹의 쥐들보다도 체중이 더 많이 증가해 있었다. 나는 큰 충격을 받았다. 탈출한 쥐는 음식과 물을 안정적으로 공급을 받지 못했을 텐데, 어떻게 더 건강하게 성장할 수 있었던 것일까?

깊은 고민 끝에 나는 깨달았다. 문제는 단순한 신체적 조건에 있지 않았다. 차이는 심리적 조건에 있었다. 우리 속에 갇힌 쥐들은 단순한 추위만이 아니라, 자유를 빼앗긴 데서 오는 스트레스를 함께 견뎌야 했다. 반면 탈출한 쥐는 비록 더 큰 불확실성과 생존의 위험에 직면했지만, 원하는 대로 움직이고 탐험할 수 있는 자유를 지니고 있었다. 그리고 그 자유가 신체적 스트레스를 상쇄하고도 남을 만큼 강력한 힘을 발휘했던 것이다.

이 작은 생명체로부터 나는 평생 잊지 못할 교훈을 얻었다. 자유와 자율성은 인간 존재에 있어 단순한 선택이 아니라 생명력의 본질적 원천임을 깨달았다. 힘겨운 환경이라 할지라도, 스스로 선택하고 행동할 수 있는 여건이 주어진다면, 우리는 훨씬 더 강인한 존재가 되어 생존할 수 있다는 것을 알게 되었다.

탈출한 쥐가 내게 남긴 메시지는 지금도 생생하다. 때로는 불확실하고 험난한 길일지라도, 자유롭게 내딛는 발걸음이 속박된 안정보다 훨씬 더 생동감 넘치는 삶을 가능하게 한다는 진실. 그것은 내가 학문을 선택하고, 연구에 매진하고, 이후 낯선 세계로 나아갈 때마다 가슴 깊이 새겼던 가장 소중한 가르침 중 하나였다.

교과서 번역: 학문과 가르침을 통한 성장

치과대학 4학년 시절, 나는 정동균 박사님으로부터 한 권의 책을 빌렸다. 안드레스 고스(Andres Goth)가 저술한 『의료 약리학』 교과서였다. 책은 눈부시게 새것이었다. 나는 정 박사님에게 한 달 안에 이 책을 한국어로 번역해 돌려 드리겠다고 약속했다. 스스로에게도 큰 도전이었다.

그러나 약속을 지켰을 때, 책은 눈에 띄게 낡아 있었다. 종이는 닳고 모서리는 찢겨 있었다. 나는 무척 부끄러웠다. 책을 소중히 다루지 못한 것 같아 진심으로 사과드렸고, 언젠가 돈을 모아 새 책으로 갚겠

노라 다짐했다. 하지만 정동균 박사님은 오히려 미소를 지으며 내 노력을 칭찬해 주셨다. "책이 아니라 네 열정이 더 소중하다"고. 그는 책의 상태에 대해 전혀 개의치 말라 하셨다.

이 교과서 번역 과정은 내 학문적 여정에서 가장 변혁적인 경험 중 하나가 되었다. 나는 텍스트 한 줄 한 줄에 몰입하며 약리학의 세계를 다시 새겼다. 단순한 번역이 아니었다. 나는 개념을 해체하고 재구성했으며, 약물의 화학 구조와 생리학적 메커니즘까지 깊이 이해하게 되었다. 이 과정에서 쌓은 지식은 나의 탄탄한 기반이 되었고, 학문적 자신감을 비약적으로 끌어올렸다.

더 나아가, 나는 강의를 준비하고 진행하는 데 있어 새로운 능력을 갖추게 되었다. 방대한 양의 내용을 노트 없이, 외부 자료 없이, 두세 시간 동안 이어서 설명할 수 있는 능력이었다. 이 기술은 나중에 내 강의 활동의 가장 강력한 무기가 되었다.

그 당시에는 슬라이드 프로젝터도, 녹음 장비도 없었다. 나는 모든 자료를 암기해야 했다. 고된 준비 과정은 육체적으로, 정신적으로 나를 지치게 했다. 자주 두통에 시달리기도 했지만, 강단에 서는 순간만큼은 언제나 차분하고, 지식에 자신 있는 모습으로 후배들과 동료들을 마주했다.

내가 가르친 치과대학 2학년 학생들은 나보다 불과 한두 학년 아래였지만, 그들은 나의 이해력과 강의 실력에 깊은 존중을 보여 주었다. 그들의 열정과 존경은 나로 하여금 강의를 더욱 다듬고, 나 자신을 끊임없이 연마하도록 만드는 강력한 동기가 되었다. 처음에는 두려운 과제처럼 느껴졌던 강의가, 내 인생에서 가장 보람 있는 경험 중 하나로 변모한 것이다.

이 경험은 내게 뚜렷한 교훈을 남겼다. 가르친다는 것은 단순히 지식을 나누는 일이 아니라, 자신이 이해한 바를 내면 깊숙이 새기는 최고의 방법이라는 깨달음이었다. 복잡한 개념을 타인에게 명확하게 설명하기 위해서는, 스스로 완벽히 이해하고 구조화해야 했다. 그 과정은 나의 학습 능력을 비약적으로 향상시켰고, 약리학이라는 분야에 대한 탄탄한 기초를 세워 주었다.

그 시절, 나는 단순히 학생이 아니었다. 나는 배우는 자였고, 가르치는 자였으며, 동시에 평생 학습의 길로 들어서는 자였다. 지식을 내면화하고 전달하는 일에 대한 열정은 이 시기에 뿌리를 내렸고, 그것은 이후 내 학문적 삶을 이끄는 불변의 신념이 되었다.

제3장

고등 교육: 서울대학교 대학원에서의 연구 및 임상 훈련

우등졸업, 새로운 여정의 서막

1968년, 서울대학교 치과대학을 우등으로 졸업한 순간은 내 인생에서 가장 빛나는 장면 중 하나였다. 하지만 나는 잘 알고 있었다. 그 졸업장은 결코 종착점이 아니라, 앞으로 펼쳐질 훨씬 더 굴곡지고 험난한 여정의 출발점일 뿐이라는 것을.

졸업 직후 나는 치주학 인턴십과 레지던트 과정에 돌입했다. 이는 치주 질환 치료에 대한 나의 열정과 임상 과학에 대한 전념을 바탕으로 한 결정이었다. 동시에 나는 기초 과학 석사 과정에 등록하여 연구와 임상, 두 세계를 병행하는 도전에 나섰고, 그에 더해 치과대학 학생들을 위한 약리학 강의도 전담하게 되었다. 이 세 가지 과업을 병행하는 것은 결코 가벼운 일이 아니었다. 그러나 나는 그것을 영광이자 사명으로 받아들였고, 자부심으로 가슴을 충만히 채웠다.

(왼쪽부터) 율리, 저자, 어머니. 1968년 서울대 치과대학 졸업식에서

배움에서 가르침으로

이 시기, 내 삶에서 또 하나의 중대한 전환이 일어났다. 나의 스승 정동균 박사님이 1968년부터 1970년까지 연구를 위해 미국 로체스터대학교로 떠나게 되면서 그로부터 강의와 연구의 일부를 이어받게 된 것이다. 나는 단순히 그를 대신해 강의 자료를 전달하는 자가 아니었다. 나는 그의 철학과 학문적 가치 그리고 지적 열정을 지키고 전승해야 할 후계자였다.

이 임무는 내게 큰 무게로 다가왔다. 동시에 내가 배운 것을 다른 이에게 전수할 수 있다는 사실은 말로 다할 수 없는 보람을 안겨 주었다. 나는 더 이상 학생이 아니었다. 스승이자 지도자로 성장하는 과정 속에 있었다. 이 과정에서 나의 정체성과 삶의 방향 또한 새롭게 정립되었다.

그 후 세월이 흘러 1986년, 나는 UCLA에서 연구실을 운영하는 교수가 되어 있었다. 그때 나는 정동균 박사님을 UCLA에 방문 교수로 초빙했다. 그의 가르침이 나의 연구 속에 어떻게 구현되고 있는지를 직접 보여 드릴 수 있다는 것은 가슴 벅찬 일이었다. 하지만 그는 나날이 쇠약해지고 있었고, 나는 매일 아침 그의 기침 소리와 과도한 흡연을 지켜보며 걱정에 휩싸였다. 금연을 권했지만, 습관은 쉽게 끊어지지 않았다.

그리고 1993년, 정 박사님은 폐암으로 세상을 떠났다. 나는 로스앤젤레스에서 서울로 날아가 그의 장례식에 참석했다. 그의 부재는 형언할 수 없이 커다란 상실로 다가왔다. 그는 내게 단순한 스승이 아니었다. 그는 내 삶의 지향점이었고, 나의 이상이었다. 슬픔을 말로 표현할 수 없었다. 그는 나의 내 인생의 길잡이이자 등대였으며, 좋은 친구였다.

치열함으로 빚어낸 성취

서울대학교 치과병원에서 인턴과 레지던트로 근무하던 시절, 나의 하루는 고되고 길었다. 아침에는 문헌 검토와 세미나 발표, 환자 진료에 몰두했고, 오후와 밤은 연구에 바쳤다. 나는 고려대학교 의과대학 약리학과의 신만륜 교수님 지도하에 연구를 이어 갔고, 그곳은 곧 나의 성역이 되었다.

밤 11시가 되면 건물 전체에 통행금지를 알리는 사이렌이 울렸다.

(왼쪽부터) 저자, 고려대학교 의과대학 신만륜 교수

자정부터 새벽 5시까지는 출입이 통제되었지만, 나는 종종 그 늦은 시각까지도 실험실에 남아 있었다. 학문에 대한 갈증과 사명감이 나를 그곳에 붙잡아 두었다.

한편 고려대학교 의과대학에서 강의를 하게 되면서 나는 숙명여자대학교 약학대학의 한 여교수와 인연을 맺었고, 그 인연은 나를 숙대 강단으로 이끌었다. 숙대 학생들은 내 강의에서 유머를 발견하고 웃음을 터뜨렸다. 그러나 강의 후 나는 다소 놀라운 피드백을 받았다. 학생들과 눈을 마주치지 말라는 조언이었다. 여성들로만 이루어진 강의실에서 아이컨택이 때로는 불편함이나 오해의 소지가 될 수 있다는 이유에서였다. 이후 나는 강의할 때 학생들의 눈 대신 쓰레기통이나 칠판 구석에 시선을 고정했다. 유쾌하면서도 진지함이 깃든 조언을 받아들이며 나의 강의 스킬은 업그레이드 되었다.

바쁜 일정 속에서도 나는 임상과 연구 양쪽에서 균형과 깊이를 유지하기 위해 온 힘을 다했다. 마침내 레지던트 1년 차가 끝날 무렵, 나는 석사 학위를 취득했고, 이는 의학 박사 과정 입학시험의 자격 요건을 충족시켜 주었다.

시험 과목은 영어, 독일어 그리고 전공이었다. 나는 긴장 속에서도 자신이 있었다. 지난 시간 동안 얼마나 많은 지식을 흡수했는지 스스로 실감할 수 있었기 때문이다. 결과는 기대 이상이었다. 영어 98점, 독일어 99점, 전공 100점—대학 전체 수석이었다. 그러나 나는 만족하지 않았다. 나는 계속해서 더 많은 것을 알고 싶었고, 더 깊은 곳으로 나아가고 싶었다.

나의 자부심을 드높여 준 독일어 실력은 이후 미국 박사 과정에서도 큰 자산이 되었다. 두 외국어 시험을 통과해야 했던 그 과정에서, 독일어는 나를 위한 든든한 디딤돌이 되었다. 서울대학교에서 다져진 그 언어의 기초는, 결국 내 학문 여정의 세계를 넓히는 열쇠가 되었던 것이다.

제4장

새로운 시작:
결혼과 득녀, 군 복무 그리고 미국행

사랑의 결실: 결혼 그리고 딸 성민(제니퍼)의 탄생

치과 레지던트로서의 임상 업무 그리고 강의와 연구에 몰두하면서도 나는 틈틈이 시간을 내어 율리와 데이트를 즐겼다. 저렴한 영화관을 찾거나, 나의 금호동 셋방 근처 한강 둔치에서 산책을 하며 우리는 소소하지만 행복한 시간을 함께했다. 나는 종종 노래로 율리에게 마음을 표현했다. 그녀를 향해 '오 솔레 미오(O Sole Mio)'와 같은 세레나데를 부를 때마다 율리는 환하게 웃었고, 내 목소리에 매료되었다고 말해 주었다. 우리는 가진 것은 없었지만, 서로에 대한 신뢰와 미래를 향한 꿈만은 확고했다. 나는 언젠가 대학교수가 되어 우리의 삶을 윤택하게 바꿀 것이라 믿었다.

1969년 9월, 5년 가까운 연애 끝에 우리는 결혼에 골인했다. 그때 나는 치주과 레지던트 첫해를 보내고 있었다. 율리는 내 인생에서 가장 믿음직한 동반자였고, 그녀의 활기찬 성격은 고단한 내 일상을 환히 비추어 준 햇살과도 같았다. 결혼 후 우리는 아름다운 딸을 얻었

1969년 9월 20일, 저자의 결혼식

고, 그녀에게 성민이라는 이름을 붙여 주었다.

넉넉지 않은 형편 탓에 우리는 서울에서 가까운 속리산으로 신혼여행을 떠났다. 비록 화려하진 않았지만, 서로 함께 있다는 것만으로도 우리는 충분히 행복했다. 결혼 직후 우리는 셋방에 살았고, 내 벌이는 한 달에 고작 10달러 정도였기에 율리가 실질적인 가장으로서 우리 살림을 책임졌다. 율리는 탁월한 사업 감각과 사람을 끄는 능력으로 여성 의류를 디자인하고 판매하는 부티크를 열었고, 빠르게 성공을 일궜다. 덕분에 나는 오롯이 연구와 병원 수련에 집중할 수 있었다.

결혼한 지 1년이 지나 딸 성민이가 태어났다. 당시 나는 겨우 25세였다. '가족'이라는 무게를 온전히 이해하기에는 너무 어린 나이였다.

그러나 성민이가 아장아장 걷기 시작할 무렵, 나는 딸에 대한 사랑이 얼마나 깊은지를 비로소 깨달았다.

성민(제니퍼, Jennifer)은 밝고 사랑스러운 아이였다. 율리가 늦게까지 일해야 하는 날이 많았기에, 자연스럽게 나는 주 양육자가 되었다. 평일 낮에는 어머니께서 손녀를 돌봐 주셨지만, 토요일 오후만큼은 내가 제니퍼를 돌보았다. 딸을 데리고 공원에 가거나 아이스크림을 사 먹으며 함께 보낸 시간은 내게 세상 무엇보다 소중했다.

사람들은 종종 오해했다. 둘이 함께 있는 모습을 보고 내가 홀아비라고 착각하곤 했다. 한번은 율리가 제니퍼를 데리고 아이스크림 가게에 갔을 때, 주변 사람들이 그녀를 고모나 이모쯤으로 여겼다. 웃기고도 슬픈 에피소드였다.

저녁이면 나는 하루 종일 쌓인 피로를 잊고 제니퍼와 놀아 주었다. 제니퍼는 스스로를 '아빠의 작은 소녀'라 부르며 내 품에 안겼고, 나는 그 모습에 매일같이 녹아내렸다.

나는 딸과 특별히 친밀한 관계라 믿었다. 그러나 시간이 흐르면서 스스로의 오만함을 깨달았다. 나는 여전히 딸에 대해 완전히 이해하지 못하고 있었던 것이다. 1983년, 보스턴에서 로스앤젤레스로 이사하던 날, 중학생이 된 제니퍼가 눈물을 참지 못하고 격하게 동요하는 모습을 보고 나는 충격을 받았다. 나는 그저 이사가 새로운 모험이 될 것이라 생각했다. 하지만 친구들을 잃는다는 사실은 어린 제니퍼에게 가늠할 수 없는 슬픔이었다.

그제야 나는 깨달았다. 아버지인 내가 딸의 아픔을 그동안 제대로 보지 못했다는 사실을. 우리는 미국 도착 후 아홉 번이나 이사를 했

1970년 서울, 한국. 놀이공원에서 제니퍼와 함께 시간을 보내며

고, 매번 제니퍼는 다시 친구들을 잃어야 했던 것이다.

가슴을 찌른 이 깨달음은 나를 변화시켰다. 이후 나는 내 연구나 경력뿐 아니라, 아내와 딸의 행복에 대해 더 깊이 고민하고 그들의 목소리에 귀 기울이게 되었다.

국가를 위한 복무: 군 생활에 대한 회고

보병 군사 훈련

1971년, 정동균 박사님이 로체스터에서 귀국했을 때 나는 치주과 레지던트 과정을 마치고 박사 과정 1년을 끝낸 상태였다. 그 직후, 나는 500여 명의 의사와 치과의사들과 함께 국군에 징집되었다.

3개월간의 군사 훈련은 혹독했다. 의료인이라는 신분도, 그동안 쌓아 온 학문적 경력도 그 고됨을 덜어 주지는 못했다. 하지만 의외로 그 속에서 묘한 해방감을 느꼈다. 누구도 예외 없이 똑같은 조건 아래 놓였고, 특권도 없었기에, 우리는 그 열악함 속에서 오히려 평등을 경험할 수 있었던 것이다.

이와 관련해 기억에 남는 장면이 있다. 우리가 처음 군모와 군용 신발을 지급받을 때, 한 의사가 신발 사이즈가 맞지 않는다며 불평했다. 그러자 돌아온 답은 단호하고도 명쾌했다.

"신발에 발을 맞춰라."

이후 우리는 시골의 외딴 지역으로 끌려갔다. 침대 하나 없이 스무 명 남짓의 청년들이 비좁은 오두막에 함께 몸을 누였다. 물은 귀했고, 음식은 형편없었으며, 밤이면 총을 들고 몇 마일을 달리거나, 총을 어

1971년, 고된 군 훈련 후 친구들과 함께한 휴식 시간. 맨 오른쪽이 저자

깨에 메고 오리처럼 기어야 했다. 일주일이 지나자 우리는 서로를 알아보기도 힘들 정도로 더러워졌다. 그리고 끊임없이 달려야 했다. 심지어 저녁 식사 후에도 우리는 또 뛰었다.

6주간의 보병 훈련을 마친 뒤, 우리는 의무 군사 훈련장으로 이동했다. 이곳의 생활은 다소 나았고, 가끔은 설교 강의를 들을 수도 있었다. 매주 일요일이면 가족과 만나는 시간이 주어졌고, 그렇게 또 6주가 흘러갔다.

3개월 훈련이 끝나는 날, 나는 대열에 선 채 깊은 성취감에 젖어 있었다. 한국 군에서 대위로 임관한 것은 단순한 직책 이상의 의미를 지녔다. 그것은 리더십, 책임감, 봉사에 대한 헌신을 상징하는 순간이었다. 입대식에서 율리와 함께 감격을 나누었다. 그 순간은 내 인생에서 결단과 우정 그리고 새로운 사명의 출발점이 되었다.

그리고 곧바로 나는 첫 군사 명령을 받았다. 일촉즉발의 접경 지역인 비무장지대(DMZ) 인근 부대에 배치되었다. 나는 그날 입은 군복의 무게가 결코 가벼운 것이 아님을 실감했다.

한국 군대에서 치과 군의관으로서의 생활

기지에 도착하자마자, 임무의 냉혹한 현실이 피부에 와닿았다. DMZ에 가까운 그곳은 언제 터질지 모를 긴장감으로 가득 차 있었다. 하지만 병사들 사이에 흐르는 전우애와 공동의 사명감은 그 무게를 덜어 주었다.

나는 사단 의무대 치과 과장으로 임관되었다. 책임은 막중했다. 단순히 치과 진료를 넘어, 병사들의 건강과 전투 준비 태세를 유지하는 것도 내 임무였다. 긴 하루는 예측 불허였고, 나는 군대의 엄격한 규율 준수와 의료 서비스 제공의 이중 책무 사이에서 아슬아슬하게 줄타기를 하며 하루하루를 보냈다.

바로 그 속에서, 나는 뜻밖의 성취감을 발견했다. 열악한 자원, 냉엄한 규율, 팽팽한 긴장. 이 모든 조건 속에서도 나는 꺾이지 않았다. 오히려 그 속에서 나 자신 안에 숨어 있던 강인함과 리더십을 발견했다. 이 경험은 이후 내 삶을 이끄는 중요한 자양분이 되었다.

놀랍게도, 나는 군 생활을 점점 즐기기 시작했다. 군대에서는 명확한 규율 덕분에 민간 생활에서 흔히 겪는 혼란과 복잡성이 드물다는 점이 마음에 들었다. 기지 내 치과 과장으로서 나는 소규모 팀을 이끌었다. 두 명의 중위와 대여섯 명의 사병들이 함께하며, 우리는 어느새 하나의 끈끈한 공동체가 되었다.

기지 밖에서는 작은 가정집 원룸을 임대해 살았다. 단출했지만 생활하기에 충분했다. 규율에 얽매인 경직된 생활 속에서도 동료들과 나누는 전우애는 따뜻했다. 하루에 20명 내지 40명의 환자를 진료하고, 발치, 충치 치료, 잇몸 질환 관리, 보철 치료에 이르기까지 다양한 업무를 맡았다. 때때로 야간 대기 근무도 해야 했지만, 그마저도 의미 있었다.

가족과 함께한 군 생활 그리고 시련

배치된 지 석 달 후, 드디어 율리와 한 살배기 제니퍼가 나에게로 와서 함께 살게 되었다. 율리는 자신이 일구어 낸 부티크를 기꺼이 정리하고 나와 함께하는 길을 택했다. 그녀의 결단은 사랑이었고, 헌신이었다. 가족과 함께한 군 생활은 고단했지만 특별했다. 규율과 통제 속에서도 우리는 따뜻한 가정 생활을 함께해 나갔다.

그러나 평온은 오래가지 못했다. 어느 날 밤, 제니퍼가 심각한 증상을 보였다. 기지 군의관은 콜레라를 의심했다. 순간 내 피는 얼어붙었다. 나는 주저 없이 아이를 안고 택시를 잡아탔다. 서울까지의 세 시간, 그 시간은 마치 영겁 같았다. 제니퍼가 작은 몸으로 고열에 시달리는 모습을 보며, 나는 그저 무력하고도 간절히 기도할 수밖에 없었다.

병원에 도착한 후, 다행히 진단은 가성 콜레라로 판명되었다. 그러나 열흘간의 입원 기간 동안, 나는 생명의 연약함과 아버지로서의 깊은 책임을 뼈저리게 깨달았다. 군복을 입고 있었지만, 그 순간 나는 무엇보다 한 아이의 아버지였다. 사랑, 보호, 헌신. 그것이 나의 중요한 존재 이유였다.

군 생활은 내게 리더십과 봉사를 가르쳤지만, 무엇보다 사랑하는 이들을 지키는 것이 인생에서 가장 큰 사명임을 일깨워 주었다.

신정 소장에 대한 기억

나는 군 생활 중 많은 사람들과 인연을 맺었다. 의사, 직업군인, 군 검찰관, 군 판사들과도 가까워졌다. 그중에서도 특별히 기억에 남는 한 사람이 있다. 바로 육군사관학교를 졸업한 직업군인, 신정 대위였다.

우리는 빠르게 가까워졌다. 함께 웃고 대화하고 토론하며 수없이 많은 시간을 보내는 동안, 우리는 군 생활의 고단함도 함께 이겨 냈다. 1년간의 복무를 마치고 나는 서울 근처 다른 기지로 전출되었고, 신 대위는 진급을 통해 소령으로 육군 본부에 전속되어 서울대학교 공과대학 ROTC 교관으로 임명되었다. 놀랍게도 우리는 다시 만났다.

그러나 그 후, 내가 미국으로 떠나면서 우리는 자연스럽게 연락이 끊겼다. 그가 어떻게 지내는지, 군 생활은 어떨지 나는 종종 궁금해하곤 했다.

그러던 중 1983년, 하버드에 있을 때 그의 소식을 들었다. 그는 대령이 되어 있었다. 반가운 마음에 나는 그에게 편지를 썼다. 한국 방문 계획이 있었기에 직접 만나고 싶다는 뜻을 전했다. 나중에 들은 이야기로는, 그가 내 편지를 처음 받았을 때 꽤 당황했다고 한다. 그는 심지어 혹시 북한에서 온 편지가 아닐까, 내가 북한 간첩은 아닐까 의심했다고 했다. 당시 그는 DMZ 근처에서 연대장으로 복무 중

(왼쪽부터) 저자, 그리고 신정 대령. 1983년 신정 대령의 대대 사무실에서

이었다.

결국 우리는 다시 만났다. 오랜 세월을 뛰어넘은 재회였다. 신정 대령은 진정한 군인의 표본이었다. 규율과 결단력 그리고 조국에 대한 깊은 헌신을 몸소 실천하는 인물이었다. 그의 엄격하고 진지한 외양 뒤에는 따뜻한 인간미가 숨겨져 있었다. 특히 어린 아들 이야기를 할 때면 그 부드러움이 더욱 선명하게 드러났다.

우리는 가족 이야기와 미래에 대한 포부를 나누며 다시금 깊은 유대감을 쌓았다. 수년 후, 그는 소장으로 예편했고, 명예로운 군 경력과 애국심의 유산을 남겼다. 그는 단연코 기억되어야 할 진정한 군인이자, 애국자였다.

나는 당시 결코 상상하지 못했다. 우리의 인연이 또다시 이어질 것이라는 사실을.

16년이 지나, 그의 아들 신기혁이 나의 박사 과정 학생으로 찾아왔다. 그리고 그는 결국 내가 학장으로 재직하던 시절 UCLA 치과대학의 교수진으로 합류했다. 삶은 때때로 설명할 수 없는 방식으로 과거와 현재를 엮는다. 이 우연은 그 신비로운 연결의 아름다운 증거였다.

군 복무 경험이 남긴 교훈

군 복무가 내 인생에 남긴 의미를 이야기하면서, 나는 한 가지 특별한 기억을 나누고 싶다.

2014년 11월 초, 나는 UCLA 치과대학 3학년 학생 타이곤 아발로스(Tigon Abalos)를 만났다. 그녀는 당시 곧 치러질 미국 현충일 행사에서 교수진과 재향군인, ROTC 학생들 앞에서 연설할 예정이었다. 짧은 대화였지만, 그녀의 이야기는 내 마음에 깊은 울림을 남겼다.

타이곤은 열네 살 때 난민으로 미국에 입국했다. 가족 중 처음으로 고등학교를 졸업한 후, 캘리포니아 대학교 버클리 캠퍼스에 입학했다. 그러나 2년 뒤, 그녀는 뜻밖의 길을 택했다. 미 육군에 입대한 것이다. 방첩 요원으로 복무하며 아프가니스탄에도 파병되었다. 6년간 조국을 위해 헌신한 후, 다시 학업에 복귀해 캘리포니아 주립대를 거쳐 UCLA 치과대학원 2016학번(미국은 한국과 달리 졸업연도를 학번으로 정함)으로 입학했다.

타이곤은 재향군인들과 소외된 지역 사회를 위해 무료 치과 진료를 제공하는 학생 프로젝트를 이끌고 있었다. 치대생들을 조직하고, 재정 지원을 모색하는 그녀의 모습은 군 복무로 다져진 결단력과 헌신을 그대로 보여 주었다. 나는 주저 없이 그녀에게 특별 장학금을 제공하겠다고 약속했다. 그리고 프로젝트에 대한 추가 지원도 약속했다.

그 순간, 나는 다시금 깨달았다. 미국과 한국의 군 복무에 대한 인식 차이를.

미국에서는 제복을 입은 이들에게 깊은 존경을 표한다. 재향군인은 영웅으로 대우받는다. 반면 한국에서는, 군 복무가 기념되어야 할 사명이라기보다, 견뎌야 할 고통으로 여겨지곤 한다. 심지어 운동선수나 연예인이 군 복무 면제를 받을 때마다, 평범하게 복무하는 이들의 희생이 상대적으로 폄하되기도 한다. 게다가 부유하고 권력 있는 이들이 병역을 회피하는 사건은 나를 씁쓸하게 만들곤 했다.

나는 믿는다. 군 복무는 사람을 성장시킨다. 규율, 강인함, 리더십을 심어 준다. 내 경험 역시 그러했다. DMZ 인근과 서울에서의 군 복무는 나를 단단하게 빚어 놓았다. 비록 나는 대한민국 육군에서 치과 군의관으로 복무했지만, 군 복무는 단순한 직무 이상의 의미를 가졌다. 그것은 내게 확고한 규율 의식, 리더십 그리고 공동체 의식을 심어 주었다. 압박 속에서도 결정을 내릴 수 있는 힘, 다양한 문화를 이해하고 수용할 수 있는 감수성 또한 그때 얻은 소중한 자산이었다.

무엇보다, 군 복무를 통해 나는 배웠다. 진정한 존중, 진실성 그리고 나 자신을 넘어선 더 큰 목적에 대한 헌신의 가치를. 그 시절 쌓은 전우애는 평생 지속될 유대감을 남겼다. 동료들과 함께한 시간은 내 삶을 감사와 넓은 시야로 채워 주었다.

결과적으로 군 복무는 내 인생을 변화시켰다. 나를 강인하게 만들었고, 내 인격을 다듬었으며, 흔들림 없는 사명감을 심어 주었다. 이러한 자질들은 지금도 여전히 내 삶을 이끄는 힘이 되어 주고 있다.

미국에서의 학문적 커리어를 준비하며

1974년, 3년간의 군 복무를 마치고 서울대학교 박사 과정으로 돌아왔지만, 나는 미래를 놓고 고민했다. 내가 걸어온 길, 내가 원하는 삶 그리고 아직 닿지 않은 꿈.

나는 곧 단호하게 결단했다.

"미국으로 간다. 학문의 중심지에서 나를 시험해 보리라."

나는 치열하게 움직였다. 미국 전역의 의과대학과 치과대학에 수십 통의 지원서를 보냈다. 간절함이 종이 위에 스며들 만큼 한 자 한 자 정성껏 눌러썼다. 그러나 돌아온 것은, 차가운 거절뿐이었다.

"죄송합니다."

"적합한 자리가 없습니다."

"당신의 지원을 감사히 여기지만…"

거절의 편지는 쌓여 갔다. 가끔은 여지를 남긴 듯 모호한 답장도 있었지만, 결국은 아니었다.

밤마다 책상 앞에 앉아 편지를 고쳐 쓰며, 수백 번도 넘게 스스로에게 물었다.

"내가 이 길을 계속 걸어야 할까?"

그러나 포기란 없었다. 나는 알고 있었다. 진정한 기회는, 가장 깊은 절망의 끝에 나타난다는 것을.

몇 달이 흐른 후, 드디어 반가운 빛줄기가 내게 내리쬐었다. 조지아 의과대학. 그곳에서 박사후 연구원 펠로우십 제안을 받은 것이다. 서류를 쥔 내 손이 미세하게 떨렸다.

그러나 기쁨은 오래가지 않았다. 곧, 또 다른 장애물이 나를 기다리고 있었다.

비자.

미국 정부의 H-1B 비자를 받아야 했다. 나는 서류를 준비했고, 기다렸다. 하루하루가 목을 조여 왔다.

"진행 중입니다."

"추가 서류를 제출해 주십시오."

"검토 중입니다."

몇 달 동안, 내 미래는 얇은 서류 한 장에 아슬아슬하게 달려 있었다. 조금만 어긋나면, 모든 계획이 무너질 수도 있었다. 돌이켜 보면, 그때 J-1 교환 방문자 비자를 신청했더라면 덜 힘들었을지도 모른다. 하지만 당시엔 그걸 몰랐다. 나는 단지 앞만 보며 이를 악물고 버텼다.

그리고 마침내, 내 서른한 번째 생일인 1975년 1월 30일. 비행기의 바퀴가 조지아 오거스타 공항 활주로에 닿던 순간, 나는 숨을 깊게 들이마셨다.

"이제 시작이다."

거대한 대지, 낯선 하늘, 찬란하고 두려운 새벽. 나는 내 인생을, 내 운명을, 그곳에 던졌다. 그날 나는 알았다. 이 새로운 땅 위에서의 발걸음이 나를 새 사람으로 만들리라는 것을. 학문적 탁월성, 개인적 성장 그리고 어떤 고난이 와도 꺾이지 않을 영혼을 향한 여정이 시작된 순간이었다.

사랑하는 어머니를 기리며: 어머니에 대한 회상

한국을 떠나는 것은, 기쁨과 슬픔이 뒤엉킨 감정 속에 인생의 거대한 문턱을 넘는 일이었다. 짐을 싸는 동안 어머니는 곁에서 눈에 눈물을 머금은 채 조용히 서 계셨다. 그 장면은 지금까지도 내 기억에 선명히 남아 있다. 그때 어머니는 조심스럽게 말씀하셨다.

"이번에 출국하면 다시는 너를 못 볼 것만 같구나."

그 말은 돌처럼 내 가슴에 내려앉았다. 나는 애써 미소 지으며 어머니를 안심시켰다.

“1년 후 돌아올게요.”

이 말은 약속이자 다짐이었다. 그러나 운명은 늘 우리의 의지를 시험하는 법. 삶은 내가 원하던 길로 흘러 주지 않았다.

어머니의 삶은 그 자체로 하나의 장대한 서사였다. 어머니는 대전에서 멀리 떨어진 경상북도 지방 유지의 장녀로 태어나셨다. 외할아버지는 문자 그대로 그리고 비유적으로도 거대한 인물이었다. 183cm에 육박하는 키를 가진 외할아버지는 끝없이 펼쳐진 땅을 소유한 거농이었다.

초등학교 3학년 시절, 외할아버지 댁을 방문했던 기억이 아직도 생생하다. 나는 달리고 또 달렸다. 그러나 그 땅의 끝에 닿을 수 없었다. 그 땅은, 말 그대로 하나의 세계였다. 끝없이 이어지는 초록의 지평선을 바라보며, 나는 숨이 차오르는 것도 잊고 경이로움에 사로잡혔다.

외할아버지는 매년 우리를 찾아오셨다. 외할아버지란 존재는 마치 한결같이 우리를 지탱해 주는 버팀목과도 같았다. 강인함, 가족에 대한 헌신 그리고 평생을 바쳐 일군 대지를 유산으로 남기신 외할아버지. 어머니는 그런 외할아버지의 피를 고스란히 물려받았다.

어머니는 시대의 벽을 넘어서는 특별한 지성과 사업 감각을 지니고 계셨다. 여성에게 학업의 기회가 드물던 시대였지만, 어머니는 복잡한 지식들을 이해하고 암기하는 데 능숙했다. 특히 어머니의 산수 실력은, 어린 나를 경외심으로 가득 채웠다. 어머니는 주판을 완벽하게 다루셨고, 복잡한 산술도 암산으로 순식간에 해결하셨다.

아버지가 세상을 떠난 후, 어머니는 가족의 중심이 되었다. 모든 책임을 우아하고도 결단력 있게 짊어지신 어머니. 차디찬 세상의 편견 속에서도, 어머니는 강인한 의지로 우리를 지탱해 주었다. 나와 율리가 가정을 부양하기 시작한 후에야, 어머니는 비로소 조용히 한 걸음 물러나 쉴 수 있었다. 어머니의 강인함과 지혜는, 여전히 내 삶을 밝혀 주는 등불로 남아 있다.

내가 한국을 떠난 지 여덟 달 만에, 어머니는 향년 65세로 세상을 떠났다. 나는 그 소식을 한 달이 지나서야 남동생이 보낸 편지를 통해 알게 되었다. 편지를 쥔 손이 떨렸다. 새하얀 종이 위 활자 하나하나가 칼처럼 내 심장을 찔렀다.

다시는 어머니의 목소리를 들을 수 없다는 사실, 다시는 어머니의 얼굴을 볼 수 없다는 절망에 침잠해 나는 흐느꼈다. 출국 전 어머니의 떨리던 목소리, "다시는 너를 못 볼 것만 같구나"란 한마디 말이 비수처럼 되살아났다.

어머니의 부재는 그림자처럼 내 곁에 드리워졌다. 그러나 어머니의 변함없는 사랑과 믿음은, 여전히 내 걸음을 밝혀 주는 빛이다. 나의 수호천사, 사랑하는 나의 어머니.

어머니는 늘 내 존재를 소중히 여겨 주셨다. 내가 스스로를 믿지 못하고 의심할 때에도, 어머니는 나를 믿어 주셨다. 어머니는 내 가능성을, 세상이 알기 전에 가장 먼저 알아보셨다. 그리고 한없이 따뜻한 인내와 부드러운 인도로 나를 성장시켜 주셨다. 어머니의 사랑은 나를 단단하게 만들었고, 어머니의 믿음은 나를 더 높은 곳으로 이끌었다. 비록 지금은 곁에 계시지 않지만, 어머니의 정신은 여전히 내 안에서 숨 쉬고 있다. 내가 이루어 낸 모든 성취에는 어머니의 유산이

(왼쪽부터) 어머니와 저자, 서울대학교 석사 학위 수여식에서

깃들어 있다. 나는 오늘도 이 모든 것을 가능하게 해주신 나의 수호천사께 조용히 마음을 바친다.

국경을 넘어: 미국으로의 여정

돌이켜 보면, 내가 그 모든 불확실성과 두려움을 딛고 미국 조지아로 향하는 여정을 감행했다는 사실이 여전히 놀랍다. 그만큼 내 앞에는 넘기 힘든 산들이 놓여 있었다. 당시 나는 영어를 말할 수도 쓸 수도 없었다. 그나마 유일한 위안은 영어를 읽을 수 있다는 것이었다.

그 작은 능력 하나가 훗날 내 생존을 지탱해 주는 가장 강력한 무기가 되리라고는 상상조차 하지 못했다.

지금 돌아보면, 그때의 결단은 무모할 정도로 대담했다. 그러나 바로 그 순진한 열정이 아직 준비되지 않은 스스로를 거침없이 낯선 세계로 밀어 넣었다. 서른한 살이 될 때까지 나는 단 한 번도 고국을 떠나 본 적이 없었다. 바깥세상은 광활한 미지였고, 나는 거의 맨몸으로 그것을 마주했다.

처음부터 미숙함은 여실히 드러났다. 공항의 시스템, 출입국 절차는 물론이요, 심지어 간단한 서류 작성조차 나를 압도했다. 그러나 포기란 내 사전에 없었다. 나는 여권과 탑승권을 손에 꼭 쥐고, 그것들이 생명줄이라도 되는 듯 붙들고 있었다. 그만큼 간절했다.

비행기에서 내려 처음 미국 땅을 밟았을 때 나는 전율했다. 공기는 낯설었고, 사람들은 쉼 없이 무언가를 빠르게 이야기했다. 그들의 말은 내게 단순한 언어가 아니라, 알아들을 수 없이 웅웅거리는 혼란한 멜로디였다. 표지판을 읽을 수는 있었지만, 그조차도 과연 내가 제대로 이해한 것인지 확신할 수 없었다. 음식을 주문하는 것, 길을 묻는 것과 같이 가장 사소한 일조차 거대한 장벽처럼 느껴졌다.

그럼에도 나는 물러서지 않았다. 누구보다 잘 알고 있었기 때문이다. 이 여정은 단순한 이동이 아니라, 꿈을 향한 대담한 도약이라는 것을.

출국을 준비하며, 나는 한 가지 무기를 더 손에 넣기로 결심했다. 바로 침술이었다. 한의사였던 처형이 기꺼이 나를 가르쳐 주었고, 나는 친구를 연습 파트너로 삼았다. 두 달 동안, 우리는 서로의 몸에 침

(왼쪽부터) 저자, 율리, 그리고 딸 제니퍼.
1975년1월30일, 우리 아파트 건물 앞에서

을 놓으며 끈질기게 연습했다. 고통스러웠지만, 그 고통 속에서 나는 확신을 얻었다.

운명은 출발 직전 마지막 시험을 던졌다. 오른쪽 발목을 심하게 삐었던 것이다. 나는 결연히 침을 손에 들었다. 신중하게, 그러나 조금은 떨리는 손으로 붓고 아픈 부위에 침을 놓았다. 놀랍게도 이틀 뒤 나는 다시 걸을 수 있었다. 그때 나는 알았다. 내가 배운 것은 단순한 기술이 아니라, 생존을 위한 또 하나의 무기라는 것을.

비행 당일, 나는 서울에서 로스앤젤레스로 향하는 대한항공 직항편에 올랐다. 그 후 애틀랜타를 거쳐, 최종 목적지인 조지아 주 오거스타에 도착하는 환승 여정이었다. 비행기에 오르는 순간 내 가슴은 흥분과 두려움이 뒤섞인 폭풍에 휩싸였다. 생애 첫 비행. 모든 것이 낯설고, 모든 순간이 압도적이었다.

1975년의 한국은 아직 가난했다. 당시 정부는 여행자에게 현금 백 달러 이상을 소지하는 것을 금지하고 있었다. 엄격한 규정 앞에서 나는 대담하게 결단했다. 생존을 위해 나의 모든 것을 걸기로. 나는 조심스럽게, 백 달러 지폐 열 장을 몸속 깊숙이 숨겼다. 그것이 내 전 재산이었다. 천 달러의 돈을 조심스레 품은 채, 나는 무모할 정도의 각오를 안고 비행기에 올랐다.

처음 타본 비행기 안에서 나는 마치 낯선 동굴 속에 갇힌 것처럼 공포에 휩싸였다. 좌석에 앉아 팔걸이를 꽉 움켜쥐고, 단 한 순간도 긴장을 늦추지 못했다. 심지어 안전벨트조차 제대로 사용할 줄 몰라, 다리에 피가 통하지 않을 정도로 세게 조여 버렸다. 옆자리 승객들이 웃으며 나를 바라보는 시선이 더욱 나를 초라하게 만들었다. 그러나 나는 개의치 않았다. 부끄러움도, 두려움도, 모두 성장의 일부라는 것을 알고 있었기에.

비행은 생각보다 험난했다. 비행 도중, 엔진 문제가 발생해 하와이 호놀룰루에 비상 착륙했다. 승객들은 다음 날까지 다른 항공편을 기다려야 했다.

나는 초조하게 대안을 찾았다. 다행히 두 시간 안에 TWA 항공편을 탈 수 있었고, 마치 기적과도 같이 로스앤젤레스에 예정된 시간에 도착할 수 있었다. 그리고 나는 조지아 주 오거스타에 예정대로 도착했다. 나를 초대한 지도교수 루이스 강가로사(Louis Gangarosa) 박사가 공항에서 나를 기다리고 있었다. 그가 없었다면, 나는 완전히 길을 잃었을 것이다. 그때는 휴대폰도 없었고, 영어도 제대로 할 수 없었으니. 그렇게 우여곡절 끝에 나는 새로운 대륙에 발을 디뎠다.

비행기에서 내려 새로운 대륙에 발을 디딘 그 순간, 나는 깨달았다. 이 발걸음은 성장과 자기 발견을 향한, 끝없는 여정의 시작이라는 것을. 나는 내 인생의 다음 장을 써 내려갈 준비가 되어 있었다.

제5장

새로운 세계:
미국 조지아 의과대학에서의 여정

새로운 출발: 조지아 의과대학

나의 서른한 번째 생일이었던 1975년 1월 30일 오전 8시, 긴 비행 끝에 나는 드디어 조지아 주 오거스타에 도착했다. 아내와 어린 딸을 한국에 두고 온 나는 그들의 부재를 뼈저리게 느끼며 인생의 새로운 단계를 홀로 시작해야 했다.

공항에는 곧 내 연구 지도교수가 될 조지아 의과대학 약리학 교수 루이스 강가로사 박사, 일명 'Dr. G'가 기다리고 있었다. 그의 따뜻한 미소는, 낯선 환경 속에서 반가운 위안이었다.

강가로사 박사는 나를 곧장 학교 카페테리아로 데려갔다. 긴 여행으로 허기졌던 나는, 쟁반을 들고 여러 음식을 잔뜩 담았다. 음식은 내게 익숙한 맛과는 거리가 멀었지만, 남김 없이 깨끗이 비웠다. 내 모습을 본 강가로사 박사는 웃으며 말했다.

"아침 식사가 입맛에 잘 맞는 모양이군요!"

나는 미소를 지었지만, 그저 시장이 반찬이었다는 사실은 굳이 말하지 않았다. 특별할 것 없었던 보통의 아침 식사. 그러나 그것은 분명히 내 미국 생활의 시작을 알리는 조용한 선언이었다. 나는 심호흡을 하며 되뇌었다.

'나는 여기서 적응하고, 살아남고, 성장할 것이다.'

식사 후, 강가로사 박사는 나를 자신의 연구실로 데려가 팀원들을 소개했다. 팀은 비서, 세 명의 실험실 연구원 그리고 한 명의 박사 과정 학생으로 구성되어 있었다. 이 짧은 견학은 내 인생의 새로운 전장에 들여놓은 첫 발걸음이었다. 강가로사 박사는 고맙게도, 실험실 연구원 중 한 명에게 내가 지낼 아파트 구하는 일을 도와 달라고 부탁했다. 이에 나는 단지 감사함을 느꼈을 뿐, 곧 예상치 못한 문화 충격이 이어질 것임을 미처 알지 못했다.

모두와 인사를 나누다 나는 갑작스러운 생리적 욕구를 느끼고 화장실로 향했다. 용변을 보고 손을 씻은 후, 나는 주위를 둘러보았다. 어디에도 익숙한 벽걸이 수건이 보이지 않아 당황하고 말았다.

'손을 어디에 닦아야 하지?'

망설이다 나는 바지에 손을 닦을까 고민했다. 그러나 낯선 환경, 체면, 부끄러움이 나를 가로막았다. 바로 그때, 옆에서 손을 씻는 한 남자가 눈에 띄었다. 그는 자연스럽게 벽에 부착된 박스에서 종이 타월을 꺼내어 손을 닦고 떠났다.

나는 그의 행동을 그대로 따라 했다. 종이 타월을 뽑아 손을 닦고, 쓰레기통에 버렸다. 이 단순한 행동을 실행에 옮기고 나서 나는 비로소 충격에 사로잡혔다.

'이런 방법이 있다니…!'

1975년 당시 한국에는 종이 타월 같은 것이 없었다. 공공화장실에는 모두가 함께 사용하는 하나의 천 수건만이 걸려 있을 뿐이었다. 미국 화장실의 종이 타월은 그에 비해 훨씬 편리하고 위생적이었다. 이 사소한 경험은 내게 잊지 못할 충격을 주었다. 처음 써본 종이 타월 한 장이 완전히 새로운 세계를 예고하고 있었다. 그 순간 나는 깨달았다. 이곳에서는 내가 알고 있던 모든 규칙이 다시 쓰여질 것이라는 것을.

남은 하루는 수(Sue)라는 실험실 연구원과 함께 아파트를 찾으며 보냈다. 여러 곳을 둘러봤지만, 마음에 드는 곳은 없었다. 비싸거나, 낡고 허름했다. 시간이 흐를수록 불안은 커져 갔다.

그때 연구실에 있던 한국계 미국인 여성 연구원이 저녁 식사에 나를 초대해 주었다. 그녀는 한때 한국에서 의학을 공부했던 인물로, 남편은 소아심장과 조교수였다. 나는 감사한 마음으로 초대에 응했다. 그들 부부는 따뜻하게 나를 맞아 주며, 하룻밤 머물 것을 권했다. 그날 밤 당장 잘 곳이 없었던 나에게는 너무도 고마운 호의였다.

나는 그들의 집에 발을 들이자마자 숨이 멎는 듯한 충격을 받았다. 드넓은 거실, 끝없이 이어진 복도를 중심으로 배치된 여러 개의 커다란 침실, 각 방마다 딸린 욕실, 푸른 잔디로 덮인 앞마당이 눈에 들어왔다. 한국에서 보아 온 소박한 생활 공간과는 차원이 달랐다. 모든 것이 크고 눈부셨다.

'아! 이게 정말 현실의 집인가?'

그날 밤, 나는 잠들 수 없었다. 압도당한 감정, 떠나온 고국 그리고 앞으로 맞이할 낯선 미래. 모든 것이 내 안에서 요동쳤다. 그러나 이것 한 가지는 확실했다. 나는 감정의 파도를 잠재우며 또렷이 되뇌었다.

"나는 여기서, 반드시 성공할 것이다."

조지아 의과대학에서의 첫걸음: 기숙사 생활

다음 날, 나는 결단을 내렸다. 학내 대학원생 기숙사에 들어가기로 한 것이다. 한 달에 단 50달러—파격적으로 저렴한 가격이었다.

물론 조건도 있었다. 좁은 방을 두 명이 함께 써야 했고, 방 안에는 트윈 침대 두 개만 덩그러니 놓여 있었다. 주방도, 조리 시설도 없었다. '이상적'이라는 말과는 거리가 멀었다. 주방이 없었기에 나는 매일 아침 학교 식당으로 향했다. 점심은 햄버거 하나로 때웠고, 저녁은 도보로 30분 거리의 중국 음식점까지 걸어가야 했다. 늘 배가 고팠지만 생활비가 만만치 않았다.

세후 월급 350달러. 그 돈은 눈 깜짝할 사이에 바닥을 드러냈다. 그래도 나는 개의치 않았다. 강가로사 박사의 지도 아래 연구할 수 있다는 사실 하나만으로, 모든 불편과 희생은 충분히 감내할 만한 가치가 있었다. 오히려 그 희생들은 나를 단단하게 만들어 주고 있었다.

기숙사 룸메이트는 의사 보조사를 준비하던 학생이었는데, 그는 무뚝뚝했고, 외국인이나 소수자에게 따뜻한 시선을 보내는 사람은 아니었다. 우리 사이에는 거의 말이 없었다. 내 영어는 서툴렀고, 그의 벽은 높았다. 룸메이트와 함께 있는 방 안에서도, 나는 철저히 혼자였다.

외로웠다. 문을 닫으면 방 안에는 적막한 공기만이 가득했다. 고향은 멀었고, 가족도, 친구도, 익숙한 언어도 곁에 없었다. 그러나 그 외로움 속에서도 나는 무너지지 않았다. 오히려 더욱 깊이 연구에 몰두했다. 나를 감싸던 고독은, 어쩌면 가장 순수한 성장의 토양이었다.

나는 알고 있었다. 지금 이 고독과 고단함이야말로 내 미래를 만들어 가는 시간이라는 것을.

새로운 지평을 향한 항해: 문화 충격과 도전 극복하기

조지아 주 오거스타에 도착한 나는 곧바로 거대한 문화 충격의 소용돌이에 휘말렸다. 보는 것, 듣는 것, 느끼는 것—하나부터 열까지 모든 것이 달랐다. 나는 완전히 다른 세계 속에 내던져졌다.

그날을 나는 잊을 수 없다. 처음으로 학교 자판기 앞에 섰던 순간이었다. 떨리는 손으로 동전을 넣었지만, 어떤 버튼을 눌러야 할지 몰라 우두커니 서 있었다. 그때, 한 학생이 다가왔다. 그는 동전도 넣지 않고 버튼을 누르더니 태연하게 콜라 한 캔을 받아 갔다. 그의 환한 미소는 오히려 나의 혼란을 더욱 크게 만들었다.

"왜 난 이렇게 아무것도 모르지?"

자판기만이 아니었다. 거리의 음식점, 버스 정류장, 학교 식당—세상의 모든 디테일이 나를 시험했다. 나는 그 하나하나를 낯설게 마주하며, 조용히 배워 나가야 했다.

미국은 문자 그대로도, 비유적으로도 거대한 나라처럼 느껴졌다. 음식의 양은 세 배는 많았고, 수박은 농담처럼 컸다. 하늘 높이 솟은 소나무, 두 배 크기의 다람쥐와 바퀴벌레, 폭풍처럼 쏟아지는 비—모든 것이 내가 알고 있던 세계의 스케일을 훌쩍 넘어서는 것들이었다.

하지만 그중에서도 가장 큰 충격은 사람들이었다. 한국에서는 좀처럼 보기 힘들던 비만이 이곳에서는 너무도 흔했다. 나는 길거리에서도, 식당에서도 철저한 이방인이었다.

심지어 내 이름조차 문제였다. 한국에서는 자연스럽게 불리던 '노희'라는 이름이 미국에 오자 어색하게 꼬여 버렸다. 여권을 신청할 때, '중간 이름' 칸을 어떻게 채워야 하는지 몰랐던 나는 '노'를 이름으로, '희'를 중간 이름으로 기입했다. 그 결과 미국 사람들은 나를 어색하게 "노?"라고 불렀고, 그 호칭은 마치 내 이름, 더 나아가 나라는 존재의 한 조각이 이국의 관료주의 속 어딘가로 사라져 버린 듯한 기분을 안겨 주었다.

문화적 충격은 예상치 못한 작은 실수에서도 터졌다. 어느 날 연구실에서, 강가로사 박사의 학생인 찰리(Charley)가 다가와 조심스럽게 물었다.

"제가 당신의 이름(노희)으로 불러도 괜찮을까요?"

나는 한국식 예의와 감각에 따라 자연스럽게 "yes"라고 답했지만, 영어 문화에서는 그 "yes"가 오히려 거절로 받아들여지는 경우가 있다. 그 상황이 바로 그랬다. 그날 이후 찰리는 나에게 두 번 다시 말을 걸지 않았다. 막 싹트려던 친근함은 그 짧은 오해의 순간에 완전히 꺾여 버렸다. 나는 당황했고, 마음이 아팠지만, 상황을 설명할 방법도, 되돌릴 기회도 없었다.

또 다른 충격은 전혀 예상하지 못한 곳에서 찾아왔다. 바로 머리 모양이었다. 나는 평생 단정한 짧은 머리가 남성의 기본이라고 믿으며 자라 왔고, 한국에서는 긴 머리는 늘 금지의 대상이었다. 그러던 어느 날, 연구동 복도에서 포니테일을 한 남성을 마주하게 되었다. 청바지를 입은 그는, 내가 알고 있던 '교수'의 이미지와는 너무도 달랐다. 궁금한 마음에 실험실 연구원에게 그가 누군지 묻자 지극히 태연한 대답이 돌아왔다.

"의과대학 교수입니다."

그 순간 나는 말문이 막혔다. 이곳은 정말, 모든 것이 달랐다.

또 하나의 웃지 못할 에피소드가 있다. 생화학과 교수를 도와 쥐의 폐 관련 실험을 하던 어느 날이었다. 사소한 실수에 격분한 교수가 격앙된 채 연달아 외쳤다.

"F---, F---, F---!"

나는 그 단어를 태어나서 처음 들었고, 당연히 무슨 뜻인지도 몰랐다.

실험이 끝난 뒤 과 사무실 비서에게 그 말의 뜻에 대해 조심스럽게 물었고, 그녀는 깜짝 놀라며 "진심이에요?"라고 되물은 뒤, 어색한 웃음을 지으며 그 단어가 '성관계'를 의미한다고 설명해 주었다. 나는 얼굴이 붉게 달아올랐다. 대학교수라는 사람이 학생 앞에서 그런 말을 거리낌 없이 내뱉는다는 건, 내게는 상상조차 할 수 없는 일이었다. 지금까지도 나는 그것이 단순한 문화 차이였는지, 아니면 그냥 그가 입이 거친 교수였던 것인지 확신할 수 없다.

언어는 과연 내게 드높은 장벽이었다. 동료들의 대화는 너무도 빨랐고, 속어와 관용구가 쉼 없이 튀어나왔다. 나는 숨 가쁘게 그들을 따라잡으려 애썼다. 유머는 또 다른 장벽이었다. 코미디언들의 농담은 내가 알지 못하는 문화적 맥락에 깊이 뿌리내리고 있었기에, 나는 웃음의 포인트를 이해하지 못한 채 어색하게 웃을 수밖에 없었다.

다양한 문화충격 중에서도 특히 '건강보험'이라는 개념은 그 당시 나에게 그야말로 수수께끼였다. 1975년 한국에서는 '건강보험'이라는 말을 들어 본 적조차 없었기 때문이다. 그래서 처음 '복리후생(fringe benefits)'이라는 단어를 들었을 때, 나는 머릿속이 하얘졌다. 보험이란 무엇인가? 왜 필요한가? 어떻게 작동하는가? 아무도 설명해 주지 않았다. 그저 스스로 풀어야 하는, 거대한 물음표처럼 느껴졌을 뿐이었다.

그런 나를 기다리는 또 다른 도전은 운전이었다. 한국에서는 자동차 소유가 부유층의 전유물이었고, 나는 늘 대중교통만 이용해 왔기에 운전을 배워야 한다는 생각조차 하지 않고 살아왔다. 그러나 미국은 달랐다. 이곳에서 자동차는 생존을 위한 필수품이었다. 걸어서 갈 수 있는 곳은 거의 없었다.

다행히도 한국계 미국인 부부인 김 씨 부부가 내게 손을 내밀어 주었다. 그들의 친절 덕분에, 나는 생애 처음으로 운전대를 잡을 수 있었다. 내가 선택한 차는 수동 변속기의 폭스바겐 비틀이었다. 익숙한 방식이라 적응이 쉬울 거라 생각했지만, 그것은 착각이었다. 미국의 광활한 도로, 복잡한 고속도로, 전혀 다른 운전 문화가 나를 기다리고 있었던 것이다.

비틀은 고장이 잦았다. 전자식 연료 시스템은 수시로 문제를 일으켰고, 나는 여러 번 다른 차와 부딪히기도 했다. 차는 점점 찌그러졌고, 나는 어쩔 줄 몰랐다. 자동차 보험에는 가입했지만, 정작 그 보험이 어떤 역할을 하는지도 알지 못했다. 친구가 "그 보험으로 수리비를 부담할 수 있다"고 알려 주기 전까지는 말이다. 그제야 나는 깨닫게 되었다. 보험은 단순한 종이 한 장이 아니라, 위기에서 나를 보호해 주는 든든한 울타리라는 것을.

나는 완전히 낯선 세계 한가운데에 있었다.

언어, 문화, 유머, 사고방식—

모든 것이 다르게 작동하는 세상.

그러나 나는 알고 있었다. 이 혼란, 이 당혹감, 이 외로움 속에서 내가 조금씩 새로운 인간으로 발전해 가고 있다는 것을.

고난 속의 성장, 뿌리내림의 시간

충격과 혼란 속에서도 나는 매일 조금씩 배우고, 적응해 나갔다. 낯선 세상 속에서 조심스럽게, 그러나 단단하게 나만의 자리를 찾아갔다.

1975년 4월. 마침내 율리와 어린 딸 제니퍼가 오거스타에 도착했다. 공항에서 제니퍼가 두 팔을 벌리고 내게 달려오는 모습을 보았을 때, 나는 숨이 멎는 듯 벅찼다. 그 순간, 마음 깊은 곳에서 울림이 일었다.

'이제야 비로소 완성되었다.'

홀로 버텨 온 외롭고 긴 시간, 산산조각 난 듯했던 삶이 그 순간 하나로 이어지는 것을 느꼈다.

그러나 적응은 이제 막 시작이었다. 미국에 처음 발을 디딘 율리에게는 모든 것이 생소했다. 난해한 부동산 계약, 날아다니는 거대한 바퀴벌레, 새로운 언어와 문화—모든 것이 낯설고 복잡했다.

하지만 율리는 놀라운 속도로 새로운 환경에 적응해 나갔다. 영어를 배우고, 부동산 시장에 도전하며, 가족의 생계를 돕기 위해 다시 드레스를 만들기 시작했다. 그녀는 언제나처럼 놀라운 기지와 강인함으로 우리를 새로운 삶으로 이끌어 주었다.

이 시기를 돌아보면, 나는 그 모든 고난이 나를 얼마나 성장시켰는지를 새삼 깨닫는다. 어려움도 많았지만, 그만큼 기쁨도 깊었다. 친구들의 따뜻한 친절 그리고 나 자신의 결단력. 그것들이 나를 낯선 땅 위에 뿌리내리게 해주었다.

이 여정은 결코 쉬운 길이 아니었다. 그러나 내가 한 걸음 한 걸음 꿈에 가까워지고 있었다는 사실만은 분명했다.

조지아 의과대학에서의 대학원 과정과 연구 활동

조지아 의과대학에 합류하자마자, 나는 파트타임 박사후 연구원으로 임명되었다. 월 수당은 350달러. 넉넉하진 않았지만, 새로운 시작을 위한 충분한 씨앗이었다. 그러나 그 평온함은 오래가지 않았다. 얼마 지나지 않아 청천벽력 같은 통보를 받았다.

"당신의 자리에 배정된 재원은 단 8개월만 지속됩니다."

나는 멍해졌다. 이제 막 발을 디딘 이 땅에서 또다시 불안정함에 내던져진 것이다.

그 순간, 늘 든든한 스승이었던 강가로사 박사가 나섰다. 그는 부지런히 움직여 추가 재정을 확보해 주었고, 덕분에 나는 재정적 불안 없이 연구에 몰두할 수 있는 귀중한 기회를 얻을 수 있었다.

그의 연구실에 자리를 잡은 나는 곧바로 주요 과제 중 하나에 참여하게 되었다. 이온삼투요법(iontophoresis), 즉 약한 전류를 이용해 이온을 띤 작은 분자들을 피부나 점막을 통해 전달하는 기술이었다. 강가로사 박사는 이 기술을 국소 마취제인 리도카인의 전달이나, 과민치아 치료를 위한 불소 이온의 전달에 응용하고자 했다.

처음에는 솔직히 실망스러웠다. 개념이 너무 단순하게 느껴졌기 때문이다. 며칠을 고민하던 나는 결국 강가로사 박사에게 조심스레 물었다.

"이온삼투요법은 과학 연구 과제로는 너무 단순한 것 아닌가요?"

잠시 침묵이 흘렀고, 그는 조용히 말했다.

"나는 단순한 사람이거든."

짧지만 깊은 울림이 있는 한마디였다.

그 순간 나는 깨달았다. 진정한 혁신은 때로 복잡한 이론이 아니라 단순함 속에 숨어 있다는 것을. 당황스러웠지만 나는 그의 접근 방식을 존중하며 연구를 이어 갔다. 그러나 내 안의 호기심은 쉽게 사그라들지 않았다. 나는 더 넓은 가능성을 보고 싶었다.

시간이 흐르면서 나는 새로운 제안을 준비했고, 마침내 강가로사 박사에게 말했다. "이온삼투요법을 이용해 항허피즈 바이러스 제제를 피부나 점막에 전달해 보는 건 어떨까요?" 그 제안은 기존의 적용 범위를 넘어선 도전이었다. 내가 눈여겨본 약물은 파크 데이비스(Park-Davis & Co.)에서 생산한 Ara-AMP(비다라빈 일인산염)라는 신규 항허피즈 약물이었다. 양이온을 띤 이 약물은 단순히 바르는 것만으로는 피부를 통과할 수 없지만, 이온삼투요법을 활용하면 가능성이 열릴 수 있었다.

나는 흥분했다. 재발성 입술 허피즈(RHL)는 전 세계 인구의 약 3분의 1이 시달리는 질환이었다. 이 연구는 단순한 실험이 아닌, 수백만 명의 삶을 바꿀 수 있는 기회였다.

강가로사 박사의 지도 아래, 나는 파크 데이비스에 연구비 만 오천 달러를 신청했다. 1975년 당시 기준으로 결코 적지 않은 금액이었다. 놀랍게도, 연구비를 타내는 데 성공했다. 믿기 어려울 정도의 행운이었다. 그 자금은 실험 비용뿐 아니라 내 급여까지 2년간 보장해 주었고, 나는 더 이상 뒤를 돌아보지 않고 이 연구에 전력을 다해 몰두했다.

실험은 방사성 동위원소로 표지된 Ara-AMP를 사용해 시작되었다. 토끼를 대상으로 약물의 피부 침투, 대사, 약물동태를 분석하고, 단순포진 바이러스(HSV)에 감염된 토끼의 피부와 눈에 Ara-AMP를 적용해 치료 효능을 평가했다. 나는 연구에 집착하듯 매달렸다. 밤늦게까지 실험을 반복했고, 의학 도서관에서 논문을 탐독하며 매일 조금씩 성장해 갔다.

시간이 흐르면서 우리 연구팀은 눈에 띄는 성과를 거두기 시작했다. 여러 편의 논문이 과학 학술지에 게재되었고, 강가로사 박사에게 데이터를 제출하는 매 순간은 또 하나의 배움이 되었다. 그의 날카롭고 정제된 피드백을 통해 나는 과학자로서 점점 단단해지고 있었다.

어느 날, 강가로사 박사가 웃으며 말했다.

"이제는 자네가 데이터를 너무 빨리 생산해서 논문 쓰기가 힘들 정도균."

나는 그 말을 기회로 삼아 조심스레 말했다.

"제가 직접 논문을 작성해 보겠습니다."

강가로사 박사는 고개를 끄덕이며 응원해 주었다.

"좋아. 해보게나."

호기롭게 논문 작성에 착수했지만 솔직히 시작부터 막막했다. 아직 서투른 영어로 논문을 쓴다는 건 마치 등산 장비 없이 거대한 산을 오르는 것처럼 무모하고도 힘겨운 일이었다. 글의 구조, 문장의 리듬, 표현의 미묘한 뉘앙스—모든 것이 낯설고 두려웠다. 그러나 해내야만 했다. 나는 도서관에 틀어박혀 수십 편의 논문을 읽으며 하나하나 집요하게 분석했다. 좋은 문장을 베껴 쓰고, 구조를 흉내 내고, 하나하나 나만의 언어로 다시 조립해 나갔다.

결국, 나는 첫 번째 논문 원고를 완성했다. 강가로사 박사에게 제출하자, 그는 놀란 얼굴로 물었다.

"혹시 누가 도와줬나?"

나는 조용히 웃으며 대답했다.

"아뇨. 저 혼자 썼습니다."

그 무렵부터, 나는 진정으로 과학의 세계에 발을 들여놓기 시작했다. 기존 연구에 추가되는 일이 많아졌지만, 내 안에서는 새로운 열정이 타오르고 있었다. 바로 바이러스학. 나는 의과대학 강의를 청강하며 허피즈 바이러스를 배양했고, 바이러스학 교수와의 협업도 시작했다.

처음에는 낯설기만 했던 세포 배양과 바이러스 연구. 그러나 시간이 지날수록 그 복잡성과 정교함에 매혹되었다. 이 세계는 나를 부르고 있었고, 나는 확신했다.

'이 길을 걸어야 한다.'

그렇게, 나는 마침내 '과학자'라는 이름으로 첫 진정한 항해를 시작했다.

조지아 의과대학에 도착한 지 6개월쯤 지난 어느 날, 나는 스스로에게 조용히 물었다.

'나는 여기서 무엇을 이루려 하는가?'

깊은 밤, 연구실 불빛 아래 홀로 앉아 고민하던 나는 마침내 답을 찾았다. 박사 학위를 따겠다는 결단. 그것은 한국을 떠날 때 가슴 한편에 조용히 숨겨 두었던 오래된 꿈이었다. 더 이상 미룰 수 없었다.

떨리는 마음으로 강가로사 박사를 찾아가 내 계획을 조심스럽게 전하자, 그는 미소를 띠며 고개를 끄덕였다.

"좋아, 자네의 열정은 이미 증명됐네. 내가 도와주지."

그는 나를 '특별 학생'으로 등록해 주었고, 덕분에 나는 학점을 받을 수는 없지만 수업을 무료로 청강할 수 있게 되었다. 작지만 확실한 문 하나가 열렸다. 그 너머에는 아직 보이지 않는 세계가 기다리고 있었다.

시간은 쏜살같이 흘렀고, 몇 달 후 나는 대학원 학생들의 연구 세미나 강좌에서 발표 요청을 받았다. 가슴이 뛰었다. 한국에서 수많은 강의 경험이 있었지만, 여기는 조지아 의과대학이었다. 수준도, 기대도, 모든 것이 달랐다. 나는 주저 없이 항바이러스제를 주제로 정했다. DNA와 RNA 바이러스, 항바이러스제 개발의 역사, 방대한 문헌 조사를 토대로 슬라이드 하나하나, 단어 하나하나에 생명을 불어넣으며 마치 전투를 준비하듯 발표를 준비했다.

세미나 당일, 교수진과 학생들 앞에 선 순간, 공기는 무겁게 가슴을 짓눌렀지만 시작과 동시에 나는 몰입했다. 한 시간 동안 복잡한 바이러스의 세계를 명료하게 풀어내며 청중을 이끌었고, 발표가 끝났을 때 강의실은 열기와 탄성으로 가득 차 있었다. 나는 속으로 외쳤다.

'나는 해냈다.'

노트를 정리하고 자리를 뜨려던 그때, 한 사람이 다가왔다. 약리학과 대학원 주임 교수인 아르만드 캐로우(Armand Karow) 박사였다. 그의 입에서 나온 한마디는 내 세계를 뒤흔들었다.

"최고였어요! 나는 지금까지 대학원생에게서 이렇게 훌륭한 세미나는 들어 본 적이 없습니다."

그리고 그는 나를 '정규 학생'으로 전환하겠다고 선언했다. 작은 승리를 넘어, 새로운 출발선에 서게 된 순간이었다.

1976년 1월, 나는 공식적으로 박사과정 정규 학생이 되었고, 2년이 채 지나지 않아 총 10편의 연구 논문을 발표했다. 과정은 험난했지만, 나는 굴복하지 않았다. 연구 설계와 세미나 준비를 이끄는 위치에 빠르게 올라섰고, 한국과 미국에서의 모든 경험을 쏟아부으며 누구보다 빠르게 성장해 갔다.

그러던 어느 날, 박사 과정 자격시험이라는 거대한 벽이 내 앞에 놓였다. 나는 준비되어 있다고 믿었고 대부분의 문제는 어렵지 않았지만, 예상치 못한 문제가 등장했다. 바로 약리학의 역사에 대한 문제로, 알렉산더 플레밍(Alexander Fleming), 조지 히칭스(George

Hitchings), 스튜어트 아담스(Stewart Adams)와 같은 인물들을 중심으로 이들의 발견이 의학의 흐름을 어떻게 바꾸었는지 묻는 문제였다. 나는 수년간 약리학을 가르쳐 왔고, 전공 교과서 전체를 번역한 경험까지 있었기에 그 어떤 질문에도 자신이 있었다. 나는 단순히 정답을 말하는 데 그치지 않고, 이들이 개발한 약물의 화학 구조까지 자세히 설명해 냈다.

시험을 마친 교수진은 고개를 끄덕이며 말했다.

"완벽하군."

하지만 마지막 장애물이 남아 있었다. 최종 합격을 위해서는 두 개의 외국어 시험을 통과해야만 했다. 다행히 나는 국제학생 신분이었기에 TOEFL 점수로 한 언어 요건은 면제받을 수 있었다. 남은 건 단 한 과목. 나는 독일어를 선택했다.

시험 날, 감독관은 우리에게 한 권의 독일어 책을 나눠 주었다. 주제는 '만성 신부전'이었다. 사전 사용은 허용되었고, 우리는 이 전문적인 의학 보고서를 영어로 번역해야 했다. 나는 막힘없이 일필휘지로 답안을 작성해 나갔다. 수년간 1만 개가 넘는 독일어 단어를 외우며 준비해 온 덕분에 시험지를 펼친 순간 단어 하나하나가 내 머릿속에서 자연스럽게 문장으로 이어졌다. 나는 단 한 번도 사전을 펼칠 필요가 없었다.

하지만 주변 상황은 달랐다. 다른 학생들은 사전을 정신없이 넘기며 초조하게 시간을 쫓았다. 책장이 바스락거리는 소리, 펜을 굴리는 손, 땀에 젖은 이마… 그들의 얼굴엔 공포와 절박함이 역력했다. 시간이 흐를수록 절망은 짙어졌고, 결국 그들 모두 시험에 낙제했다.

반면 나는 집중력을 유지하며 여유롭게 시험을 마쳤다. 그렇게 나는 외국어 시험이라는 마지막 관문까지 가볍게 뛰어넘었다. 합격자는 오로지 나뿐이었다.

자격시험에 합격한 후 '실험 동물에서의 항바이러스제 이온도입 적용'이라는 제목으로 박사 논문을 작성하여 제출했다. 그 무렵 나는 이미 연구실에서 능력을 인정받고 있었지만, 강가로사 박사가 의도적으로 나의 논문 심사를 미루고 있다는 느낌을 지울 수 없었다.

'혹시… 그가 나를 가능한 한 오래 붙잡아 두려는 건 아닐까?'

의혹이 짙어지자 나는 결심했고, 세계적 권위자인 약리학과장 레이먼드 알퀴스트(Raymond Alquist) 박사를 찾아가 사정을 털어놓았다. 그러자 그는 명쾌하게 답했다.

"좋아. 자네의 논문 심사를 주선하도록 하지."

1978년 3월, 운명의 논문 심사가 열렸다. 심사는 전반적으로 순조로웠다. 그러나 마지막 순간, 한 위원이 던진 뜻밖의 질문이 분위기를 바꿨다.

"어젯밤 셀틱스 경기에서 누가 이겼는지 아나?"

나는 농구에 관심이 없어 "모릅니다"라고 답했다. 침묵이 흐른 뒤, 위원은 유쾌하게 웃으며 말했다.

"박사라면 모든 걸 알아야지!"

폭소가 터졌고, 분위기는 한결 부드러워졌다. 그리고 마침내 위원회는 만장일치로 내 논문을 승인했다. 위원장을 맡았던 강가로사 박사도 나의 성취를 기꺼이 축하해 주었다.

논문 통과 후 내 이름은 조금씩 알려지기 시작했다. 강가로사 박사

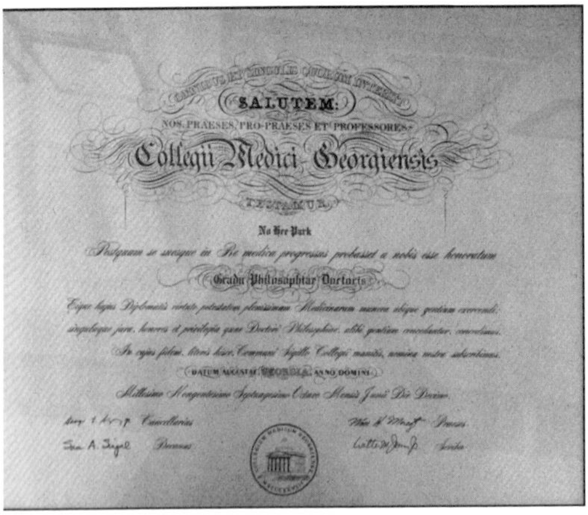

조지아 의과대학 이학박사(PhD) 학위증

와 생화학 교수는 내 논문의 일부를 예비자료로 활용해 미국 국립보건원(NIH)으로부터 상당한 RO1 연구비를 수주했고, 몇몇 교수는 이를 질투했다. 소문은 실험실 복도를 맴돌았다. '진짜 연구자는 따로 있다'는 소문. 나는 느꼈다. 이곳은 내 마지막 정착지가 될 수 없음을.

박사과정을 마무리하던 무렵, 나는 한 과학 잡지를 넘기다 하버드 의대 안구연구소(ERI)에서 박사후 연구원을 모집한다는 광고를 발견했다. NIH 지원을 받는 프로젝트였고, 내가 걸어온 길과 정확히 맞아떨어졌다. 나는 주저 없이 지원했고, 1978년 1월 면접 초청장을 받았다. ERI 교수진 앞에서 세미나를 진행한 뒤, 그 자리에서 나는 다음과 같은 제안을 받았다.

"우리는 당신을 고용하겠소. ERI 박사후 연구원과 하버드 의대 안과학과 강사 직책을 제안합니다."

나는 숨을 삼켰다. 하버드. 새로운 세계로 향하는 문이었다.

그러나 하버드로 향하던 길도 순탄치만은 않았다. 애틀랜타 이민국으로부터 영주권 인터뷰 일정이 잡혔고, 가족과 함께 차를 몰고 가던 중 고속도로 한복판에서 타이어가 펑 터져 버렸다. 낯선 땅 위에서 마주한 긴장된 순간이었다. 하지만 친절한 행인이 나타나 타이어를 갈아 주었고, 주유소에서는 젊은 정비사가 무상으로 차를 고쳐 주었다. 그들은 한사코 사례를 사양하며 오히려 따뜻한 응원의 말을 건네 주었다.

"행운을 빕니다."

나는 깨달았다. 세상은 아직 아름답다는 것을.

1978년 2월, 우리는 마침내 영주권을 받았다. 그리고 나는 하버드 의대에서의 새로운 여정을 준비했다. 한때 앞이 보이지 않아 주저앉을 뻔했던 젊은 유학생이, 이제는 새로운 세계를 향해 힘차게 나아가고 있었다. 내 여정은 이제 겨우 시작이었다. 하지만 사실상 나는 이미 누구보다 먼 길을 걸어온 사람이 되어 있었다.

제6장

영광의 시기:
하버드 의대 안구 연구소(ERI)에서 보낸 시간

하버드 의과대학 안구 연구소(ERI)에서의 삶과 발견

하버드 의대 안구 연구소(ERI)에 지원서를 보냈을 때, 막연한 설렘과 두려움이 교차했다. 나는 그곳의 수석 과학자이자 하버드 의과대학 부교수인 데보라 랭스턴(Deborah Langston) 박사에게 직접 연락을 취했다. 이미 그녀의 이름은 나에게 낯설지 않았다. 수많은 연구 논문과 저서 그리고 놀라운 업적들. 그런 성취를 이룬 사람이라면 분명 나보다 훨씬 연륜이 깊을 것이라고 생각했다.

그러나 현실은 나의 예상을 완전히 뒤엎었다. 놀랍게도 랭스턴 박사는 나보다 겨우 네 살 많았다. 나는 스스로에게 물었다.

"과연, 나는 이 젊은 여성 밑에서 일할 수 있을까?"

아시아인 남성으로서, 또 한때는 나이와 지위에 민감했던 나로서는 쉽게 답을 내리기 어려운 질문이었다. 하지만 시간이 흐를수록 나는 깨달았다. 내 안에 피어오른 의구심은 한낱 어리석은 편견에 불과하다는 것을.

랭스턴 박사는 지성의 화신이었다. 그녀의 날카로운 통찰력과 무서운 집중력 그리고 일에 대한 무한한 열정은 나를 완전히 압도했다. 그녀는 아침이면 실험실에서 연구에 몰두했고, 오후에는 환자들을 돌보았다. 밤에는 책과 논문, 수많은 문서들을 쏟아 냈다. 그녀의 원고는 마치 끝없이 흘러나오는 강물 같았고, 생각과 아이디어는 끊임없이 넘쳐흘렀다. 나는 그런 그녀를 바라보며 절로 고개를 숙일 수밖에 없었다.

그녀의 배경은 내 존경심을 더욱 깊게 만들었다. 랭스턴 박사는 래드클리프를 졸업하고, 노벨상 수상자인 제임스 왓슨(James Watson) 밑에서 초기 연구 경력을 쌓았다. 이후 코넬대학교에서 의학 교육을 받았고, 하버드 의과대학의 매사추세츠 안이병원(Massachusetts Eye and Ear Infirmary)에서 안과 레지던트를 수료했다. 게다가 그녀는 이 병원에서 최초로 각막 및 외안부 질환 펠로우십을 완수한 여성이었다.

오늘날 랭스턴 박사는 전 세계적으로 가장 뛰어난 임상의 과학자 중 한 사람으로 평가받고 있다. 그녀는 명성 높은 매사추세츠 안이병원에서 젊은 의사들을 가르치며, 자신의 업적에 또 다른 가치를 더하고 있다. 나는 이렇게 빛나는 인물과 함께 일할 수 있었던 것이 내 인생에서 가장 큰 행운 중 하나라고 믿는다.

1978년 4월, 랭스턴 박사는 내게 요청했다.

"4월 말까지 보스턴에 와주세요. 연구를 바로 시작해야 합니다."

결국, 나는 6월에 예정된 조지아 의과대학 박사학위 수여식에도 참석하지 못한 채 조지아를 떠나야 했다. 아쉬움이 가슴을 스쳤지만, 보스턴에서 기다리는 기회는 그 어떤 것과도 바꿀 수 없는 것이었다.

조지아는 평화로웠다. 사람들은 따뜻했고, 시간은 느릿하게 흘렀다. 그러나 보스턴은 달랐다. 도시는 활기와 생명력으로 꿈틀거렸고, 삶의 속도는 숨 쉴 틈조차 허락하지 않았다. 나는 마음을 다잡았다.

'반드시 이 경주에서 이길 것이다.'

보스턴에서의 첫해, 나는 숨 가쁘게 일에 몰두했다. 1년 동안 무려 8편의 연구 논문을 발표했다. 그리고 2년 차가 끝날 무렵, 나는 NIH R01 독립 연구비를 따내는 데 성공했다. 1980년, 나는 바이러스학 및 분자생물학 분야 박사후 과정 수료증도 손에 넣었다.

일은 매서운 기세로 몰아쳤고, 시간은 잔인할 정도로 빠르게 흘러갔다. 그러나 그 모든 속도 속에서, 나는 매일매일 성장하고 있었다. 성취의 짜릿함이 내 발걸음을 끝없이 재촉했다.

ERI는 세계 각국에서 모인 야심 찬 젊은 의사들로 가득했다. 그들은 모두 하버드 의대의 매사추세츠 안이병원 안과 레지던트 프로그램에 합격하기를 꿈꾸었다. 그 여정은 고되고 경쟁은 치열했다. 하루하루가 자신과의 싸움이었고, 끊임없는 노력과 인내를 요구했다. 그러나 누구도 포기하지 않았다. 나 역시 이를 악물고 달렸다. 우리는 모두 알고 있었기 때문이다. 이곳은 세상을 바꿀 수 있는 곳임을.

새로운 도전과 성장의 시간: 하버드에서의 시간

내가 학문과 직업 전선에서 거침없이 달려가고 있을 때, 우리 가족은 또 다른 전쟁을 치르고 있었다.

보스턴에서 받는 급여는 분명 조지아 시절보다 많았다. 하지만 그보다 훨씬 더 가파르게 치솟는 생활비는 우리의 숨통을 조여 오는 또 다른 적이었다. 매달 찾아오는 청구서들은 늘 무표정했지만, 그 속에는 냉정한 현실이 숨어 있었다. 재정적 압박은 서서히 그러나 확실히 우리를 잠식해 들어왔다.

그때 침착하고 현명한 율리가 조용히 결단을 내렸다. 서울에서 자신이 운영하던 부티크의 기억을 되살려, 그녀는 마침내 보스턴의 낯선 거리에서 익숙한 가게 하나를 찾아내어 취업한 것이다. 불평도, 망설임도 없이 그녀는 행동했다. 우리 가족의 또 다른 버팀목이 되기로 스스로 선택한 것이었다.

우리는 그렇게 하루하루를 살아 나갔다. 모든 것이 낯설고, 모든 것이 빠르게 변하던 도시의 한복판에서 우리는 서로의 손을 더욱 꽉 잡았다. 넘어지지 않기 위해서가 아니라, 함께 앞으로 나아가기 위해서. 그 손에는 두려움 대신 결심이, 불안 대신 사랑이 깃들어 있었다.

보스턴은 매일같이 내게 새로운 기회의 속삭임을 건넸고, ERI에 합류한 지 6개월쯤 되었을 무렵, 나는 뜻밖의 사실을 알게 되었다. 하버드대학교에 치과대학(School of Dental Medicine)이 있다는 것이었다.

"하버드에 치대가 있다고?"

순간 호기심이 솟구쳤고, 내 연구를 더 넓은 분야로 확장할 수 있는 길이 어딘가에 열려 있을지도 모른다는 가능성에 가슴이 뛰기 시작했다. 나는 곧 결심했다. 하버드 치과대학의 학장인 폴 골드하버(Paul Goldhaber) 박사를 직접 만나 보기로.

그러나 현실은 녹록지 않았다. 나는 아직 학계에서는 거의 이름 없는 무명이었고, 그의 문턱을 넘는 일은 언뜻 보기에도 거의 불가능해 보였다. 다행히도, 조지아 의과대학 시절 나를 아낌없이 지도해 주었던 강가로사 박사가 이번에도 다시 한번 손을 내밀어 주셨고, 그의 추천 덕분에 나는 가까스로 면담의 기회를 얻을 수 있었다.

마침내 골드하버 학장 앞에 앉게 되었을 때, 그는 망설임 없이 본론으로 들어갔다.

“허피즈 바이러스에 대해, 자네 연구는 어디까지 진행되었나?”

그 질문은 단도직입적이었지만, 그 안에는 분명한 호기심과 검증의 시선이 담겨 있었다. 나는 즉시 떠올렸다. 그의 연구 주제가 바로 뼈를 파괴하는 거대 다핵세포, 즉 파골세포라는 점을. 그리고 허피즈 바이러스가 세포 융합을 유도하고 다핵세포를 만들어 낸다는 점에서, 우리의 관심사는 전혀 다른 듯하면서도 놀랍도록 자연스럽게 연결된다는 사실을.

짧은 면담은 어느새 열띤 연구 논의로 이어졌고, 우리는 뼈 형성 세포인 조골세포에 불활성화된 허피즈 바이러스를 감염시켜 파골세포로 전환하려는 야심 찬 프로젝트를 시작하기로 뜻을 모았다. 그러나 과학은 언제나 이상대로 흐르지 않았다. 최선을 다했지만, 실험 결과는 우리의 기대를 저버렸다. 아이디어는 참신했고 가능성도 충분해 보였지만, 현실은 그리 쉽게 길을 열어 주지 않았다.

비록 실험은 실패로 끝났지만, 나는 이 도전 속에서 학제 간 연구의 가치와 의미를 온몸으로 체득할 수 있었다. 그리고 무엇보다, 하버드라는 세계 최고의 지성들이 모인 무대에서 그들과 함께 어깨를 나란히 하며 연구를 했다는 사실은, 내 학문적 여정에서 결코 지워질 수 없는 찬란한 이정표로 남았다.

전설들과의 만남

ERI에 머무는 동안, 나는 평생 잊을 수 없는 특권을 누렸다. 세기의 항바이러스 연구자들과 같은 공간에서 숨 쉬고, 함께 토론할 수 있는 기회가 내게 주어진 것이다. 예일대 의과대학의 윌리엄 프루소프(William H. Prusoff) 박사, 간시클로버의 개발자인 벨기에의 에릭 드 클레르크(Eric De Clercq) 박사 그리고 아시클로버를 개발해 노벨상을 수상한 버로즈 웰컴(Burroughs Wellcome) 제약회사의 거트루드 엘리언(Gertrude Elion) 박사—그들 모두는 내가 학창 시절 논문으로만 접하던 전설 같은 존재들이었다.

그들과 함께 연구하고 대화를 나누는 순간마다, 나는 마치 꿈을 꾸는 듯한 기분에 사로잡혔다. 그중에서도 가장 깊은 인상을 남긴 인물은 단연 프루소프 박사였다. 나는 그를 만나기 위해 예일대학교가 있는 뉴헤이븐까지 직접 찾아갔고, 그 첫 만남의 기억은 지금도 생생하다. 그는 심한 말더듬을 가지고 있었지만, 단 한 번도 그것을 이유로 자신의 연구나 발표를 주저한 적이 없었다. 나는 그 순간 깨달았다. 진정한 열정은, 어떤 장애도 뛰어넘는다는 것을.

그의 삶은 그 자체로 한 편의 드라마였다. 프루소프 박사는 최초의 임상용 항바이러스 약물인 아이독소유리딘(IDU)을 합성해 냈고, 그로 인해 오랫동안 정설처럼 여겨졌던 '바이러스 감염은 치료할 수 없다'는 믿음은 무너졌다. 그는 한 시대의 패러다임을 바꿔 놓은 과학자였다.

사실, 나는 조지아 의과대학 시절 그에게 박사후 연구원이 되고 싶다는 편지를 보낸 적이 있었다. 그는 정중하게 연구비 부족을 이유로 거절했지만, 그가 보내온 따뜻한 답장은 내 가슴 깊은 곳에 오래도록 남아 있었다.

그리고 거의 10년이 지난 어느 날, 샌프란시스코에서 열린 미국 암 연구 학회(AACR)에서 우리는 다시 만났다. 그는 여전히 열정적으로 연구에 몰두하고 있었고, NIH로부터 대규모 연구비를 지원받아 예일 대학교에서 재임용 교수로 활약 중이었다. 나는 변함없는 그의 열정과 불굴의 학문적 태도에 다시 한번 경외심을 느꼈다. 많은 이들이 알지 못하지만, 그는 에이즈 치료를 위한 최초의 복합 약물 조합 개발에도 핵심적인 역할을 했고, 그 학문적 공헌은 말로 다 표현할 수 없을 만큼 깊고 넓었다.

2011년, 프루소프 박사는 90세의 일기로 세상을 떠났지만, 그는 여전히 살아 있다. 그의 연구 속에서, 그의 정신과 유산 속에서 그리고 그를 기억하는 이들의 마음속에서 그는 영원히 숨 쉬고 있다.

믿음 위에 세운 삶의 균형

바쁜 연구 일정 속에서도, 나는 결심했다. 단지 실험실의 성과나 논문 실적에만 파묻히지 말고, 가족과 함께 진정한 '삶'을 살아야겠다고. 매일같이 이어지는 데이터 분석과 논문 작성 일정 사이사이, 나는 마음의 숨을 돌릴 공간을 만들기 시작했다. 골프를 배우며 자연 속에서 여유를 찾았고, 과학자와 의사들이 함께 모이는 한인 교회에 나가기 시작했다.

그곳에서의 예배는 더 이상 단순한 의례가 아니었다. 그것은 소음 가득한 일상 속에서 내 삶에 조용한 중심을 세워 주는 시간이었고, 내가 누구이며 왜 이 길을 걷고 있는지를 되묻게 하는 거울과도 같았다.

나는 곧 주석 성경을 파고들기 시작했고, 예수 시대 고대 히브리인의 문화와 초대 교회의 역사까지 깊이 탐구하게 되었다. 그렇게 신학과 인문학의 교차점에서 나는 또 다른 학문적 여정을 시작하고 있었다. 결국 나는 주일학교 교장이 되었고, 매주 설교를 맡아 토요일이면 말씀을 준비하고 일요일이면 주일학교 교사들 앞에서 영어 설교를 진행했다.

그리고 놀라운 사실을 깨달았다. 사람의 마음을 울리는 한마디의 진실된 말을 전하는 것이, 어떤 과학적 이론이나 실험 결과를 도출하는 것보다 훨씬 더 어렵고 심오한 일이라는 것을. 나는 그렇게 또 한 걸음을 내딛고 있었다. 단지 더 많은 논문을 쓰는 연구자를 넘어, 더 깊은 공감과 울림을 지닌 사람으로 성장하고 있었다. 그것은 내가 선택한 길이면서도, 그 길 위에서 마주한 뜻밖의 선물이었다.

제7장

하버드에서의 학문적 성장:
학생이자 교수로서의 이중 역할

이중 역할: 하버드 치의학 대학원(HSDM) 학생 & 하버드 의과대학 부설 안구 연구소(ERI) 교수

ERI에서 연구를 시작한 지 약 1년쯤 되었을 무렵, 나는 마음속 깊이 품어 온 결단을 내렸다. 바로, 치과대학으로 돌아가겠다는 결심이었다. 기초 연구의 세계는 매혹적이었지만, 나는 여전히 환자와 마주하는 현장에서 느끼는 생생한 감각과 치의학의 손끝에서 피어나는 치유의 힘을 그리워하고 있었다. 그래서 나는 미국 전역 치과대학의 교수직에 지원했고, 한 줄기 희망을 품은 채 기다렸지만, 돌아온 것은 거절뿐이었다. 인터뷰 요청조차 받지 못한 채, 수십 통의 답장이 내게 던진 메시지는 하나였다. 미국 치의학 학위가 없다는 사실, 바로 그것이 내 앞에 놓인 보이지 않는 벽이었다.

그러나 나는 쉽게 물러서지 않았다. 오히려 더욱 대담한 계획을 세웠다. '학생으로 돌아가면서도, 동시에 교수로 일하겠다.' 조지아 시절, 박사학위를 가진 이들이 시간제 교수로 활동하며 미국 치과대학

과정을 밟는 모습을 본 기억이 떠올랐고, 나는 그것이 내게도 가능하리라 믿었다. 그 믿음을 안고 다시 하버드 치대의 폴 골드하버 학장을 찾아갔고, 내 계획을 조심스럽게 설명했다. 골드하버 학장은 나의 제안을 진지하게 경청한 후, 조용히 이렇게 말했다.

"ERI에서 현 직책을 유지하면서, 하버드 치과대학원(HSDM)에 학생으로 등록하게나."

나는 즉시 움직였다. 하버드 안과 과장 클라우스 돌먼(Claus Dohlman) 박사와 데보라 랭스턴 박사에게 나의 계획안을 제출했고, 두 분 모두 진심 어린 지지와 격려를 보내 주었다. 동시에 단호하게 한 가지를 당부했다.

"치의학 과정을 마친 후에는 반드시 하버드 의과대학 ERI와 안과로 돌아오세요."

나는 그들의 신뢰를 가슴 깊이 새기며 추천서를 들고 하버드 치과대학원(HSDM)에 지원했고, 마침내 1979년, 나는 정식으로 그곳의 학생이 되었다. 이미 치의학 학사(DDS)와 이학박사(PhD) 학위를 보유하고 있었기에 2학년으로 편입할 수 있었고, NIH로부터 R01 항바이러스 연구 보조금을 확보하게 되어 연구 급여도 유지할 수 있었다. 그렇게 나는 낮에는 학생으로, 밤에는 연구자로, 두 개의 삶을 동시에 살아가기 시작했다.

HSDM은 1867년에 설립된 미국 최초의 대학 기반 치의학 교육기관으로, 매년 겨우 20여 명만이 입학하는 소규모 명문 학교였다. 그러나 규모와 상관없이, 이곳은 치의학 연구와 교육의 역사에 큰 발자국을 남긴 인재들을 배출해 온 전설 같은 곳이었다. 첫 2년간 우리는 하버드 의대생들과 함께 동일한 커리큘럼을 소화해야 했고, 그 정점은 2학년 때의 '임상의학 입문(Introduction to Clinical Medicine)' 과정이었다. 4개월 동안 우리는 병원에서 실제 환자와 마주하며 병력을 청취하고, 전신 신체검사를 직접 수행하며, 진정한 의학의 세계를 피부로 익혀야 했다. 이 경험은 단순한 지식 습득을 넘어, 인간의 몸을 통합적으로 이해하는 안목을 내게 심어 주었다.

여름이 찾아오자 의대생들은 방학을 맞아 떠났지만, 우리 HSDM 학생들은 학교에 남아 혹독한 여름 프로그램을 이수하며 치의학에 집중했다. 가장 힘든 시기는 단연코 3학년 과정이었다. 모든 이론 수업을 소화함과 동시에 임상 실습 요건을 충족해야 했고, 나는 이미 DDS 학위를 가지고 있었기에 내용은 익숙했지만, 그럼에도 불구하고 감당해야 할 업무의 양은 결코 가볍지 않았다.

4학년에 접어들며 숨통이 조금 트였고, 우리는 매사추세츠 종합병원(MGH)에서 구강악안면외과를, 어린이 병원에서는 소아치과를 그리고 미국 보훈병원에서는 일반 치과 및 보철학을 수련했다. 또한 매주 한 번은 치대 본교에 돌아와 포괄적 진료 클리닉에서도 환자를 진료했다. 이 모든 경험이 나의 임상 역량을 더욱 날카롭게 다듬어 주었다.

HSDM은 의학 교육 부문에서는 높은 평가를 받았지만, 임상 치의학 교육에 있어서는 외부로부터 간혹 비판을 받기도 했다. 그러나 나는 두 번이나 치의학 교육을 받은 사람으로서 HSDM이 실로 탁월한 교육을 제공하고 있음을 확신할 수 있었다. 그 안에서 나는 흔들림 없이 나만의 길을 확고하게 닦아 나갔다.

많은 동기들이 졸업 후 전문의 수련의 길로 나아갔지만, 나의 여정은 달랐다. 그 여정이란, 바로 HSDM과 ERI에 동시에 임용되어 치의학과 안과 연구라는 두 열정을 하나로 꿰는 길이었다. 그 선택은 단순한 진로 결정이 아니었다. 그것은 내 인생의 궤도를 송두리째 바꾸는 운명의 전환점이었다. 학생들을 가르치고, 환자를 진료하며, 연구에 몰두하는 매 순간 가슴이 뛰었다. 치대 시절 다져 온 임상 능력이 강의실과 실험실, 진료실에서 유기적으로 연결되는 경험은 나를 흥분케 했다.

돌아보면, 그 시절은 내 인생에서 가장 강렬하고 찬란했던 시간이었다. 밤을 지새우며 실험에 몰두하던 순간, 예기치 못한 발견에 숨이 멎던 감격, 제자들의 눈빛 속에서 나의 과거를 보며 되새긴 초심. 그 모든 장면들이 아직도 선명하다.

무엇보다, 나를 이끌어 준 스승들과의 만남은 축복이었다. 그들의 깊은 통찰과 따뜻한 격려가 아니었다면, 나는 그 길을 끝까지 걸어갈 수 없었을 것이다. 나는 지금도 그 은혜를 기억한다. 그분들은 나의 가능성을 믿어 주었고, 내가 그 믿음에 부응하도록 이끌어 주었다.

내가 걸어온 이 길이 어떤 이에게는 거칠고 비효율적인 우회로처럼 보일지도 모르겠다. 그러나 나에게는 이 여정이 그 어떤 길보다도 단단하고 경이로운 길이었다.

한계 없는 도전 속에서

그러나 현실은 언제나 아름답지만은 않았다. 하루하루 끊임없이 밀려드는 업무에 쫓기던 나는 가족과 함께하는 잠깐의 시간조차 내기 어려웠고, 자정이 넘어 집에 돌아오면, 몇 시간 뒤인 아침 7시 전에 다시 수업을 위해 집을 나서야 했다. 주말도 예외는 아니었다. 토요일에는 연구와 과제에 파묻혀 있다가, 일요일에는 교회에서 예배를 드린 후 곧장 실험실로 향하는 일이 반복되었다.

가끔은 너무 벅찼다. 지쳐 쓰러질 것 같은 때도 있었다. 하지만 나는 멈추지 않았다. 사랑하는 가족과 나의 꿈을 위해. 그 시간들은 나의 학문적 성장과 헌신의 시기였고, 하버드의 학생이자 동시에 교수로서, 두 개의 이름을 짊어진 고된 여정이었다.

고통 속에서 발견한 새로운 빛

1981년, 삶은 내게 가장 혹독한 시련을 안겨 주었다. 율리가 중병에 걸린 것이다. 처음 진단 결과를 들었을 때, 나는 숨조차 쉴 수 없었다.

"폐암일 가능성이 있습니다."

의사의 말은 내 심장을 얼어붙게 했고, 나는 깊은 절망에 빠졌다. 가장 소중한 사람을 잃을지도 모른다는 공포가 온몸을 뒤덮었고, 수술은 불가피했다. 의사들은 그녀의 폐 절반을 제거하는 폐엽절제술을 준비하며 상황의 심각성을 알렸다.

수술 당일, 교회의 몇몇 성도들이 우리 집에 모였다. 그들은 조용히, 그러나 진심 어린 기도로 우리를 감쌌다. 그들의 따뜻한 손길과 굳건한 믿음은 내 마음속에 잊고 지냈던 무언가를 다시 일깨워 주었고, 나는 그 순간 깨달았다. 공동체의 힘 그리고 영성의 빛이 여전히 내 안에 살아 있음을. 그들의 기도는 절망의 어둠 속에서 나를 이끌어 주는 작은 등불이 되었고, 나는 다시 희망을 보기 시작했다.

수술실 안에서 외과의들은 놀라운 진실과 마주했다. 그것은 암이 아니었다. 그저 심각한 감염으로 인한 염증 상태였던 것이다. 나는 무너져 내릴 뻔한 무릎을 간신히 지탱하며, 말로 표현할 수 없는 감사를 드렸다. 그러나 안도의 한숨을 내쉬기엔 일렀다. 율리의 왼쪽 폐 절반은 결국 제거해야 했고, 그녀의 싸움은 이제부터 시작이었다.

율리가 서서히 회복의 길을 걷기 시작하면서, 나 역시 조심스럽게 내면을 향한 발걸음을 옮기게 되었다. 기도와 지지 그리고 기적 같은 결과들이 오랫동안 닫혀 있던 내 영혼의 문을 두드렸고, 나는 다시금 사역에 대해 희미한 관심을 느끼기 시작했다. 나는 목사님과 깊은 대화를 나누었고, 신학과 종교에 대해 공부하기 시작했다. 비록 나는 목회의 길을 걷지는 않았지만, 그 시간들은 내 영혼에 깊고도 지울 수 없는 흔적을 남겼다.

위기의 순간, 나는 분명히 알게 되었다. 믿음이란 거창한 그 무엇이 아님을. 믿음은, 바로 그 절박한 순간에 조용히 등을 두드리는 작은 손길이었다. 그 작고도 따뜻한 손길이 오늘의 나를 여기까지 이끌어 주었다.

수많은 혼란과 도전이 나를 흔들었지만, 나는 결코 멈추지 않았다. 밤낮을 가리지 않고 연구에 몰두하며 다시 일어나기를 수백 번. 마침내 1982년, 나는 하버드에서 치의학 박사학위(DMD)를 취득했다. 그 순간은 단순한 학문적 성취를 넘어, 나 자신과의 긴 싸움 끝에 얻어낸 조용한 승리였다.

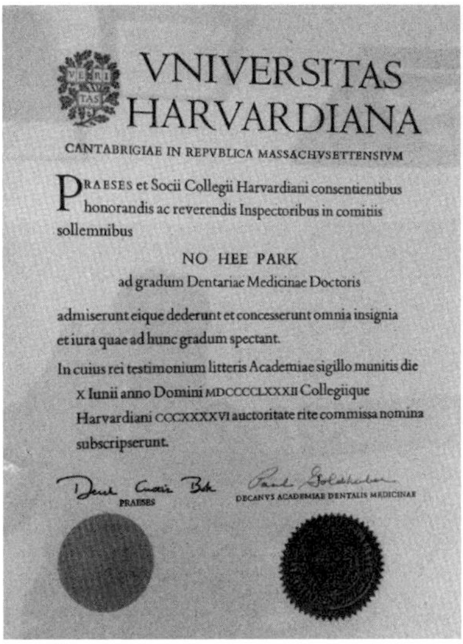

하버드에서 받은 치의학 박사(DMD) 학위증

윤리적 딜레마: 치과 면허 시험에서의 인간 대상자

하버드 치과대학원(HSDM) 졸업을 앞두고, 나는 마지막이자 가장 험난한 관문에 직면했다. 그것은 북동부 지역 치과 위원회(NERB)가 주관하는 치과 면허 시험이었다. 이 시험은 매사추세츠와 뉴욕을 포함한 미국 북동부 15개 주에서 치과의사로 활동하기 위한 필수 조건이었고, 누구에게나 피할 수 없는 관문이었다.

그러나 이 시험의 방식은 충격적일 만큼 냉정했다. 학생의 임상 능력을 평가하기 위해, 실제 인간 대상자를 이용해 제한된 시술을 시행하게 했던 것이다. 그 당시엔 누구도, 나조차도 그 방식에 의문을 제기하지 않았다. 그러나 시간이 흐른 지금, 나는 그 시험이 품고 있었던 윤리적·실질적 문제를 보다 또렷하게 바라볼 수 있게 되었다.

첫 번째 문제는 명백했다. 면허가 없는 학생들이, 면허를 가진 치과 의사의 직접적인 감독 없이 환자를 치료해야 했다는 사실.

두 번째 문제는 더 심각했다. 단 한 번의 아말감 충전, 금박 또는 인레이 수복, 치석 제거, 의치 제작—이러한 단편적 시술로 학생의 임상 능력을 평가하겠다는 발상 자체가, 의학적 기준은 물론 윤리적 기준에서도 용납되기 어려운 것이었다.

시험 당일의 긴장은 말로 표현하기 어려울 만큼 극심했다. 학생들은 지정된 시술을 요구하는 환자들을 정해진 시간에 시험장으로 데려와야 했고, 그 환자들은 대부분 무료 치료를 약속받거나, 심지어 금전적 대가를 받는 경우도 있었다. 그러나 아무리 준비해도, 약속한 시간에 환자가 나타나지 않을 불확실성은 항상 존재했다. 그들의 단순한 결석이 학생의 미래를 좌우하는, 터무니없이 불공정한 현실 속에서 우리 모두는 대체 환자(backup patient)를 생명줄처럼 품고 있어야 했다.

나는 지금도 잊지 못한다. 한 동기가 자신의 환자가 도착했음에도 불구하고, 예상치 못한 이유로 치료를 거부하는 모습을. 그녀는 눈앞이 캄캄해졌고, 절망에 빠졌다. 그 시험은 단 한 번뿐이었고, 실패는 곧 인생 전체의 방향을 바꿔 놓을 수 있는 위기였다.

나는 망설이지 않았다. 나의 대체 환자 정보를 그녀와 공유했다. 당시엔 개인정보 보호법(HIPAA) 같은 개념조차 없었기에 가능한 일이었고, 그 선택은 나에겐 너무도 자연스러운 인간적 반응이었다.

그 시험은 내가 치른 모든 시험 중 가장 고통스럽고 모순된 경험이었다. 내 능력만으로는 결코 결과를 장담할 수 없었다. 성공은 임상

실력뿐 아니라 환자의 출석 여부라는 외부 변수에 따라 뒤바뀔 수 있는 불완전한 구조 속에서 주어졌고, 나는 다행히도 합격했다. 매사추세츠 주 치과의사 면허를 손에 넣었지만, 마음 한구석에 남은 찝찝함은 쉽게 지워지지 않았다.

그날 나는 깊이 깨달았다. 진정한 전문성은 단순한 기술의 숙련이 아니라, 윤리와 존중을 함께 담보해야 한다는 것을.

변화의 물결을 이끌다

수십 년이 흐른 뒤, 나는 다시 그 자리로 돌아왔다. 이번엔 학생이 아닌, UCLA 치과대학의 학장으로서.

나는 캘리포니아의 다른 치과대학 학장들과 함께 인간 대상자 면허 시험을 폐지하는 개혁의 최전선에 섰다. 우리는 수없이 회의했고, 논쟁했고, 주 의회로 향했다. 그리고 우리가 그 자리에서 이야기한 것은 논리가 아닌 기억이었다. 우리는 과거의 고통을 증언했고, 그 경험을 바탕으로 더 나은 시스템을 요구했다.

그리고 마침내 캘리포니아 주는 이 시대착오적인 관행을 공식적으로 폐지했다. 그리고 우리는 보다 윤리적이고 신뢰할 수 있는 대안을 제시했다. 시뮬레이션 기반 시험, 객관적 구조화 임상시험(OSCE) 그리고 표준화된 평가 체계.

비로소 실제 환자를 동원하지 않고도 임상 능력을 공정하고 정밀하게 평가할 수 있는 시대가 열린 것이다. 이 개혁은 단지 한 주의 변화로 끝나지 않았다. 치의학계 전반에 윤리적 기준과 교육 철학의 새로운 전환점을 제시했고, 결국 전문성이란 단순한 기술의 문제가 아닌 인간에 대한 존중이라는 진실을 드러내 보였다.

나는 지금도 믿는다. 우리는 과거의 고통을 헛되이 하지 않았다. 우리는 더 나은 미래를 위해 싸웠고, 그 싸움은 누군가의 삶과 누군가의 신뢰를 지켜 내는 데 이바지했다.

윤리와 전문성. 이 두 가치를 지키기 위해, 나는 앞으로도 계속 걸어갈 것이다.

전환점: 하버드에서의 진로 변경

HSDM 졸업을 불과 두 달 앞둔 어느 날, 나는 뜻밖의 호출을 받았다. 보낸 이는 다름 아닌 하버드 치과대학 학장, 폴 골드하버 박사였다. 나는 가벼운 긴장과 기대를 안고 학장실 문을 열었다. 천장까지 닿는 책장들이 빽빽하게 들어선 그 공간은 언제나처럼 경외심을 자아냈지만, 그날은 달랐다. 그 방은 단순한 권위의 상징이 아니라, 내 인생의 다음 장을 결정짓는 대화가 오가는 장소가 되었다.

골드하버 학장은 여유롭게 의자에 등을 기대고 손가락을 맞댄 채, 부드럽지만 날카로운 눈빛으로 나를 바라보며 물었다.

"졸업 후에는 어떤 계획이 있는가?"

그의 목소리에는 호기심과 기대가 동시에 스며 있었고, 마치 이미 내 미래의 설계를 마음속에 그려 둔 채 내 입으로 그것을 확인하려는 듯한 기운이 느껴졌다. 나는 깊게 숨을 들이쉬고 조심스럽게 말했다.

"하버드 의대 안구 연구소(ERI)와 안과학과로 돌아가 연구를 계속하고 싶습니다. 전임교수로서 박사후 연구원들을 지도하는 것이 목표입니다."

학장은 천천히 고개를 끄덕였다. 그것은 찬성도 반대도 아닌, 무언가를 곱씹는 듯한 표정이었다. 그리고 마침내 침묵을 깨고, 전혀 예상치 못한 제안을 꺼냈다.

"자네 같은 사람이 HSDM에서도 함께해 준다면 참 좋겠네."

그 말은 나를 잠시 멈칫하게 만들었다. 나는 이미 ERI에서의 연구와 교육에 모든 열정을 쏟을 준비가 되어 있었기 때문이다. 그러나 내 내면의 망설임을 읽은 듯, 골드하버 학장은 부드럽게 절충안을 제시했다.

"시간을 나누는 건 어떤가? 절반은 HSDM, 절반은 ERI."

그 말은 마치 어둠 속을 비추는 한 줄기 빛처럼 내 안을 환하게 밝혔다. 두 세계를 모두 품고 살아갈 수 있는 완벽한 해결책처럼 느껴졌고, 나는 곧바로 나의 두 스승, 클라우스 돌먼 박사와 데보라 랭스턴 박사를 찾아가 조언을 구했다. 두 분 모두 진지하게 내 이야기를 들었고, 특히 돌먼 박사는 깊은 눈빛으로 조용히 말했다.

"이런 방식이 당신이 연구자이자 교수로서 성장하는 데 도움이 된다면, 나는 전적으로 찬성하겠습니다."

랭스턴 박사도 고개를 끄덕이며 따뜻한 격려를 건넸고, 그들의 변함없는 신뢰와 지지 속에서 나는 더 이상 흔들릴 이유가 없었다.

며칠 후, 하버드의 문장이 새겨진 깔끔한 임용장을 손에 쥐었을 때, 나는 조용히 웃음을 지었다. '구강생물학 및 병리생리학 조교수

(Assistant Professor of Oral Biology and Pathophysiology)', 그 묵직한 직함은 내가 수년간 품어 온 꿈의 결실이자, 숱한 밤을 실험실에서 보내며 싸워 온 시간들의 보상이었다. 나는 그 순간 뼛속까지 실감했다. 나는 이제 세계 최고의 학문 공동체 중 하나에서 정식 교수로 임명된 사람이 되었고, 수없이 고쳐 쓴 연구 제안서와 수많은 실패와 절망, 끝없는 의심과 싸웠던 날들이 모두 이 순간을 위해 존재했음을 깨달았다.

이중 임용이라는 길은 결코 쉬운 여정이 아니었다. 연구와 교육이라는 두 세계를 오가며 살아가야 할 삶은 분명 고되고 복잡한 도전이 될 것이었지만, 나는 준비되어 있었다. 나를 이끌어 준 모든 사람들과, 내가 걸어온 모든 시간들이 나를 이 자리에 서게 했고, 이제 나는 그 길을 걸어갈 준비가 되어 있었다.

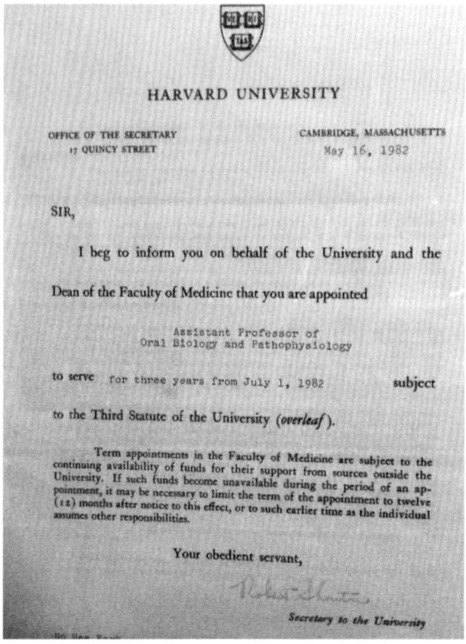

HARVARD UNIVERSITY

OFFICE OF THE SECRETARY
17 QUINCY STREET

CAMBRIDGE, MASSACHUSETTS
May 16, 1982

SIR,

I beg to inform you on behalf of the University and the Dean of the Faculty of Medicine that you are appointed

Assistant Professor of
Oral Biology and Pathophysiology

to serve for three years from July 1, 1982 subject to the Third Statute of the University (*overleaf*).

Term appointments in the Faculty of Medicine are subject to the continuing availability of funds for their support from sources outside the University. If such funds become unavailable during the period of an appointment, it may be necessary to limit the term of the appointment to twelve (12) months after notice to this effect, or to such earlier time as the individual assumes other responsibilities.

Your obedient servant,

Secretary to the University

하버드 교수 임명장

그날 저녁, 나는 깊은 숨을 내쉬며 조용히 기도했다.

"이 길이 나를 어디로 데려가든, 나는 최선을 다해 걸어가겠습니다."

관심의 전환: 바이러스 종양학에 대한 연구의 여정

한때 나는 믿었다. 항바이러스 치료법이 감염병의 판도를 바꾸는 열쇠가 될 것이라고. 그러나 현실은 냉혹했다. 막대한 자금과 영향력을 쥔 거대 제약사들이 점차 연구 판도를 장악해 가기 시작했고, 자금 확보는 갈수록 어려워졌다. 내 연구는 이제 생존을 위한 사투로 변해 가고 있었다.

그때, 골드하버 학장이 조용히 다가왔다.

"암 연구 말일세." 그는 담담한 목소리로 말을 이었다.

"단순포진 바이러스(HSV)의 종양 유발 가능성에 집중해 보는 건 어떨까?"

그 한마디는 내 안에 새로운 불씨를 심었다. 암—가차 없는 적. HSV—잠복성과 파괴성을 지닌 바이러스. 이 둘 사이에 어떤 연결고리가 존재하는 것일까? 나는 속으로 되뇌었다. 어쩌면 이 바이러스가 암 발생의 열쇠일지도 모른다.

연구의 첫걸음은 무연담배 연구위원회(Smokeless Tobacco Research Council)의 지원으로 시작되었다. 그들은 무연담배와 HSV가 구강암 및 자궁경부암에 미치는 복합적 영향을 연구할 수 있도록 길을 열어 주었고, 곧 충격적인 발견이 이어졌다. 무연담배 추출물은 HSV를 비활성화시키는 동시에 바이러스를 잠복 상태로 몰아넣고, 염색체 돌연

변이를 유도하는 파괴자로 변모시켰다. 나는 깨달았다. 겉으로 드러난 불은 껐다고 안심했지만, 잿더미 아래에선 더 치명적인 불씨가 자라고 있었던 것이다.

그로부터 하나의 강력한 가설이 태어났다. 무연담배와 HSV에 지속적으로 노출되는 것은 암의 발생과 단순한 상관관계가 아닌, 밀접한 인과관계에 놓여 있을 수 있다는 것. 이 연구는 더 이상 단순한 학문적 호기심이 아니었다. 이제 그것은 생명을 구하기 위한 절박한 소명이 되었고, 나는 바이러스 종양학이라는 새로운 대륙으로 발을 내디뎠다. 질문은 끝없이 쏟아졌고, 도전은 쉼 없이 이어졌지만, 나는 희미하지만 분명한 희망을 품고 있었다. 언젠가 이 답들이 생명을 구할 수 있을지도 모른다는 희망을.

뜻밖의 전화 그리고 UCLA로 향하는 길

1983년 3월, 국제치과연구학회(IADR)에 참석 중에 나는 또 하나의 전환점을 맞이했다. 많은 이들이 나를 안과 전문의로 착각했지만, 나는 치의학을 전공한 연구자였다. NIH 보조금 하나가 막 종료되었고, 미래에 대한 불안은 현실이 되어 있었다. 그때, 뜻밖의 전화 한 통이 걸려 왔다.

"안녕하세요, 저는 존 야기엘라(John Yagiela) 박사입니다."

UCLA 치대 구강생물학과의 학과장 대행을 맡고 있었던 그가 놀랍게도 나에게 교수직 인터뷰를 제안했다. 처음에는 망설였다. 시기적으로 불안정했고, 이 결정이 과연 옳은 선택인지 확신할 수 없었다. 그러나 그가 시니어 직책의 가능성을 언급했을 때, 망설임은 이내 호기심에 자리를 내주었고, 나는 짐을 싸서 로스앤젤레스로 향하는 비행기에 올랐다.

로스앤젤레스 국제공항(LAX)에 도착했을 때 나를 맞아 줄 사람은 보이지 않았다. 전화를 걸었고, 기다림은 길어졌다. 10분, 20분… 초조함은 점점 커졌고, 나는 다시 보스턴행 비행기를 탈까 고민하기에 이르렀다. 그러던 중 마침내 야기엘라 박사가 나타났다. 잘못된 탑승구에서 기다렸다며, 그는 멋쩍은 웃음을 지으며 내게 사과했다. 공항에서의 혼란은 다소 실망스러웠지만 이후의 인터뷰는 차분하고 진지하게 진행되었다.

나는 연구 세미나를 발표했고, 교수진들과 교류했으며, 제임스 훌리(James Hooley) 학장과도 깊은 대화를 나누었다. 하루가 끝나 갈 무렵, 훌리 학장은 나에게 종신재직권이 포함된 부교수 직책을 제안했다. 정교수는 아니었지만 1년 이내에 승진이 가능하다는 확언이 있었고, 연봉은 하버드 시절의 거의 두 배인 연간 57,000달러였다. 게다가 주정부의 안정적인 재정 지원까지 더해졌으니 이 제안을 외면하기란 쉽지 않았다.

거의 같은 시기, 에모리대학교에서도 제안이 들어왔지만, 즉각적인 종신재직권 보장이 없다는 점은 결정적인 걸림돌이었다. 고심 끝에 나는 UCLA를 선택했다. 돌이켜 보면 나는 스스로의 가치를 과소평가했었다는 사실을 인정하지 않을 수 없다. 연구실 장비를 마련하기 위한 초기 요청도 지나치게 소박했기에 지금 생각하면 웃음이 나지만,

그땐 몰랐다. 나는 그저 한 걸음씩 배우며 앞으로 나아가고 있었던 것이다.

1983년 3월, 나는 훌리 학장에게 수락 편지를 보냈지만, 공식 임명장이 오기까지는 몇 달이 걸렸다. 공립대학의 복잡한 행정 절차는 사립대학에서의 경험과는 전혀 다른 세계였고, 나는 그 기다림 속에서 또 하나의 진리를 배웠다. 때로는 기회보다 인내가 더 큰 시험이 된다는 것을. 그리고 돌이켜 보면, 로스앤젤레스 국제공항에서 야기엘라 박사를 기다리던 그 순간은 나의 경력 여정을 상징하는 은유 같았다. 기회는 때때로 늦게 오고, 처음 기대한 모습과는 전혀 다르게 다가오지만, 마음을 열고 기다리면 그것은 놀라운 결실로 이어질 수 있다.

가장 힘든 작별, 가장 깊은 감사

UCLA로의 이직 결정에서 가장 힘들었던 순간은 골드하버 학장에게 하버드를 떠나겠다는 소식을 전하는 일이었다. 그는 나의 경력을 열어 준 진정한 스승이었고, 언제나 나를 묵묵히 지지해 주었으며 늘 한발 앞서 길을 밝혀 준 등대와도 같은 존재였다. 그런 그에게 이별을 고하자니 가슴을 도려내는 듯한 고통이 느껴졌다. 그러나 골드하버 학장은 품격 있게 내 결정을 받아 주었고, 따뜻한 축하의 말과 함께 마지막까지 날 위한 조언을 전해 주었다.

"종신직이 확정된 건지 꼭 확인하게나."

짧은 한마디였지만, 거기엔 그의 깊은 애정과 염려가 고스란히 담겨 있었다.

그는 22년간 하버드 치대를 이끌며 수많은 제자들에게 꿈과 용기를 심어 준 진정한 교육자였다. 그리고 나는, 그의 제자로서 새로운 길로 나아갔다. 떠남은 아쉬웠지만, 새로운 시작은 두려움보다 더 큰 설렘을 안겨 주었다. 나는 알았다. 모든 끝은 또 다른 시작이라는 것을.

스승과 함께한 마지막 축제

2007년, 나는 UCLA 치과대학 학장으로서 결단을 내렸다. 2008년 졸업식에 골드하버 학장을 졸업식 기조 연사로 초청하는 것이었다. 그 초청은 단지 예우의 차원이 아니었다. 그것은 나의 삶과 경력 전반에 깊은 울림을 준 그에게 드리는 가장 진심 어린 헌사였다. 그의 수락 소식을 들었을 때 나는 더없이 기뻤고, 그의 목소리를 다시 듣게 될 졸업생들은 잊지 못할 감동을 경험하게 될 것이라 확신했다.

2008년 6월, 햇살 가득한 로스앤젤레스의 UCLA 캠퍼스. 1,500여 석을 가득 메운 졸업생과 가족들 앞에서 골드하버 학장은 조용히 단상에 올랐고, 그는 나직하지만 단호한 어조로 연설을 시작했다. 그의 한마디 한마디는 시간의 벽을 넘어 울려 퍼졌고, 강당은 숨죽인 감동으로 가득 찼다.

그의 연설 제목은 이러했다.

"치의학 교육에 대한 공포에서 깨달음으로: 2008년 UCLA 치과대학 졸업식 연설(From Terror to Enlightenment in Dental Education: UCLA School of Dentistry Class of 2008 Commencement Address)"

그는 자신의 젊은 시절, 치의학 교육 속에서 마주했던 두려움과 좌절 그리고 그 안에서 길어 올린 통찰을 담담하면서도 깊이 있게 풀어 냈고, 진심은 졸업생들의 마음을 울렸다. 그 후 얼마 지나지 않아 골드하버 학장은 세상을 떠났다. 그의 마지막 연설은 치과 교육 저널(Journal of Dental Education)에 공식 게재되었고, 치의학 교육사에 길이 남을 위대한 유산이 되었다.

나는 그날을 가슴 깊이 새긴다. 그는 단순한 학장이 아니었다. 나를 키워 준 스승이자, 수많은 이들에게 길을 열어 준 거목이었다. 그리고 오늘, 그의 마지막 연설을 나의 자서전에 실을 수 있게 된 것을—나는 더없는 영광으로 여긴다.

그의 연설은 다음과 같다.

2008년 UCLA 치과대학 졸업식에서 연설 중인 골드하버 학장

"박노희 학장님, 졸업생 여러분, 귀빈 여러분, 교수진, 부모님, 배우자 및 친구 여러분: 지금으로부터 정확히 60년 전, 저 역시 여러분처럼 강당에 앉아 있었습니다. 저도 치과대학을 졸업했지요. 다만 그곳은 UCLA 치과대학이 아니었습니다. 여러분의 치과대학은 그때 아직 존재하지 않았습니다. 또한 하버드 치과대학도 아니었습니다. 제 학부 성적이 그곳에 들어갈 만큼 좋지는 않았거든요. 어쨌든 그날 우리는 모두 졸업식에 앉아 있었습니다—총 150명, 지난 4년간의 치과대학 생활 속 '공포의 순간들'에서 살아남은 것만으로도 기뻐하면서 말이지요.

하지만 우리 동기들은 놀라지 말았어야 했습니다. 우리는 한 동문에게서 미리 경고를 받았었지요. 저는 아직도 그의 말을 기억합니다: '나는 NYU 치대를 졸업한 게 아니야—탈출한 거지!' 우리에게 그런 말을 하다니 그리고 제가 여러분에게 그것을 반복하다니 정말 끔찍한 일이지요! 하지만 우리가 4년을 보내는 동안, 그 비난이 완전히 정당하다는 것을 알게 되었습니다. 우리 동기들 대부분은 치대에 입학하기 직전에 제2차 세계대전에 참전했던 용맹한 사람들이었지만, NYU 치대 교수진은 우리를 결국 위축되어 벌벌 떠는 기죽은 겁쟁이들로 만들어 버렸던 것이지요! 우리는 도대체 어떤 교육기관에 있었던 걸까요? 알고 보니 그 당시에는 NYU만 그런 것이 아니라, 대부분의 치과대학에서 공포를 이용한 교육 방식이 널리 퍼져 있었습니다. 몇 년 후, 일련의 운 좋은 사건들을 통해 저는 하버드 치과대학원에서 젊은 교수진의 일원이 되는 행운을 누렸습니다. 제 학문적 커리어 초반에 저는 구강병리학과의 일원으로 일했습니다. 그 당시 학과장은 라이다르 손네스(Reidar Sognnaes)라는 이름을 가진 젊고, 카리스마 있고, 흥미롭고, 에너지 넘치는 노르웨이인이었습니다. 그는 뛰어난 교수이자 과학자였습니다. 그에게는 많은 젊은 제자들이 가장 감사했던 자질이 하나 있었습니다: 그는 제자들이 학문적으로 성장하고 발전할 수 있는 기회를 끊임없이 찾아냈습니다. 그는 주요 과학 학회에서 그들이 자신의 업적과 아이디어를 발표할 수 있는 특별한 기회를 제공함으로써 그들의 경력을 발전시켰습니다. 중요한 것은, 그가 연방정부 및 민간 재단에서 장학금을 찾아내어 이들이 독립적인 연구자가 될 때까지 어느 정도의 재정적 안정을 가질 수 있도록 했다는 점입니다.

아마도 손네스가 치과 교육사에 남긴 가장 중요한 업적은 그가 하버드에서 개발한 독특한 박사후(postdoctoral) 연구 프로그램일 것입니다. 하버드 및 다른 곳에서 뒤이어 생긴 학위 프로그램들의 선구자였던 이 프로그램은 임상 전문 교육과 연구를 결합한 것이었습니다. 이러한 프로그램들로부터 새로운 유형의 임상 교수가 등장했으며, 이는 새로운 지식의 폭발을 불러왔습니다. 이 똑똑하고 도전적인 젊은 학자들 덕분에 교육과 임상 진료 양쪽 모두 엄청난 혜택을 받았습니다. 분명히, 그들의 등장은 치과 교육의 극적인 변화를 시작하게 만든 핵심 요소 중 하나였습니다. 저는 이 새로운 시대를 교육과 임상 진료 양쪽 모두에서 '계몽의 시대'로 명명합니다. 이제 손네스가 하버드를 떠나 UCLA 치과대학원의 초대 학장이 된 지도 거의 오십 년이 되었습니다. 그는 학교를 초기부터 일군 인물로, 물리적 시설을 세우고 훌륭한 교수진을 모집하며 뛰어난 치대생들을 유치하는 등 훌륭한 일을 해냈습니다.

오늘 이 자리에서 여러분을 앞에 두고 연설하게 되어 기쁜 많은 이유 중 하나는, 손네스에게 경의를 표하고, 시간이 흐르면서 너무 쉽게 잊히거나 사라질 수 있는 역사의 한 조각을 여러분께 전할 수 있는 기회를 갖게 되었기 때문입니다. 제가 앞서 말씀드린 바와 같이, 1948년 제가 졸업한 NYU의 치대 졸업반에는 150명의 치대생이 있었고, 그들은 모두 남성이었으며, 사실상 모두 백인이었습니다. 여성도, 소수자도 없었습니다. 이러한 상황은 NYU에만 국한된 것이 아니었습니다. 미국 전역의 치과대학에서 보편적인 일이었으며, 하워드대학교와 메해리 의과대학이라는 두 개의 역사적인 흑인 치대만이 예외였습니다. 이 상황은 1968년 마틴 루터 킹 주니어 목사가 암살된 이후 극적으로 변화하게 되었습니다. 이 비극적인 사건이 고등 및 전문 교육에 대한 제한된 접근 문제에 대해 혼수상태에 빠져 있던 미국 사회를 깨우는 계기가 되었습니다. 갑자기, 그다음 해부터 의대와 치대를 포함한 교육기관들은 여성과 소수자 학생들을 모집하고 입학시키기 위한 공동의 노력을 시작하게 되었습니다. 해가 갈수록 이들의 수는 점점 늘어났습니다. 오늘, 2008년 졸업반인 여러분의 학급에서는 여성과 소수자들이 전체의 45퍼센트를 차지하고 있습니다.

정확히 40년 전, 저는 하버드 치과대학원의 학장으로 임명되었습니다. 저는 하버드대학교가 설립된 지 332년 역사상 처음으로, 그 대학 산하 학교의 학장으로 임명된 유대인이었습니다. 주목할 만한 것은, 작년에 하버드대학교가 다시 한번 전통을 깼다는 점입니다. 설립 371년 만에 하버드는 최초로 여성을 총장으로 임명했습니다. 이 기간이 얼마나 긴지에 대한 시간적 감각을 일깨우고자, 하버드대학교가 매사추세츠 주 플리머스에 있는 플리머스 록에 순례자들이 처음 발을 디딘 지 불과 16년 후에 설립되었다는 점을 참고로 말씀드립니다. 분명히, 이런 행정 임명에 있어서 하버드가 성급하게 행동했다고 비난할 수는 없을 것입니다! 하버드 치대의 학장으로서, 저는 이제 '말이 아니라 실천으로 보여 줄' 기회를 가지게 되었습니다. 저는 NYU에서 경험했던 치과 교육의 결점을 바로잡을 수 있는 기회를 얻은 것입니다.

학장으로 22년 동안 재직하면서 저는 치대 학생들과 젊은 교수들 개개인을 알아 가며 그들에게 격려와 조언을 건넬 수 있었습니다. 그들의 진로, 희망과 꿈, 또는 그들을 괴롭히고 있을 수 있는 어떤 문제에 대해서든 우리는 함께 이야기했습니다. 우리 치대 학생들은 매년 열리는 교수-학생 합동 수련회에서 학교—정책, 교육과정, 교수진 등—에 대해 비판할 수 있는 기회를 부여받았습니다. 그리고 그들은 그 역할을 훌륭히 해냈습니다. 외과 수술의 정밀함처럼, 학생의 시각에서 우리의 부족한 점들을 밝혀냈습니다. 우리는 그들에게 귀 기울였고, 시정 조치를 취했습니다!

제가 이 자리에 있게 되어 기쁜 또 다른 하나의 이유는, 여러분의 학교가 존재해 온 내내 UCLA 치과대학원과 하버드 치과대학원 사이에 이어져 온 특별한 유대 때문입니다. 많은 UCLA 치대 졸업생들이 하버드의 박사후 과정을 선택해 왔고, 많은 하버드의 젊은 교수진들이 UCLA로 와서 성장하고, 번창하며, 여러분의 교육에 기여해 왔습니다. 이처럼 재능 있는 사람들에 의해 이루어진 상호 교류는 UCLA

와 하버드 양측은 물론, 치과 교육과 진료 전반에 걸쳐 매우 큰 혜택을 가져다주었습니다.

제가 최근에 얻은 자료에 따르면, 현재 UCLA 치과대학원에는 하버드 치과대학원에서 영입되었거나 그곳을 졸업한 교수가 여덟 명 있습니다. 나는 그들 중 다섯 명을 하버드에 있을 때 개인적으로 알고 있었습니다. 이들 중에는 박노희 학장님도 포함되어 있는데, 그에 대해서는 조금 뒤에 더 이야기하겠습니다. 이 전체 그룹에서 놀라운 점은, 그들의 전문 분야가 임상 치의학의 과학과 실제에 필수적인 대부분의 기초 및 임상 과목들을 포괄하고 있다는 것입니다.

박노희 학장님은 의심의 여지 없이 하버드 치과대학원에 입학한 가장 뛰어나고 인상적인 젊은 치대생이었습니다. 그가 우리 학교에 왔을 때, 그는 이미 한국에서 치의학 학위를 받고 조지아 의과대학에서 약리학 박사학위도 취득한 상태였습니다. 이 시점에 그는 하버드 의대와 보스턴의 안과연구소(Eye Research Institute)에서 바이러스학 및 분자생물학 분야의 촉망받는 젊은 과학자이기도 했습니다. 우리 치대를 졸업한 후 그는 우리 교수진에 합류했으나, 곧 UCLA 치과대학원에 스카우트되었습니다. 그의 학계 내에서의 눈부신 승진은 그의 뛰어난 연구 역량과 행정 능력 덕분이었습니다.

UCLA에서 근무를 시작한 지 14년 후, 그는 여러분의 치과대학 학장으로 임명되었으며, 이로써 그는 이 직책을 맡은 최초의 아시아인이 되었습니다. 장벽들은 계속 무너지고 있습니다! 수년간 치과대학 학장들 사이에서 외쳐 온 구호는 '재정, 교수진, 시설을 위한 투쟁'이었습니다. 지난 10년 동안, 박노희 학장님은 UCLA를 위해 바로 그

일을 해왔습니다. 그의 학장 재임 기간 동안, 치과 교육과 진료에서 '계몽의 시대'는 크게 진전되었습니다. 졸업식 연설자가 미래를 예측하고 졸업생들에게 몇 마디 지혜의 말을 전하는 것은 전통과도 같습니다. 나는 앞으로 25년 동안 세계적인 분쟁이 없을 것이라고 예언하고 싶지만—할 수 없습니다. 나는 다음 25년이 세계적인 번영을 가져올 것이라고 예언하고 싶지만—그럴 수 없습니다. 나는 정부의 보건 의료 규제가 여러분의 임상 진료에 거의 영향을 미치지 않을 것이라 예측하고 싶지만—역시 그렇게 말할 수 없습니다. 다만 제가 예측할 수 있는 것은, 기초 및 임상 연구가 임상 진료의 본질을 바꿀 것이라는 점입니다. 여러분의 유일한 대응 방법은 끊임없이 배우는 학생의 자세를 유지하는 것입니다. 그리고 임상 진료에 종사하려는 여러분에게 꼭 드리고 싶은 조언이 하나 있습니다: 환자의 말을 잘 듣고, 환자를 진심으로 돌보십시오. 이것이 바로 지역사회에 봉사하면서, 동시에 자신에게 기쁨과 만족을 주는 커리어의 핵심입니다.

마지막으로, 제가 어렸을 때—열두 살쯤 되었을 때—겪었던 한 가지 일을 이야기하며 마무리하고자 합니다. 그 당시에 우리 동네 아이들 몇 명과 모여 축구하는 것을 즐겼습니다. 근처의 바위와 깨진 유리 조각들로 뒤덮인 빈터에서 놀다가 다칠 위험을 피하기 위해, 우리는 축구를 할 장소를 더 안전한 곳으로 옮기기로 했습니다. 우리가 찾은 유일한 장애물 없는 장소는 몇 블록 떨어진 곳에 있는 공동묘지였습니다. 그 공동묘지에는 미래의 묘지 사용자를 위해 남겨 둔, 잘 정돈된 잔디밭이 넓게 펼쳐져 있었습니다. 어느 날, 묘지에서 놀고 있던 중 나는 오래된 묘비에 새겨진 글귀들이 궁금해졌습니다. 그러던 중

제 눈길을 사로잡은 묘비 하나가 있었다. 거기에는 이런 글이 적혀 있었습니다:

'지금 당신의 모습은
한때 나의 모습이었고,
지금 나의 모습은
곧 당신의 모습이 될 것입니다.'

묘비에서 본 그 으스스한 문구는 저를 겁에 질리게 했고, 저는 이내 허겁지겁 도망쳤습니다. 하지만 세월이 흐르면서, 저는 그 묘비명을 종종 떠올리곤 했지요. 그 문장을 쓴 사람은 무엇을 말하려고 했던 걸까요? 겉보기 이상의 더 깊은 의미가 있었던 걸까요? 아마도 여러 가지 해석이 가능할 것입니다. 제가 내린 해석은 이렇습니다: 우리 각자에게는 이 세상에서 머무를 수 있는 시간이 한정되어 있으니, 그것을 낭비하지 말라는 것입니다. 그 문장은 우리가 일생 동안 해내는 선행들 외에도, 놀이와 휴식, 즐거움을 위한 시간도 남겨야 한다는 것을 상기시켜 줍니다. 그 묘비의 문구는 삶은 유한하다는 사실을 우리에게 일깨워 줍니다. 유대인들 사이에서는, 삶이 얼마나 소중한지 상기하며 건배할 때마다 히브리어로 'L'Chaim!'—즉, '삶을 위하여!'라는 말을 덧붙이는 전통이 있습니다. 그래서 저는 2008년 졸업생 여러분을 위하여, 상상의 잔을 들어 축복의 말과 함께 이 오랜 인사말을 건넵니다: 'L'Chaim!'

행운을 빌며, 여러분 모두에게 하나님의 축복이 함께하길!"

영원한 작별

감동적인 졸업 축사 후 얼마 지나지 않아, 골드하버 학장은 보스턴에서 향년 84세로 조용히 세상을 떠났다. 그의 마지막 연설이 그의 삶을 아름답게 완성하는 마지막 문장이 되었던 것이다. 그의 죽음은 단순한 이별이 아니었다. 그것은 치과계 전체가 한 시대를 이끈 거장을 잃은 순간이었고, 수많은 제자들과 동료들의 가슴 깊은 곳에 공허함을 남긴 커다란 상실이었다.

골드하버 학장은 연구자이자 교육자로서 그리고 진정한 리더로서 모든 이들의 존경을 한 몸에 받았던 인물이었다. 그의 삶은 수치로 환산할 수 없는 영향력을 지닌 여정이었고, 수많은 사람들에게 길을 열어 주고, 영감을 주고, 희망을 심어 주는 나침반이 되어 주었다.

나는 지금도 그를 가슴 깊이 그리워한다. 연구에 지치고 길을 잃을 때면, 조용히 나를 일으켜 세우던 그의 목소리가 떠오르고, 교육의 의미를 되새길 때면, 언제나 가장 먼저 그의 미소가 떠오른다.

그가 나에게 그리고 이 분야의 수많은 이들에게 끼친 영향은 말로 다 표현할 수 없을 만큼 크고 깊었다. 그는 떠났지만, 그의 정신은 결코 사라지지 않았다. 우리가 추구하는 진실 속에, 우리가 나누는 지식 속에, 우리가 키워 낼 다음 세대의 눈빛 속에, 그의 흔적은 여전히 살아 숨 쉬고 있다.

골드하버 학장님, 당신의 가르침과 당신의 삶을 우리는 결코 잊지 않을 것입니다. 당신이 남긴 유산은 우리가 걸어갈 길 위에서 영원히 빛나며, 당신의 이름은 언제까지나 존경과 사랑으로 기억될 것입니다.

새로운 모험: 로스앤젤레스를 향한 여정의 시작

보스턴을 떠나 로스앤젤레스로 향하기로 한 결정은 내 인생을 통째로 바꿀 도박이었다. 이것은 단순한 이사가 아니었다. 믿음을 건 도약이자, 전혀 새로운 세계로 뛰어드는 대담한 도전이었다. 그 여정은 보스턴 자택을 매각하는 것으로 시작되었다. 약 2,200제곱피트 크기의 아늑한 2층 집을 콜롬비아 출신의 마이애미 신사에게 전액 현금으로 판매했는데, 14만 달러라는 매매가는 내게 희망과 두려움이 뒤섞인 새로운 삶의 티켓처럼 느껴졌다.

나는 현금 가방을 들고 작은 은행으로 향했다. 지점장 사무실에 앉아 가방을 열자, 그의 얼굴은 굳어졌고, 은행 문은 조용히 잠겼다. 지폐 한 장 한 장을 세어 내려가는 그의 손끝은 조심스러웠고, 나는 숨을 죽인 채 그 비현실적인 광경을 지켜보았다. 그 순간, 나는 직감했다. 나의 인생이 이미 평범한 궤도를 벗어났다는 것을.

그러나 며칠 뒤, 보스턴의 변호사로부터 충격적인 전화를 받았다. 내 집을 산 사람이 도주 중인 마약상이었고, 집은 정부에 의해 압수되었다는 소식이었다. 언론은 인터뷰를 요청했지만, 변호사의 조언에 따라 나는 인터뷰를 거절했다.

1983년 10월, 나는 로스앤젤레스 땅을 밟았다. 기대와 설렘으로 가득 찬 출발이었지만, 곧 거대한 현실의 벽이 앞을 가로막았다. 베벌리 힐스, 브렌트우드, 산타모니카—이름만으로 가슴 뛰는 지역들이었지만, 보스턴 집을 팔아 얻은 14만 달러로는 주차장 하나조차 살 수 없었다. 게다가 17%에 육박하는 살인적인 주택담보대출 금리는 희망의 불씨마저 꺼뜨리려 했다.

빗줄기가 거세게 쏟아지던 어느 날, 나는 창밖을 바라보며 스스로에게 물었다.

"정말, 이 낯선 땅에서 다시 시작할 수 있을까?"

절망이 밀려왔지만, 포기할 수는 없었다. 결국 우리는 샌페르난도 밸리의 우들랜드 힐스에 정착했다. 존 야기엘라 박사의 집과도 가까운 곳이었다. 수영장이 딸린 단층 주택을 24만 달러에 구입했다. 참고로 수영장은 딸의 간절한 요청 덕분에 추가된 선택이었다. 딸 제니퍼는 햇살 가득한 오후에 수영장 옆에서 시간을 보내는 꿈을 꾸었지만, 현실은 달랐다. 로망과 달리 수영장은 대부분 비어 있었으니까.

그럼에도 불구하고, 그 집은 우리 가족에게 캘리포니아에서의 새로운 출발을 상징하는 공간이 되었다. 존 야기엘라 박사는 곧 단순한 이웃을 넘어, 진정한 친구이자 현지 생활의 길잡이가 되어 주었다. 죽어가는 잔디를 보며 한숨 쉬던 나에게 그는 자동 스프링클러 시스템을 소개해 주었고, 직접 설치까지 도와주며 따뜻한 손길을 내밀었다. 그의 도움은 단순히 기술적 지원에 그치지 않았다. 그것은 낯선 도시에서 살아남는 법을 가르쳐 주는 조용한 이정표였다.

그러나 재정적 현실은 냉정했다. 보스턴에서 33,000달러였던 연봉은 로스앤젤레스에서는 57,000달러로 인상되었지만, 천정부지로 치솟은 생활비는 그 인상을 무색하게 만들었다. 주택담보대출금을 내고 나면 남는 것은 겨우 생필품을 마련할 수 있는 정도였다. 생계를 유지하기 위해 아내 율리는 작은 부티크에서 일하기 시작했고, 그녀의 결단력과 기업가 정신은 결국 칼라바사스에 자신만의 부티크를 여는 결실로 이어졌다. 그녀는 빛나는 우아함으로 새로운 사업을 일구어 냈고, 나는 그런 그녀를 보며 매일 새롭게 용기를 얻었다.

로스앤젤레스에서의 삶은 끊임없는 시험이었다. 수많은 도전이 닥쳐왔지만, 그 모든 것을 뛰어넘는 값진 보상이 있었다. 우정, 성장 그리고 새로운 기회들. 되돌아보면, 이 이사는 단순한 지리적 이동이 아니었다. 그것은 우리 가족의 강인함을 시험하고, 서로에 대한 유대감을 더욱 단단히 만들어 준 불꽃 같은 시간이었다. 우리는 그렇게, 다시 한번 새로운 인생의 한복판에 섰다.

제8장

로스앤젤레스에서의 생활:
UCLA 교수로서의 교육 및 연구

오거스타에서 보스턴 그리고 로스앤젤레스로

내가 걸어온 인생의 여정을 되돌아보면, 그것은 단순한 경로가 아니었다. 부서지고 다시 일어서는 회복과 극복의 과정이자 낯선 세상에 몸을 던지고 적응해 낸 생존의 서사였으며, 끈질기게 분투하며 나아간 인내의 기록이었다. 한국에서 출발해 조지아 오거스타로, 보스턴으로 그리고 마침내 로스앤젤레스로. 도시는 바뀌었지만, 그 안에서 싸워야 했던 나의 결기는 언제나 한결같았다.

조지아 주 오거스타. 낯선 땅, 낯선 언어, 낯선 하늘 아래 나는 서른한 살의 초보 이민자였다. 당시 나는 영어를 유창하게 구사하지 못했다. 하지만 오직 영어를 읽을 수 있다는 것 하나를 무기 삼아 나는 살아남았다. 오거스타는 단순히 새로운 출발지가 아니었다. 모든 것을 내려놓고, 내 삶을 처음부터 다시 쌓아 나가야 하는 '진짜 시작'을 의미했다.

처음 며칠 동안은 외로움이 나를 짓눌렀다. 밤마다 밀려드는 불확실성과 불안 속에서, 나는 아내와 어린 딸을 이 땅으로 데려올 그날을 그리며 애타게 기도하고 또 기도했다. 수많은 난관과 지체 끝에, 기적처럼 그들의 비자가 예상보다 빠르게 승인되었다. 1975년 4월, 공항 게이트 너머로 아내와 딸이 걸어 나오는 순간, 나는 세상 그 무엇도 이겨 낼 강한 힘을 다시 얻었다. 그 힘은, 절대 무너질 수 없다는 믿음이었다.

오거스타에서의 삶은 거칠었다. 언어의 장벽은 매일같이 나를 시험했다. 사소한 일조차 마치 큰 산을 넘는 것처럼 느껴졌다. 그러나 그 고비들 속에서도 나는 작은 성취를 쌓아 갔다. 이방인을 따뜻하게 맞아 준 동료들, 그들과 맺은 인연들은 내게 세상을 버티게 하는 밧줄이 되어 주었다. 이곳에서 나는 배웠다. 진짜 인내란, 단지 버티는 것이 아니라 상처를 극복하고 다시 마음을 열어 세상을 끌어안을 수 있는 용기라는 것을.

그리고 나는 보스턴으로 향했다. 결코 가벼운 마음으로 떠날 수 없는 도시였다. 이곳은, 나의 야망과 현실이 정면으로 부딪힌 곳이었다. 하버드 의과대학 부설 안구 연구소(ERI)에서 박사후 연구원으로 경력을 시작하면서, 나는 숨 막히는 지적 전투 속에 내던져졌다. 날마다 쏟아지는 질문들, 쉴 새 없이 몰아치는 평가들 그리고 스스로에게 던져야 했던 끊임없는 의구심. 외국인이라는 굴레는 무거웠고, 치과의사라는 정체성은 흔들렸다. 그러나 나는 굴복하지 않았다. 지식은 내 유일한 무기였고, 꿈은 내 유일한 길이었다.

보스턴은 나를 다시 한번 새롭게 만들었다. 나는 여기서 참스승이 무엇인지를 배웠다. 내 가능성을 믿어 주는 사람들이 있다는 사실이 얼마나 위대한 힘이 되는지를 그때 처음 깨달았다. 그 믿음이 없었다면, 나는 결코 지금의 내가 될 수 없었을 것이다.

그리고 마침내, 나는 로스앤젤레스에 도착했다. 뜨거운 태양 아래, 끝도 없는 가능성과 냉혹한 현실이 교차하는 도시. UCLA 치과대학에 합류하는 것은 모든 것을 건 새로운 승부였다. 하버드에서 갈고닦은 엄격한 학문적 태도는 이곳에서도 강력한 무기가 되었다. 그러나 이곳은 확실히 달랐다. 규칙을 따르기보다는 스스로 길을 만들어야 하는, 광야 같은 곳이었다.

나는 단순한 강의를 하지 않았다. 매 수업마다, 내 발음에 익숙하지 않을 학생들을 위해 모든 문장, 모든 설명을 철저히 준비했다. 나는 지식을 넘어서 호기심을 깨우고, 의심을 던지고, 스스로 생각하게 만드는 교육을 추구했다. 100명이 넘는 학생과 연구자들을 직접 이끌었다. 그들은 내 열정에 불을 붙였고, 나는 그들의 성장 속에서 다시 나를 재발견했다.

로스앤젤레스의 다채로운 문화와 끊임없는 에너지는 나를 한층 더 강하게, 더 넓게 만들었다. 나는 환자 진료를 지원하고, 연구를 이끌고, 뛰어난 교수진을 영입하며 학교의 미래를 함께 세워 나갔다. UCLA에서 유산을 쌓는다는 것은, 단순히 이름을 남기는 일이 아니었다. 다음 세대의 심장에, 도전과 성장의 씨앗을 심는 일이었다.

나는 믿었다. 교육이란 지식을 가르치는 것이 아니라, 탐구심을 불러일으키고, 평범함에 머무르지 않도록 고무하는 것이라고. 이 땅에서 나는 다시 새로워졌고, 다시 시작했다. 나는 알고 있었다. 나의 이주는 단순한 장소의 이동이 아니라, 영혼이 성장하는 여정이라는 것을.

성장과 감사의 여정

오거스타에서의 소박한 시작에서부터 보스턴의 학문적 전당을 거쳐 로스앤젤레스의 끝없는 햇살 속에 당도하기까지, 나의 여정은 한 방향으로 흐르는 평탄한 길이 아니었다. 그것은 매 순간 불확실성과 싸우고, 넘어지고, 다시 일어서며, 결국 스스로를 다시 발견하는 과정이었다. 각 도시는 저마다의 방식으로 내게 교훈을 안겨 주었고, 기회를 던져 주었고, 때로는 쓰디쓴 시련을 선사하기도 했지만, 결국 모든 순간은 내 안에 깊은 감사를 심어 주었다. 나는 이제 깨닫는다. 미지의 세계에 맞설 수 있었던 것은 스스로 이끌어 낸 강인함 덕분이었고, 이 길을 가치 있게 만들어 준 것은 가족, 동료, 학생들의 변함없는 신뢰와 지지였다는 것을.

유산의 시작: 1984년 UCLA 치과대학

1984년, 설립 20주년을 맞은 UCLA 치과대학은 이미 미국 치의학 교육계에서 존경받는 교육기관으로 자리매김하고 있었다. 매년 약 100명의 학생들이 입학하여, 거의 모든 치과 전문 분야를 망라하는 혹독한 교육과정을 밟았다. 13개 학과로 구성된 학문적 구조, 70명의 전임교수와 120명의 시간강사 그리고 임상 교육의 핵심을 맡은 300명의 자원봉사 임상 강사들까지—이 모든 것이 UCLA 치과대학의 토대를 단단히 받쳐 주고 있었다.

당시 UCLA 치과대학의 중심은 분명했다. 바로 임상 실습이었다. 학생들은 풍부한 실습 경험을 통해 뛰어난 진료 역량을 길렀지만, 연구 활동은 상대적으로 미미했고, 공공 서비스를 위한 사회적 참여는 제한적이었다. 그럼에도 불구하고 연간 약 1,000달러라는 저렴한 등록금은 사립대학들의 치솟는 학비와 극명한 대비를 이루며, 학생들에게 큰 기회를 제공했다.

하지만 UCLA라는 명성과는 달리, 치과대학은 지속적인 재정난에 시달리고 있었고, 교수진의 연구 실적 또한 전반적으로 부족한 상태였다. 바로 그런 시기, 나는 신임 교수로 이곳에 부임했다. 교육, 연구, 봉사, 진료—학문적 삶의 네 기둥을 두 어깨에 짊어진 나는, 이 도전적인 환경 속에서 스스로를 증명하고자 했다.

이곳은 내게 단순한 직장이 아니라, 사명을 다할 무대였고, 나의 열정과 능력을 불태울 수 있는 새로운 전장이었다.

새로운 학문의 장: UCLA에서의 새출발

1984년 1월, 나는 꽁꽁 얼어붙은 보스턴을 떠나, 따스한 캘리포니아의 햇살 속으로 걸어 들어갔다. 불과 몇 주 전까지 2피트 높이의 눈더미를 헤치며 다니던 나는, 이제 눈부신 햇살 아래서 사람들이 야외에서 웃으며 점심을 먹는 모습을 바라보게 되었다. 날씨만이 아니었다. 이곳의 공기, 에너지, 문화—모든 것이 다르게 느껴졌다. 그러나 새로운 삶의 시작은 결코 매끄럽지 않았다. 연구실도, 사무실도 준비되지 않았고, 나는 강의와 연구 업무에 압도당한 채 허둥댔다. 배정받은 치주 연구 센터(PRC)는 이름만 화려했을 뿐, 실상은 버려진 듯한 800제곱피트 남짓의 공간이었다. 연구는커녕, 제대로 된 책상조차 없던 그곳에서 나는 다시 시작해야 했다.

유일한 기존 입주자는 한 시간제 교수였지만, 그는 여전히 자신의 옛 사무실을 떠나지 않고 있었고, 끊임없이 연구실 주변을 어슬렁거리며 연구 활동을 방해했다. 결국 나는 그에게 분명히 말했다.

"이곳에선 HSV 연구가 진행 중이니, 책상이나 실험 기구에 손대지 말아 주십시오."

그다음 날, 그는 조용히 짐을 싸서 떠났고, 나는 그 빈 사무실을 세포 배양실로 탈바꿈시켰다. 그렇게 나는 첫 번째 작은 승리를 거두었다.

시간이 흐르면서 내 연구는 빠르게 확장되었고, 4층 전체를 점령하게 되었다. 몇몇 교수들은 농담처럼 내 확장을 '바이러스처럼 퍼진다'고 표현했고, 급기야 4층에 '박노희 거리(Park Avenue)'라는 별명까지 붙여 주었다. 웃음 섞인 그 말 속에는, 변화를 이끌어 내는 나의 추진력을 인정하는 묵직한 의미가 깃들어 있었다.

정점에 오르다: 정교수 임용

그리고 마침내, 1985년 7월 1일, 미국에 온 지 겨우 10년 반 만에, 나는 정교수(full professor)로 승진했다. 그 순간은 단순한 승진이 아니었다. 그것은, 과거 수없이 흔들리고 넘어졌던 나에게 주는 가장 위대한 보상이었다.

그날, 나는 스스로에게 말했다.

"너는 해냈다. 그리고, 아직 끝나지 않았다."

균형 잡힌 여정: 교육, 지도, 연구

내게 가르친다는 것은 단순한 직업이 아니었다. 그것은 사력을 다해 다음 세대에 불을 지피는 일이었다.

UCLA에서 나는 2학년 치대생들에게 약리학을 가르치는 임무를 맡았다. 한국에서 수많은 강의를 해왔지만, 100명이 넘는 학생들 앞에서 영어로 강의하는 것은 또 다른 전쟁이었다. 나는 매 수업을 철저히 준비했고, 발음 하나, 문장 하나에 혼신을 다했다. 실수할 때마다 절망했지만, 학생들은 내 진심을 알아주었고, 결국 학과 내 최고 강의 평가를 받았다.

그러나 지각하는 학생들만큼은 참을 수 없었다. 시간 엄수는 내 신념이었다. 강의 시작 20분 후에 무례하게 들어온 학생을 본 순간, 나는 수업을 접고 나와 버렸고, 보충 수업을 제안했다. 학생들은 놀랐지만 내 뜻을 존중하고 받아들였다. 그날 이후, 내 수업에 늦는 학생은 없었다. 나의 강의는 단순히 정보를 전달하는 작업이 아니었다. 그것은 비판적 사고를 심고, 질문하게 하고, 더 넓은 세상을 향해 문을 열게 하는 작업이었다. 내 연구실은 언제나 열려 있었고, 수많은 학생들이 그 문을 두드렸다. 그들은 나와 함께 연구를 하며 성장했고, 의사로, 학자로 세계 곳곳으로 퍼져 나갔다.

나는 스스로 운이 좋다고 믿는다. 100명이 넘는 젊은 영혼들이 내

지도 아래 연구실에서 꽃을 피웠다. 그리고 그들 중 많은 이들이 각자의 길에서 다시 미래를 밝히는 등불이 되었다.

연구와 교육에 집중하는 동안에도, 나는 환자 진료를 절대 소홀히 하지 않았다. 특별 허가를 받아 치주과 진료를 시작했고, 결국 캘리포니아 치과 면허를 취득하여 더 많은 환자들을 만날 수 있었다. 약 1,000명의 환자. 각각의 치료는 단순한 시술이 아니었다. 그것은 믿음의 교환이었고, 인간과 인간 사이의 조용한 약속이었다.

특히, 나는 UCLA 치과대학이 연구 면에서 뒤처진 현실을 외면할 수 없었다. 미국 국립보건원(NIH)와 무연담배 연구위원회로부터 연구비를 확보했고, 친구인 하버드 의과대학의 데이비드 나이프(David Knipe) 박사에게 달려가 분자생물학의 기본을 익혔다. 약 2주 동안, 보스턴의 호텔방에서 나는 새벽까지 유전공학 실험과 씨름했고, 그 경험은 내 연구를 전혀 다른 차원으로 끌어올렸다.

HSV와 무연담배의 결합이 구강암을 유발할 수 있다는 충격적 결과를 밝혀냈고, 이 연구는 과학계의 주목을 받았다. 그러나 그만큼 논란도 피할 수 없었다. 나는 법정에 서서 증언해야 했고, 세상의 냉혹한 단면을 직접 목격해야 했다.

정의(正義)의 거미줄에 얽히다

모든 것은 하나의 평범한 봉투로부터 시작되었다. 겉보기에는 아무런 특별함도 없어 보였지만, 그 안에는 내 일생을 통틀어 가장 무거운 메시지가 남겨 있었다. 조심스럽게 봉투를 열었을 때, 그 안에는 전문가 증인으로서의 법원 소환장이 들어 있었고, 나는 그 순간 직감했다. 이건 단순한 재판이 아니라, 나 자신의 연구와 신념 그리고 정의를 시험대에 올리는 일이 될 것임을.

원고는 한 어머니였다. 그녀는 단 한 번도 아들의 무덤 앞에서 눈물을 멈춘 적이 없는 사람이었다. 그녀의 16살짜리 아들은 설암으로 세상을 떠났다. 그녀는 굳게 믿었다. 아들을 죽음으로 몰고 간 것은 오랜 시간 사용해 온 무연담배 사용 때문이라고. 그리고 내 연구는, 무연담배 사용과 구강암 발생 사이의 연관 가능성을 과학적으로 제시한 극소수 중 하나였다. 내 이름은 재판의 핵심 증거로 호출되었다.

나는 이 싸움이 결코 쉬울 리 없다는 걸 알았다. 그러나 한 치의 주저도 없이 소환에 응했다. 과학자는 진실을 증언할 책임이 있다는 믿음으로. 오클라호마에서 열리는 재판 과정 중에 증인의 증언 과정을 위해 나는 로스앤젤레스 국제공항 근처, 차갑고 무미건조한 호텔의 회의실에 들어섰다. 그곳에는 인간적인 온기도, 따뜻한 시선도 없었다. 오직 얼어붙은 공기와, 반박을 위해 대기하는 변호사들의 냉랭한 눈빛만이 나를 맞이했다.

질문이 시작되었다. 끊임없이 쏟아졌다. 몇 시간 동안, 그들은 내 논문의 구절 하나하나를 들춰냈고, 문장 하나하나를 집요하게 파고들었다. 나의 모든 결론은 의심을 받았고, 모든 가설은 공격을 당했다. 내 연구 자체가 재판을 받고 있다는 기분이 들 정도였다. 그러나 나는 흔들리지 않았다. 내가 서 있는 자리는 불완전한 인간의 법정이 아니라, 과학과 진실이 교차하는, 더 깊은 차원의 법정이었기 때문이다.

그러나 재판의 결과는 가혹했다. 법원은 담배 회사의 손을 들어주었다. 그들은 두 가지 이유를 들었다. 하나는 원고 가족에게 암의 강한 유전적 병력이 있다는 것, 또 하나는 종양의 위치가 무연담배가 닿았던 자리와는 다소 거리가 있었다는 것이었다. 게다가 내 연구는 무연담배 단독 사용이 아니라, HSV와 무연담배가 결합될 때 암 발달 위험이 높아진다는 점을 강조하고 있었기에, 소송의 직접적인 무기가 되기에는 부족하다고 판단되었다. 재판이 끝난 후, 나는 깊은 피로감을 느끼며 자리에서 일어섰다. 단지 패배 때문만은 아니었다. 법정이라는 공간 자체가 내게 남긴 차가운 상흔 때문이었다.

과학의 세계는 협력과 탐구로 이루어져 있다. 질문은 더 나은 답을 위한 것이고, 비판은 성장을 위한 것이다. 그러나 법정은 달랐다. 그곳의 질문은 진실을 찾기 위한 것이 아니라, 상대를 무너뜨리기 위한 것이었다. 논리의 무기가, 진실을 겨누는 칼날이 되었다.

나는 여전히 내 연구를 믿었다. HSV와 무연담배의 결합이 암 발생을 촉진할 수 있다는 내 발견은 여전히 타당했다. 그러나 나는 깨달았다. 진실을 알고 있는 것만으로는 세상을 바꿀 수 없다는 사실을. 때로는, 진실조차 법정의 논리에 휘둘릴 수 있다는 것을.

그날 이후, 나는 전문가 증언 요청을 받을 때마다 신중히 생각했다. 고민 끝에 내가 있을 곳은 법정이 아니라 연구실이라는 확신을 얻었다. 과학자로서의 내 전장은 여전히 실험대 위였다.

대담한 전환: 연구 초점의 재정의

1989년, 나는 조용하지만 거스를 수 없는 충동을 느꼈다. 수년간 HSV를 연구해 온 나의 연구 여정은, 이제 거대한 갈림길 앞에 서 있었다. 현실에 안주할 것인가, 아니면 미지의 세계로 대담하게 뛰어들 것인가. 나는 두려움을 떨치고 두 번째 길을 선택했다. 나는 연구의 방향을 인유두종바이러스(HPV)로 전환하기로 결심했다. 이 결정은 가볍게 내려진 것이 아니었다. 그것은 경력 전체를 건 모험이었다.

HSV가 면역 회피와 감염 지속성에 탁월한 바이러스라면, HPV, 특히 16형과 18형은 전혀 다른 차원의 적이었다. 이들은 진정한 암의 씨앗을 품고 있었다. HPV는 발암인자(oncogene), 즉 암을 일으키는 유전인자를 자신들의 유전자 안에 숨겨 두고 있었고, 그 메커니즘을 파헤친다는 것은 미지의 영토에 첫발을 내딛는 것과 같았다.

나는 주저하지 않았다. 연구팀과 함께 즉시 연구에 착수했다. 우리는 고위험형 HPV 16형과 18형을 이용해 정상 인간 구강 상피세포를 불멸화시키는 데 성공했고, 세포의 영원한 생명을 가능케 하는 수수께끼 같은 단백질, E6 발암단백질에 초점을 맞췄다. 우리의 가설은, E6가 텔로머라제(Telomerase) 활성을 촉진하여 세포의 죽음을 피하게 만든다는 것이었다.

결과는 충격적이었다. 자연의 한계에 묶여 있던 세포들은, 이제 영원히 살아남는 존재가 되어 시험관 속을 유영하기 시작했다. 그들은 아직 암세포는 아니었지만, 분명히 새로운 차원으로 넘어가고 있었다.

우리는 거기서 멈추지 않았다. 불멸화된 세포를 담배 추출물과 담배 연기에서 흔히 발견되는 발암물질에 노출시켰다. 그리고 그것은 마치 준비된 무대에서 조용히 막이 오르는 것 같았다. 세포들은 변형되기 시작했고, 드디어 완전한 암세포로 탈바꿈했다. 이것은 암 발생의 다단계 과정을 명확하게 증명하는 살아 있는 증거였다.

나는 여전히 기억한다. 밤늦게까지 침대맡에서 메모지에 아이디어를 휘갈기던 열정 그리고 새벽녘까지 끓어오르던 흥분과 전율을. HPV로의 전환은 단순한 연구 주제의 변경이 아니었다. 그것은 새로운 우주의 문을 여는 일이었다. 우리가 구축한 세포주들은 전 세계로 퍼져 나갔다. 100여 명 이상의 과학자들이 이 세포주를 요청했고, 나는 협력의 가치를 믿었기에 아낌없이 나누었다. 과학은 소유하는 것이 아니라, 함께 키워 가는 것이라는 믿음으로.

1993년, 나는 스코틀랜드 에든버러에서 열린 암 연구 학회에 참석했다. 그곳의 냉랭한 바람과 열정적인 과학자들의 열기는 묘한 대조를 이루었고, 나는 거기서 또 하나의 전환점을 맞이했다. 그것은 단순히 HPV 감염만이 아니라, 담배 관련 화학물질이 HPV에 감염된 세포에서 암 발생 경로를 어떻게 비틀 수 있는지에 대한 통찰이었다. 나는 돌아오는 비행기 안에서 이미 머릿속에 수십 개의 새로운 실험 계획을 그리고 있었다.

그 이후, 우리의 연구는 새로운 궤도를 타기 시작했다. NIH의 연구비는 줄줄이 확보되었고, 민간 부문의 지원도 뒤따랐다. 우리는 최상급 과학 저널에 수많은 논문을 발표하며, 세계를 향해 묵직한 신호를 보냈다.

성공은 실험실을 넘어 퍼져 나갔다. 한국, 중국, 유럽, 일본에서 온 젊은 연구자들이 내 연구실 문을 두드렸고, 나는 그들을 따뜻하게 맞왔다. 그들은 내게 또 하나의 사명이 있다는 것을 일깨워 주었다—과학자를 키우는 것. 그들은 성장했고, 세계 곳곳에서 교수, 연구자, 지도자가 되어 빛났다. 나는 그들의 이름을 하나하나 기억한다. 그들의 성공은 내 손에서 길러진 씨앗이 온 세상에 뿌리를 내린 것처럼 느껴졌다. 영향력이 커지면서, 젊은 교수들은 내게 조언을 구하기 시작했다. 그들 중에는 대학에서 행정 보직을 맡아 영향력을 발휘하고 싶어 하는 이들도 있었다. 나는 그들에게 항상 같은 말을 했다.

"행정 보직은 일시적이다. 진정한 유산은 연구, 가르침 그리고 봉사를 통해 남기는 것이다."

우리가 남기는 것은 직함이 아니라, 다음 세대에게 건네는 연구를 통한 불꽃이라는 의미였다. 돌아보면, 내 여정은 협력과 호기심, 헌신의 실들이 교차하며 짜여진 하나의 거대한 직물이었고, 나는 그 직물 속에서 나만의 실을 꿰어 가며 살았다.

이것은 단순한 경력이 아니었다.

하나의 생애였다.

노스리지(Northridge) 지진

1988년, 우리 학교는 전임 과장 해롤드 하기스(Harold Hargis) 박사의 은퇴 이후, 구강 및 악안면외과 분과의 새로운 과장을 찾기 위해 분주히 움직이고 있었다. 교수진 채용 위원회는 나에게 부탁했다.

"하버드 출신의 유력 후보가 있습니다. 그의 임상 능력을 직접 평가해 주실 수 있겠습니까?"

그 후보는 바로 찰스 베르톨라미(Charles Bertolami) 박사였다. 나는 하버드 시절 그를 알긴 했지만, 깊이 있는 교류는 없었다. 그러나 외과의사로서 그의 명성과 학문적 역량은 이미 널리 알려져 있었고, 나는 단번에 확신했다. 그가 우리 학교에 온다면, 엄청난 자산이 될 것이라는 것을.

면접 날, 우리는 테이블을 사이에 두고 마주 앉았다. 나는 설득에 열을 올렸고, 그는 진지한 표정으로 내 말을 들었다. 그러나 대화는 뜻밖의 방향으로 흘렀다. 그가 걱정한 것은 다름 아닌 '지진'이었다.

"캘리포니아는 지진이 너무 많이 일어나지 않나요?"

그의 질문에 나는 웃으며 답했다.

"가끔 작은 진동이 있긴 하지만, 걱정할 정도는 아닙니다. 오히려 눈보라보다 낫죠."

나는 진심이었다. 그때까지만 해도, 정말 그렇게 믿었다.

1989년, 찰스는 우리의 설득에 마음을 열고 UCLA에 합류했다. 그는 곧 내 가장 소중한 연구 파트너이자, 절친한 친구가 되었다. 우리는 한국 음식을 나누고, 점심을 함께하며, 학회 출장 때는 예산 절감을 위해 호텔 방도 같이 쓰는 사이가 되었다. 우리는 누군가가 농담 삼아 부르던 대로 '떼려야 뗄 수 없는 듀오(the inseparable duo)'였다.

그러나 우리의 우정에 생각지도 못한 시련이 찾아왔다.

1994년 1월17일 새벽 4시 30분.

그날 아침을 나는 결코 잊지 못할 것이다.

잠결에 느낀 극심한 흔들림. 침대가 폭격이라도 맞은 듯 들썩였고,

벽이 울부짖듯 요동쳤다. 그 순간 나는 직감했다.

"드디어 올 것이 왔구나."

남부 캘리포니아 사람들이 수십 년 동안 두려워하며 입에 올렸던 그 재앙, 일명 'Big One'이 진짜로 일어난 것만 같았다. 'Big One'의 지진 규모는 8.0 정도로 예상되었다. 곧 뉴스를 통해 해당 지진이 'Big One' 수준까진 아니어도 상당한 강진임이 알려졌다. 이것이 바로 규모 6.7에서 7.1에 이르는 강진—노스리지 지진이었다. 진앙지는 내가 살던 칼라바사스에서 고작 16마일 떨어진 곳이었다. 도시는 무너지고 있었고, 고속도로는 찢어졌고, 빌딩은 허물어졌다. 이 지진은 미국 역사상 최악의 자연재해 중 하나로 기록되었다.

아침이 밝자, 나는 지진으로 폐허가 되어 버린 믿을 수 없는 광경을 마주했다. 그러나 나를 더 놀라게 한 것은 나 자신이었다. 나는 평소처럼 연구실로 향했다. 세상이 무너져도, 나는 실험을 해야 했다. 캠퍼스는 유령 도시처럼 텅 비어 있었지만, 다행히 연구실은 멀쩡해 보였다. 전기, 수도, 전화—모든 것이 정상 작동 중이었다. 나는 조용히 논문 원고를 펼쳐 들었다. 그러나 평온은 오래가지 않았다.

약 한 시간 후, 땅이 다시 울부짖기 시작했다. 거대한 여진이 연구실을 마구 뒤흔들었고, 나는 간신히 책상을 붙잡고 몸을 지탱했다. 나는 망설임 없이 즉각 탈출했다. 밖으로 뛰쳐나왔고, 숨을 헐떡이며 하늘을 올려다보았다. 내가 얼마나 무모했는지 그제야 깨달았다. 그러나, 그것이 내 방식이었다.

다음 날, 연방재난관리청(FEMA) 직원이 찾아왔다. 그는 조심스레 2만 달러짜리 수표를 내밀며 말했다.

"여기, 지원금입니다."

나는 단호히 거절했다.

"나는 지진 보험에 가입되어 있습니다. 이 돈은 받아서는 안 됩니다."

그는 놀란 얼굴로 중얼거렸다.

"대부분 사람들은 그냥 받습니다만…"

나는 대답 대신 미소만 지었다.

정직은, 스스로에 대한 약속이었다.

집 상태는 처참했다. 벽마다 금이 가고, 콘크리트 테라스는 산산조각이 났다. 수리 견적은 10만 달러를 훌쩍 넘겼고, 최종적으로 보험사는 20만 달러 이상의 보상금을 지급했다. 집을 완전히 복구하는 데는 긴 시간이 걸렸지만, 우기가 시작되면서 또다시 누수가 터졌다.

그러나 나는 알았다. 살아 있다는 것만으로도 충분히 감사해야 한다는 것을. 노스리지 지진은 내 삶에 지울 수 없는 흔적을 남겼다. 그것은 회복력의 시험이었고, 겸손의 가르침이었다. 그리고 찰스에게도 그날은 결정적이었다. 그는 그 이후로 내 어떤 지진 관련 설명에도 웃으며 고개를 저었다.

"노희, 자네가 아무리 괜찮다고 해도… 나는 이제 안 믿어."

우리는 웃었지만, 그 웃음 속에는 지진이 남긴 흔적이 깊게 배어 있었다.

땅은 흔들려도, 우리의 우정은 결코 흔들리지 않았다.

그 후 찰스는 UCSF 치과대학에 학장으로 부임하게 된다.

혁신을 이끌며: UCLA 치과 연구소의 활성화

커리어 전반에 걸쳐, 나는 교육, 연구 그리고 환자 진료에 깊이 헌신해 왔다. 그것은 나의 학문적 여정의 초석이었고, 나를 이끌어 온 신념이기도 했다.

그러나 그 오랜 시간 동안, 나는 단 한 번도 대학에서 학문적 행정 역할을 맡아 본 적이 없었다. 행정은 다른 세계였다. 강력한 리더십, 전략적 의사결정, 탁월한 소통 능력. 그것은 연구실이나 강의실에서 갈고닦은 능력들과는 전혀 다른 종류의 역량을 요구했다.

나는 연구자이자 교육자로서 깊은 존경을 받았지만, 미국에 31세에 건너온 외국 태생의 1세대 이민자라는 나의 정체성은 보이지 않는 장벽이 되어 버렸다. 나는 이방인이었고, 전형적인 '행정가'의 이미지와 거리가 멀었다. 과장, 부학장, 학장직—그런 기회들은 다른 이들의 몫이었다. 내가 아무리 뛰어난 업적을 쌓아도, 세상의 편견은 쉽사리 꺾이지 않았다.

그러던 1994년, 운명의 문이 열렸다. UCLA 치과 연구소(Dental Research Institute, DRI)에서 오랫동안 소장을 지낸 던 리크(Don Leake) 박사가 은퇴하면서, 그 직책이 공석이 된 것이다. DRI는 총장에게 직접 보고하는 막강한 연구 기관이었다. 하지만 임명을 위해서는 학장의 추천이 필요했다. 나는 그 기회를 감지하고, 당시 학장이었던 헨리 체릭(Henry Cherrick) 박사에게 나의 관심을 분명히 밝혔다. 그러나 그의 반응은 미지근했다.

"전국적으로 공모를 진행할 생각입니다."

그의 말은 분명했다. 나는 그의 첫 번째 선택이 아니었다.

그때 마침 조지아 치과대학에서 내게 구강생물학과 과장 및 연구 담당 부학장 직책에 대한 제안을 모색하고 있었다. 나는 조심스럽게 체릭 학장에게 이 사실을 알렸다. 그리고 면접을 위해 조지아로 향했다. 그곳에서 나는 환영받았고, 나를 영입하려는 그들의 열망을 느꼈다. 모든 것이 순조로웠다. 나는 거의 확신했다. 제안은 시간문제였다.

그러나, 로스앤젤레스로 돌아오자, 나는 뜻밖의 소식을 접했다. 체릭 학장이 나를 DRI 소장직 후보로 총장에게 추천했다는 것이었다. 그가 나를 진정으로 인정한 것인지, 아니면 나를 잃을까 두려웠던 것인지는 알 수 없었다. 하지만 그 순간, 중요한 것은 하나였다. 실력. 누구든 인정할 수밖에 없는 가시적인 척도였다.

1995년 1월 1일, 나는 공식적으로 DRI 소장으로 임명되었다. 자연히 조지아 치과대학의 제안은 정중히 거절했다. 내 싸움터는 여전히 UCLA였다.

그러나, 내가 직면한 현실은 참혹했다. DRI는 낡은 건물 7층에 위치해 있었고, 의과대학이 관리하는 구식 동물실이 DRI의 반을 차지하고 있었다. 악취는 코를 찔렀고, 규정 위반은 눈에 보일 정도였다. 이곳은 '연구소'라는 이름이 무색한 황폐한 건물이었다.

나는 결심했다. 이곳을 바꾸겠다고. 완전히, 근본적으로.

의과대학 동물시설 담당 부서에 동물실을 다른 곳으로 옮겨 줄 것을 끊임없이 요청했지만, 변하는 것은 없었다. 나는 더 이상 기다리지 않았다. 직접 움직이기로 했다. 어느 날 아침, 나는 쥐와 토끼 우리를 복도로 끌어냈다. 그리고 분명히 통보했다.

"24시간 안에 동물들을 치우지 않으면, 동물보호단체에 연락하겠습니다."

결과는 놀라웠다. 24시간도 되지 않아, 동물들은 모두 사라졌다. 그렇게 나는 연구를 위한 공간을 온전히 확보했다. 그러나 진짜 싸움은 이제 시작이었다. 공간은 있었지만, 연구 자금 없이 점유만 하고 있는 교수들이 문제였다. 그리하여 나는 과감한 결정을 내렸다. DRI의 공간은 연구비를 확보한 사람들에게만 주겠다고 통보했다.

그러자 비판이 아우성처럼 쏟아졌다.

"너무 냉정하다."

"타협의 여지가 없다."

그러나 나는 흔들리지 않았다. 학장의 지원과 나의 끈질긴 모금 활동을 기반으로, 비어 있던 동물 실험실은 최첨단 연구실 여섯 곳으로 재탄생했고, 그곳은 활발한 연구를 이끄는 새로운 주인들에게 할당되었다. 그리고 놀라운 변화가 일어났다. DRI의 연구 자금은 첫해 0에서 100만 달러로 급등했고, 이듬해에는 300만 달러를 넘어섰다.

나의 리더십은 찬사와 비판을 동시에 야기했다. 특히 "너무 강경하다", "비타협적이다"라는 원성이 컸다. 하지만 나는 개의치 않았으며, 오직 그 누구도 부인할 수 없는 결과로 말했다. UCLA 연구 담당 부총장은 내게 말했다.

"당신 같은 소장을 보게 되어 정말 기쁩니다."

나는 웃었다. 나를 의심했던 세상에, 난 내 방식으로 답을 주고 있었다.

돌아보면, DRI에서의 임기 동안 내가 이루어 낸 건 단순한 개혁이 아니었다. 그것은 UCLA 치과대학의 연구 문화를 다시 세운 혁명이었다. 나는 새로운 기준을 만들었고, 그 기준 위에 더 많은 이들이 꿈을 세울 수 있도록 길을 닦았다.

혁신은 결코 쉽지 않다. 하지만 진정한 변화는 기득권을 흔들고 두려움을 넘어설 때 비로소 시작된다.

제9장

변혁하는 리더십:
UCLA에서의 학장 임기

학장으로의 여정

1984년부터 1996년까지 UCLA에 재직하던 동안, 나는 안타깝게도 우리 대학이 진정한 잠재력을 발휘하지 못하고 있다는 사실을 점점 더 뼈저리게 느끼게 되었다. 전국 55개 치과대학 중 25위—결코 우리가 있어야 할 자리가 아니었다. 명성 높은 UCLA라는 이름에도 불구하고, 무엇인가가 우리를 발목 잡고 있었다.

나는 그 병의 뿌리를 곱씹어 결론을 냈다. 비전 없는 리더십, 연구와 학문 활동의 빈약함, 수뇌부의 불안정성. 이 모든 것들이 어우러져 학교는 활기를 잃고, 치의학 교육 최상위권에 진입할 기회를 스스로 놓치고 있었다.

그러나 나는 분명히 보았다. 아직 실현되지 않은 잠재력, 넘쳐나는 가능성, 숨죽인 채 기다리는 미래를.

그리고 스스로에게 물었다.

'만약 강력하고 효율적인 리더십이 이 학교를 이끈다면, 우리는 어

디까지 올라갈 수 있을까?'

나는 답을 알고 있었다. 그것은 내게 기회였다. 도전할 기회, 변화를 이끌 기회, 새로운 역사를 쓸 기회.

1996년, 그 기회는 예상치 못한 순간에 별안간 찾아왔다. 헨리 체릭(Henry Cherrick) 학장이 갑작스럽게 자리에서 물러난 것이다. 학교는 불확실성 속으로 빠져들었지만, 나는 알았다. 이것이 나의 순간임을.

나는 약리학 강의, 연구, 치과 연구소(DRI) 소장직 그리고 환자 진료를 통해 수년간 갈고닦은 경험을 품에 안고 있었다. 난 이 거대한 기관을 이끌 준비가 되어 있었다. 비록, 내가 진정으로 무엇에 뛰어들려는지는 아직 완전히 알지 못했지만.

나는 고등교육 크로니클(Chronicle of Higher Education)에서 읽은 한 기사를 떠올렸다.

"학장은 고등교육의 중간 관리자다. 그들은 교수진과 학생들 사이를 조율하고, 비전을 세우며, 학교의 얼굴이 된다."

그 문장들은 학장직의 무게를 내 어깨 위에 얹었다. 수천 명의 인생을 책임지는 장군과도 같은 역할. 단순한 행정가가 아니라, 선지자, 건축가 그리고 전사로서의 책무를 짊어진 이름, 그것이 바로 학장이었다. 나는 앉아서 기다리지 않았다. 학장이 되기 위해 필요한 것을 배우기 시작했다. 치과 교육 저널(Journal of Dental Education)을 탐독했고, 형광펜을 들고 논문 하나하나를 분석했다. 강점과 약점, 기회와 위협을 하나하나 짚어 가며 학교를 해부했다.

나는 단순히 지원서를 준비하는 것이 아니었다. 비전을 세우고 있었다. 내가 이 학교를 어디로 이끌 것인지를 그려 가고 있었다.

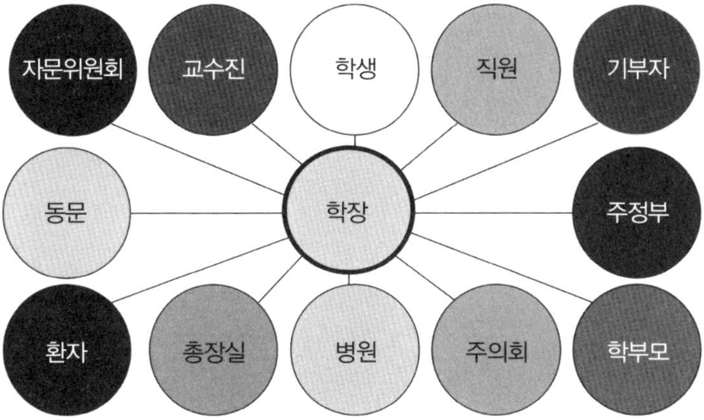

학장이 상대해야 할 이해관계자 그룹

나는 또한 깨달았다. 학장이 상대해야 할 상대는 한둘이 아니었다. 총장실, 주정부, 교수진, 학생, 환자, 동문, 기부자—모두 저마다 다른 목소리와 이해관계를 가지고 있었다. 그리고 그들은 때때로 충돌했다. 학장은 그 모든 갈등을 넘어서야 했다. 조정자이면서, 개척자여야 했다. 조율하면서도, 과감히 이끌어야 했다. 진정한 학장은 '관리자'가 아니라, '리더'였다.

지원서를 준비하는 동안, 나는 UCLA 치과대학의 가능성과 한계 그리고 우리가 올라야 할 산의 높이를 똑똑히 보았다. 그 통찰을 바탕으로 구체적이고 담대한 전략을 수립했다. 그리고 최종 후보로 선정될 경우를 대비해, 수백 명 앞에서 발표할 연설문도 완성했다.

그 연설문에는 한 가지 핵심 메시지가 담겨 있었다.

"변화가 필요하다."

그리고 나는 그 변화를 이끌 준비가 되어 있었다. 학장직을 향한 노력은 단순히 새로운 자리에 대한 도전이 아니었다. 그것은 자기 발견의 여정이자, 리더십의 본질을 정면으로 마주하는 과정이었다.

나는 알았다. 이 길이 결코 쉽지 않을 것임을. 비판, 저항, 고난이 따를 것임을 너무도 잘 알고 있었다. 그러나 나는 하나만 생각했다. 내가 준비되어 있다는 것. 나는 이끌 준비가 되어 있었다. 그리고 무엇보다, UCLA 치과대학을 혁신할 준비가 되어 있었다.

리더로의 도약: 미지의 영역에 맞서다

처음 학장직을 고려했을 때, 마음 깊은 곳에서 회의가 밀려오기 시작했다. 책임은 너무도 막중해 보였고, UCLA 치과대학을 이끈다는 일은 특히나 험난한 여정처럼 느껴졌다. 우리 기관은 단순한 학문적 공간이 아니었다. 매년 약 15만 명의 환자가 방문하는 치과 클리닉의 중심지였고, 학생, 레지던트, 교수진이 함께 이 거대한 기계를 움직이고 있었다.

그러나 역설은 바로 그곳에 있었다. 재정적으로 자립할 수 있는 교수진 클리닉과 달리, 학생 클리닉은 매 진료마다 손실을 초래하고 있었다. 학생들이 더 많이 진료할수록, 학교의 재정 손실도 커지는 구조. 이 모순을 해결하려면, 누군가는 대담하고 혁신적인 결단을 내려야 했다.

도전 과제는 끝이 없었다. 쇠퇴해 가는 연구 인프라, 끊임없이 흔들리는 리더십, 바닥을 치고 있는 교수진과 학생들의 사기. 학교를 재건하려면, 단순히 패치워크를 덧댈 것이 아니라, 뿌리부터 다시 세워야 한다는 것이 명백했다.

나는 두려움을 삼켰고, 결심했다.

'내가 올바른 방향을 제시하겠다.'

나는 5개년 전략 계획을 세우기 시작했다. 비전, 청사진, 미래의 나침반.

그러나 내가 후보로 나선다는 소식이 퍼지자, 교수진의 반응은 싸늘했다. 첫 비공개 인터뷰는 UCLA 총장실에서 어느 늦은 오후에 열렸다. 문을 열고 들어섰을 때, 나는 위원회 위원들의 피로와 무관심을 몸으로 느꼈다. 그들의 집중력은 이미 바닥났고, 분위기는 무겁게 가라앉아 있었다. 나는 신중하게 준비한 자료를 내밀었지만, 위원장은 피곤하다며 그것을 반려했다. 순간, 심장이 철렁 내려앉았다. 그토록 치밀하게 준비했던 모든 것이, 그 방 안에서는 무의미한 것처럼 느껴졌다.

다만 한 사람, 존슨 종합암센터 디렉터 주디스 개슨(Judith Gasson) 박사의 존재가 작은 위안이었다. 그녀는 최고의 전략가이자, 진정성 있는 리더의 표본이었다. 우리는 가까운 친구였지만, 선발 과정 동안 일부러 거리를 두었다. 나는 알았다. 그녀의 도움 없이, 나 자신의 힘으로 이겨 내야 한다는 것을.

비록 불확실했지만, 나는 정면으로 맞설 준비가 되어 있었다. 이것은 단순한 리더십에의 도전이 아니었다. 나 자신의 학문적 여정은 물론 학교의 미래를 걸고 싸우는 전투였다.

마침내 나는 최종 후보 다섯 명 안에 들었고, 비판과 의심 속에서도 흔들리지 않았다. 내가 적임자임을, 나의 경력이 분명히 말해 주고 있었다. 탄탄한 연구 실적, 풍부한 연구비 수주, UCLA DRI를 일으킨 행정 능력. 그러나 교수진에게 나는 여전히 수수께끼 같은 존재였다. 나는 당시까지만 해도 조용한 연구자이자 드러나지 않는 리더였기 때문이다.

"좋은 과학자가 좋은 학장이 될 수 있을까?"

그들의 의심이 공기처럼 감돌았다.

최종 국면

나는 모든 이해관계자들과 사흘간 인터뷰를 진행하고, 마지막으로 청중 앞에서 비전을 발표해야 했다. 나는 UCSF 학장 찰스 베르톨라미와 머리를 맞대어 전략을 짰고, 철저한 준비 끝에 무대에 섰다.

"UCLA 치의학 교육: 우리의 강점을 유지하며 잠재력을 실현하자."

이것이 내 연설의 제목이었다. 나는 조심스럽게 도발적인 문구들을 다듬었고, 교수진의 문화와 자존심을 존중하는 방식으로 접근했다. 연설은 성공적이었다. 청중은 숨죽인 채 귀를 기울였고, 연설이 끝났을 때 한 교수가 다가와 내게 속삭였다.

"오늘 나는 새로운 박노희를 발견했습니다. 당신은 정말 훌륭했습니다."

그러나 승리는 내게 주어지지 않았다. 나는 학장으로 선출되지 않았다. 탈락은 크나큰 충격이었고, 내 마음 깊은 곳에 상실감을 남겼다. 나는 마음을 정리하며 UCLA를 떠날 준비를 시작했다.

그러나 운명은 또 다른 길을 준비하고 있었다. 새로 임명된 학장 로리 흄(Rory Hume) 박사가 나를 찾아왔다. 그는 내게 연구 부학장직을 제안했다.

"떠나지 말고, 함께 학교를 바꿉시다."

나는 그의 손을 맞잡았다. 우리는 함께 연구 인프라를 강화했고, 외부 연구비를 증대시키며 학교를 변혁해 나갔다. 1998년, 로리가 UCLA 총괄 부총장으로 임명되자, 대학은 학장 선발 과정을 생략하고, 1996년 최종 후보자 중 한 명에게 학장직을 제안하기로 결정했다.

그 제안은, 나에게 왔다.

내가 학장에 임명되었다는 소식이 퍼지자, 교수진의 반응은 엇갈렸다. 기대와 우려, 희망과 경계가 교차했다. 나는 알았다. 학교를 통합하고, 다시 세우는 데 필요한 것은 단순한 리더십이 아니라 굳센 신념과 흔들림 없는 결단이라는 것을.

첫 교수 회의에서 나는 선언했다.

"이것은 제 경력의 종착점이 아니라 시작입니다."

회의실에는 놀라움과 기대가 교차했고, 나는 마음속으로 다짐했다.

'반드시 이 학교를 변화시키리라.'

그때 한 박사가 내게 다가와 다급히 속삭였다.

"당신 미쳤습니까? 왜 이 직책을 맡은 거죠? 이미 모든 걸 가졌잖아요! 학교 연구비의 절반을 통제하고 있었는데, 왜 이 위험을 감수하는 거죠? 우리 전 학장들은 모두 망했습니다!"

사실이 그랬다. 그의 말은 과장이 아니었다. 로리 흄을 제외한 전직 학장 두 명은 심장마비로 쓰러졌고, 또 다른 이는 1년 만에 백혈병으로 세상을 떠났으며, 여럿은 임기 중 해임되었던 것이다. 그리고 나는 UCLA 치과대학 35년 역사상 임시 학장을 포함해서 30번째 학장이었다. 학장직은 마치 죽음의 의자 같았다. 어떤 교수는 학장실이 '액운이 낀 공간'이라는 말까지 했다.

나는 숨을 깊게 들이쉬었다. 알고 있었다. 곧 뒤따를 위험도, 고난도, 외로움도.

그럼에도 불구하고, 나는 선택했다.

'나는 두려움을 이길 것이다. 이 길을 끝까지 걸을 것이다. 그리고 UCLA 치과대학을, 새로운 시대의 선두로 이끌 것이다.'

학장으로서의 여정

학장이란 단순한 관리자가 아니다. 학교나 단과대의 행정적, 전략적 방향을 형성하는 중심축이며, 기관이 본연의 사명을 수행하도록 이끄는 동시에 대학 전체의 목표와 조화를 이루도록 해야 한다. 본질적으로 학장의 역할은 교육, 연구, 봉사에서 탁월함을 이끌어 내고, 혁신, 협력, 포용의 문화를 조성하는 것이다. 나는 이 신념을 가슴 깊이 새긴 채, UCLA 치과대학의 변혁을 시작했다.

가장 먼저 나는 학교 곳곳에 퍼져 있던 혼란과 파편화에 주목했다. 수십 년 동안 11개나 늘어난 행정 섹션들, 분산되고 비효율적인 구조. 나의 전임자인 로리 흄이 6개 부서로 통합을 시도했지만, 아직 완전히 매듭지어지지 않은 상태였다. 나는 주저하지 않고 이 과정을 마무리했다. 6명의 학과장을 새로 임명하고, 관련 분야의 핵심 교수진을 육성했으며, 의사결정을 단순화하고, 학교 전체에 명료하고 신속한 소통 체계를 구축했다. 변화는 시작되었다.

이어 나는 학교를 이끌 견고한 리더십 팀을 구성했다. 밥 린드먼(Bob Lindemann) 박사를 교수 인사 부학장으로, 론 미토(Ron Mito) 박사를 임상과학 부학장 및 병원장으로, 캐서린 애치슨(Kathryn Atchison) 박사를 연구 및 지식 관리 부학장으로, 캐서린 카이저(Kathryn Kiser) 박사를 직원 및 재무 담당 부학장으로, 브루스 샌더스(Bruce Sanders) 박사를 대외 협력 및 다양성 담당 부학장으로 임명했다. 새로 구축된 이 리더십 팀은 학교의 전략적 비전을 실행할 엔진이었다.

나는 무엇보다도 투명성과 열린 대화를 최우선 원칙으로 삼았다. 부학장, 교수 협의회(FEC), 부서장들과 정기적으로 만나 토론하고, 의사결정 과정을 모두에게 공개했다. '비공식 거래'의 불투명한 그늘을 걷어 내기 위해, 모든 주요 의제—교육, 연구, 자원 배분—에 대해 공개적으로 논의하고 합의를 이끌어 냈다.

나의 목표는 명확했다. 신뢰를 구축하고, 공동 거버넌스를 강화하며, 학교가 변혁의 길을 흔들림 없이 걷게 하는 것.

전략적 방향 설정

학장으로서 나의 임무는 단순히 학교를 유지하는 데 그치지 않았다. 학교의 고유한 요구를 충족시키고, 변화하는 세상과 발맞추며, UCLA 전체의 사명과 궤를 같이하는 명확한 비전을 창출하고 실현하는 것 모두를 포괄했다. 나는 현대적인 학문 프로그램을 개발하는 데 집중했다. 질적으로 뛰어나되 실용적이며, 사회, 산업, 기술의 빠른 변화에 유연하게 대응할 수 있도록 커리큘럼을 대대적으로 개편했다.

교수진을 지원하는 것도 중요한 우선순위였다. 나는 교육과 연구 그리고 전문성 개발에 헌신할 수 있는 재능 있고 다양한 교육자들을 적극적으로 영입하고, 그들이 학교에 뿌리내릴 수 있도록 모든 지원을 아끼지 않았다.

학장 재임 기간 동안 나는 세 번에 걸쳐 5개년 전략 계획을 수립했다. 그것은 단순한 목표 리스트가 아니라, 학교의 미래를 설계하는 청사진이었다. 우리는 매년 이 계획을 검토하고, 조정하고, 필요한 부분을 보충하며, 늘 '어디로 가고 있는가'를 명확히 점검했다.

가장 큰 성과 중 하나는 바로 학문 프로그램의 대대적인 개혁이었다. 우리는 구식 커리큘럼을 과감히 걷어 내고, 최신 연구와 임상 진료의 트렌드를 반영한 프로그램을 구축했다. 그 결과 학생들은 실제 세계의 도전 과제에 능동적으로 대응할 수 있는 준비 태세를 갖추게 되었고, 교수진 역시 학문적 탐구와 임상 혁신의 최전선에 서게 되었다.

나는 느꼈다. 학교는 변화하고 있었고, 그것은 이제 멈출 수 없는 흐름이 되고 있었다.

새로운 학술적 과제

2001년, 우리는 새로운 시대를 여는 도전을 시작했다. UCLA 앤더슨 경영대학원과 손잡고 DDS/MBA 융합 프로그램을 탄생시킨 것이다. 당시 학계와 민간 개업의사들 모두가 치과 분야에서도 경영과 비즈니스 역량이 필수적이라는 데 깊이 공감하고 있었다. 우리는 이 공동의 인식을 바탕으로, 미래의 치과 리더들을 양성하기 위한 혁신적인 커리큘럼을 설계했다.

학생들은 DDS 학위를 취득한 후, 단 1년 1분기의 추가 학습으로 UCLA 앤더슨 경영대학원에서 MBA를 마칠 수 있었다. 이 전례 없는 프로그램이 현실화될 수 있었던 데는, 앤더슨 경영대학원의 브루스 윌리슨(Bruce Willison) 학장이 보여 준 신념과 지원이 결정적인 역할을 했다.

2002년, 또 하나의 거대한 발걸음을 내디뎠다. 우리는 DDS/PhD 프로그램을 설립했다. 임상 전문성과 고급 연구 훈련을 결합한 이 과정은, 차세대 학문적 리더를 양성하기 위해 반드시 필요했다. 교수진의 저항은 컸다. "왜 새로운 부담을 더하느냐"라는 회의와 "과연 성공할 수 있을까?"라는 의심이 가득했다.

하지만 나는 멈추지 않았다. 리더로서 정치적 전략(polical campaign)*, 마케팅 전략(marketing campaign)**, 군사적 전략(pomilitary campaign)***을 치밀하게 병행하며, 이해관계자들을 설득하고, 갈등 및 충돌을 조율하고, 목표 달성을 위한 계획을 강력히 추진해 나갔다. 이 프로그램은 단순한 학위 과정을 넘어, UCLA 치과대학이 연구 중심 교육기관으로 진화하는 신호탄이었다.

같은 해, 또 다른 역사적인 전환점이 찾아왔다. 당시 캘리포니아 주의회는 1116호 법안을 제정해, 외국인 치과의사들에게 미국 내 면허 취득을 위해 2년간의 미국 내 치과대학 교육 프로그램을 요구했다.

우리는 재빠르게 대응해 '국제 치과의사를 위한 전문 프로그램(PPID)'을 설립했다. 초기에는 교수진의 반발이 거셌다. 추가 업무는 가중되었지만, 추가 보수는 없었기 때문이다.

그러나 나는 포기하지 않았다. 끈질긴 대화와 전략적 협상 끝에, 교수진의 만장일치 승인을 이끌어 냈고, UCLA 학술 평의회와 총장실, UC 총장실의 승인을 모두 통과해 냈다.

새로운 UCLA는 이렇게 탄생하고 있었다.

* **정치적 전략**(polical campaign)

조직 내 다양한 이해관계자들의 권력, 연합, 협상을 관리하고 조정하는 능력. 리더가 단순히 '옳은 결정'을 내리는 것을 넘어, 누구를 설득하고, 누구의 지지를 받아야 하는지를 판단하는 정치적 감각을 의미한다.

** **마케팅 전략**(marketing campaign)

조직이나 리더 자신의 비전, 아이디어, 프로젝트를 효과적으로 '브랜딩'하고 커뮤니케이션하는 전략. 단순히 '좋은 내용'을 넘어, 이를 어떻게 포장하고 효율적으로 전달하느냐가 관건이다.

*** **군사적 전략**(pomilitary campaign)

목표 달성을 위해 자원의 배치, 경로 선택, 리스크 관리 등을 체계적으로 계획하고 이행하는 능력. 조직 내외의 위협과 기회를 분석하고, 전장을 지휘하듯 냉철하게 움직이는 추진력과 판단력을 의미한다.

우수한 연구 운영 체계 구축

학장으로서 나의 가장 강력한 집념은 단 하나였다. 바로, UCLA 치과대학을 세계 최고 수준의 연구기관으로 만드는 것. 나는 자금을 확보하고, 학과 간의 경계를 넘어 협력의 장을 열었으며, UCLA 내 다른 학과, 정부 기관, 산업체 그리고 비영리단체들과 굳건한 파트너십을 구축했다. 교수진이 세계적인 도전에 맞서 획기적인 연구를 수행할 수 있도록 필요한 모든 것을 제공했다.

성과는 곧 눈에 띄기 시작했다. 1997년 300만 달러에 불과했던 연구 자금은 2014년에는 무려 2,700만 달러로 급증했다. 종신직 교수 1인당 연구 자금은 1년에 거의 80만 달러에 달했고, 이는 UCLA 전체에서 가장 높은 수치 중 하나였다.

우리 교수진은 이 기간 동안 전 세계를 놀라게 할 만큼의 눈부신 성과를 이루었다. 춘유 왕(Cun-Yu Wang) 박사는 미국 의학 아카데미(Academy of Medicine) 회원으로 선출되었고, 데이비드 웡(David Wong) 박사는 미국 치과 연구 협회(AADR) 회장으로 선출되었다. 이러한 성취는 UCLA 치과대학을 글로벌 리더로 우뚝 세웠다.

나는 연구를 지원하고 더욱 가속화하기 위해 과감한 투자를 단행했다. 최첨단 연구 시설과 센터를 세우는 데 1,500만 달러 이상을 투입했다. 그 결과, 우리는 와인트라우브(Weintraub) 재건 생체공학 센터, 구강-두경부 암 연구 센터, 샤피로(Shapiro) 가문의 바이러스 종양학 및 노화 연구 실험실, 외과 임플란트 치과 센터, 미용 치과 센터를 창설할 수 있었다. 또한 외과 수술 공간, 보철학, 구강 진단, 방사선학 분야의 시설도 대대적으로 현대화했다. 학생들과 연구자들은 이제 세계 최고 수준의 도구와 기술을 갖춘 환경에서 배우고 연구할 수 있게 되었다.

나는 느꼈다. UCLA 치과대학이 단순히 발전하는 데 그치지 않고, 새로운 시대를 선도해 나가고 있음을.

재정 위기의 현실에 직면하다

학장으로서 내가 맡은 가장 중요한 사명 중 하나는 명확했다. 학교의 예산, 직원, 시설을 관리하여 UCLA의 정책과 일치하는 윤리적이고 효율적인 운영을 보장하는 것. 이 임무는 단순한 행정이 아니라, 교수진 채용, 연구 자금 확보, 학생 프로그램 지원을 위한 전략적 결정을 끊임없이 요구했다. 또한 인증 유지와 규정 준수는 UCLA 치과대학의 명성과 장기적 성공을 지키는 데 필수적인 기반이었다.

그러나 재임 초기에 마주한 현실은 충격적이었다. 학교는 심각한 재정 위기에 빠져 있었다. 1997년, 우리는 이미 150만 달러의 적자를 기록하고 있었고, 이 중 100만 달러는 클리닉 손실에서, 나머지 50만 달러는 학문 프로그램의 과도한 지출에서 발생한 것이었다. 더 큰 문제는, 이 위기에도 불구하고 학교는 안전망조차 없이 운영되고 있었다는 사실이었다.

나는 직감했다. 지금 조치하지 않으면 3년 이내에 적자는 500만 달러로 불어나, 학교의 존립 자체가 흔들릴 것이라는 것을. 곧바로 행동에 나섰다. 채용 동결, 불필요한 지출 삭감 그리고 생산성이 낮은 임상직 일부 폐지. 이 조치들은 많은 반발을 불러왔지만, 불가피했다. 나는 단호해야 했다.

그리고 마침내, 1년 만에 학교 재정은 안정을 되찾았다. 우리는 미래의 불확실성에 대비할 수 있는 첫 번째 여유 자금을 확보할 수 있었다. 그러나 나는 알았다. 단순한 균형만으로는 충분치 않다는 것을. 진정한 재정 안정성은 장기적이고 지속 가능한 전략 위에 구축되어야 했다.

나는 주정부 지원에만 기대는 낡은 모델을 과감히 벗어던졌다. 새로운 수익원을 창출해야 했다. 그리하여, 새로운 학문 프로그램을 개발하고, 외부 연구 자금을 늘리고, 민간 기부를 유치하며, 치과 클리닉 수익을 증대시키는 총체적 전략을 가동했다.

이것은 단순한 경영이 아니었다. 학교의 미래를 살리는 전면전이었다.

PPID와 ACT 프로그램: 반전의 서막

이 전략의 핵심은 국제 치과의사를 위한 전문 프로그램(PPID)과 외국인 임상 훈련(ACT) 프로그램의 설립이었다. 1998년, 나는 PPID 프로그램을 구상하기 시작했다. 이는 외국에서 훈련받은 치과의사들에게 DDS 학위를 취득할 수 있는 경로를 제공하고, 그들이 캘리포니아 및 미국 전역에서 면허를 취득할 수 있도록 돕는 과정이었다. 2년간의 프로그램, 연간 5만 달러의 학비, 철저히 설계된 커리큘럼. 나는 임시 위원회를 조직해 프로그램을 설계하고 평가하게 했다.

초기에는 교수진의 저항이 만만치 않았다. 추가 교육 책임을 보수 없이 맡는 것에 대한 불만이 높았다. 그러나 나는 물러서지 않았다. 설득하고, 협상하고, 끊임없이 앞으로 나아갔다. 결국, 우리는 PPID 프로그램을 공식적으로 출범시켰다.

이어 ACT 프로그램도 설계했다. 연간 5만~7만 달러의 학비를 책정한 이 프로그램은, 학교의 재정 회복에 결정적인 역할을 했다. 수익은 전략적으로 배분했다. 50%는 학교 운영에, 25%는 학과 프로그램 지원에, 나머지 25%는 교수진의 추가 교육 책임에 대한 보상으로 할당했다. 2011년까지, 이 두 프로그램은 학교에 무려 2,500만 달러의 재정 여유 자금을 만들어 냈다. 10년 전 위태롭던 상황을 떠올리면, 이는 믿을 수 없는 대전환이었다.

ACT 프로그램 도입 당시, 나는 교수들에게 명확한 약속을 했다.

"저녁과 주말에 추가로 일하는 만큼, 정당한 보상을 받을 것입니다."

당시 UCLA 교수들의 급여는 사립 치과대학에 비해 거의 30%나 낮았다. 우수한 인재를 유치하고 유지하기 위해서는 반드시 공정한 보상이 필요했다. 비판도 없지 않았다. 일부는 학생들의 학비로 교수들의 급여를 올린다고 비난했다. 그러나 나는 확고했다. 추가 업무에는 공정한 대가가 따르는 것이 정당하므로. 교수진의 재정적 복지를 보장하는 것은 곧 학생들을 위한 교육의 질을 높이는 것이므로, 학교 전체의 발전을 위해 일종의 투자를 단행하는 것과 같았다.

재정 재건 그리고 그 이후

18년이 지나 학장직에서 물러날 때, UCLA 치과대학은 완전히 달라져 있었다. 우리는 3,500만 달러의 기금을 확보했고, 현금으로 4,500만 달러의 여유 자금을 축적했다. 모든 재정적 의무를 이행한 후에도 여유 자금 2,500만 달러가 남았다.

총장실은 우리 치과대학이 UCLA 캠퍼스에서 가장 재정적으로 안정된 단과대학임을 공식 인정했다. 이는 단순한 회계 수치의 평가가 아니었다. 이건 대학을 지켜 낸 의지와 혁신, 나아가 공동체 전체의 승리였다. 내가 UCLA 재무 담당 부총장을 맡아야 한다고 주장하는 교수들도 있었다.

대학의 재정 회복은 단순히 생존을 넘어 장기적인 성장과 연구 혁신 그리고 향상된 환자 치료로 이어지는 기회의 문을 활짝 열었다. 그 기반 위에서, UCLA 치과대학은 세계 최고의 치과 교육·연구 기관으로 도약하기 시작했다.

성공적인 인증 프로세스

나는 새로이 손에 쥔 책임을 결코 가볍게 여기지 않았다. 우리 UCLA 치과대학의 학문적 사명을 발전시키고, 새로운 기준을 세워야 한다는 사명감은 내 안에서 불처럼 타올랐다. 1999년, 2006년, 2011년에 걸친 프로그램의 7년 인증 성공은 단순한 통과가 아니었다. 그것은 우리가 품은 우수성에 대한 확고한 증명이자, 더욱 담대하게 혁신을 추진하라는 운명이었다.

기부금 모금 및 외부의 참여 독려

외부와의 연대를 구축하고 학교의 미래를 위한 자원을 끌어들이는 일은 학장으로서 나에게 주어진 절대적 과제였다. 나는 장학금, 연구, 인프라 그리고 전략적 우선사항을 위한 거대한 재정적 지원을 확보하기 위해 동문, 기부자, 기업, 재단과 숨 가쁜 협상과 설득을 이어 갔다.

그 결과, 우리는 8천만 달러가 넘는 기부금을 모금해 냈다.

그러나 진정한 금자탑은 따로 있었다. 나는 재임 기간 동안 11개의 석좌교수직을 창설했다. 그중 하나는 나의 이름을 딴 '박노희 박사 석좌교수직(Dr. No-Hee Park Endowed Chair)'이었다. 이는 전국 치과대학 가운데 전례 없는 기록이었고, 우수한 인재를 끌어들이고 유지하는 데 결정적인 힘이 되었다. 이 석좌교수직들은 단순한 직책이 아니었다. 그것들은 우리 대학이 미래를 향해 세운 성채였고, 지식과 헌신, 우수성에 대한 불멸의 약속이었다.

학생 지원

내게 있어 학생은 단순한 교육의 대상이 아니었다. 그들은 다음 세대를 짊어질 꿈이자, 학교가 심어야 할 가장 소중한 씨앗이었다. 나는 학생들에게 최고의 교육뿐 아니라, 개인적 성장과 리더십을 꽃피울 수 있는 환경을 주어야 한다고 믿었다.

우리는 다양성, 형평성, 포용성을 기둥으로 삼아 모두가 존중받고, 성장하며, 빛날 수 있는 공동체를 만들어 냈다. 학습 및 멘토링 기회를 확장하고, 20개 이상의 학술 장학 기금을 설립했다. '밥 & 매리언 윌슨 장학 기금(Bob and Marion Wilson Endowed Scholarship)', '데이비드 & 미키 이 장학 기금(David and Miki Lee Scholarship Endowment)' 그리고 '박노희 박사 상(Dr. No-Hee Park Award Endowment)'이 그 중심에 있었다. 이 장학금들은 단순한 금전적 지원이 아니었다. 이는 '너는 이 길을 끝까지 갈 수 있다'고 학생들을 고무하는 뜨거운 격려였고, 재능이 가난에 좌절되지 않도록 지켜 주는 방패였다.

이러한 노력과 성과는 나 개인에게도 깊은 울림을 주었다. 나는 한국에서의 가난했던 치과대학 시절, 장학금 덕분에 포기하지 않고 걸어올 수 있었던 기억을 지금도 생생히 떠올린다. 그때의 빚을, 새로운 세대에게 희망으로 갚아 나가야 한다는 다짐이 매 순간 내 결심을 이끌었다.

이 모든 것은 단순한 성취를 넘어 UCLA 치과대학이라는 이름 아래 새겨진 '우수성의 유산'을 구축하는 여정이었다.

재정적 안정, 학문적 개혁, 혁신적 연구. 그 한 걸음, 한 걸음은 땀과 신념으로 뚫어 낸 것이었다. 수치로 기록된 기부금 및 석좌교수직 설립, 커리큘럼 개혁은 그저 통계용 장식이 아니었다. 그것들은 우리가 함께 만들어 낸, 미래를 위한 불멸의 증거였다.

나는 단지 폭풍을 견딘 것이 아니다.

나는, 새로운 세계를 건설했다.

학장 리더십 연구소(Dean's Leadership Institute) 설립

나는 학장 재임 시절, 우리 치과대학이 오랜 세월 동안 쌓아 온 명성과 업적을 자랑스럽게 여겼지만, 한 가지 뼈아픈 사실을 외면할 수 없었다. 바로, 우리 졸업생 중 누구도 미국 내 치과대학의 학장이 된 적이 없었다는 것. 반면, 하버드는 어땠는가? 겨우 20명 남짓한 졸업생 수에도 불구하고, 무려 17명이 전국 유수 대학의 학장직에 올랐다.

이 엄청난 차이는 단순한 우연이 아니었다. 리더십은 타고나는 것이 아니라, 체계적으로 길러지는 것임을 보여 주는 증거였다. 그리하여 나는 결심했다.

"우리 UCLA에서도 리더를 길러 내야 한다."

이 단호한 결단이 UCLA 치과대학 역사상 최초의 '학장 리더십 연구소(Dean's Leadership Institute)'를 탄생시켰다. 이 프로그램은 단순한 교육과정이 아니었다. 리더십이라는 불꽃을 지펴 학생들의 미래를 새롭게 설계해 나가고자 하는 담대한 계획이었다.

나는 부학장 론 미토 박사와 함께 학장 리더십 연구소를 이끌기로 했다. 우리는 이론과 실천을 결합한 커리큘럼을 만들었고, 실제 치열한 세계에서 적용할 수 있도록 현장성, 전략성, 실행력을 제고했다. 연구소의 프로그램은 두 학기에 걸쳐 10회의 세션으로 구성되었다. 목요일 저녁, 모두가 긴 하루를 마친 후, 우리는 엘리슨 이사회 회의실에 모였다. 바로 그곳이, 미래의 리더들이 탄생하는 용광로였다.

선발 인원은 치대 3학년과 4학년 중에서 단 10명. 지원자는 30명을 넘었지만, 우리는 학업 성취, 리더십 경험, 연구 기여, 지역 사회 봉사 내역을 꼼꼼히 따져 가며 단 한 명도 가볍게 뽑지 않았다. 이 프로그램에 발을 들이는 순간, 그들은 이미 평범함과 이별해야 했다.

우리가 초빙한 강사들은 각 분야 최고의 리더들이었다. UCLA 앤더슨 경영대학원 학장, 의대 학장, 법대 학장, UCLA 종합병원장, 지식재산 담당 부총장, 은행 CEO, 고등법원 판사, 대기업 부동산 임원 등 유수 기관의 뛰어난 리더들이 미래의 지도자들을 만났다. 그들의 경험과 통찰은 교과서를 뛰어넘어 학생들의 가슴에 직접 불을 지폈다.

학생들은 개인 리더십 스타일을 탐구하고, 정치적·윤리적 난제를 헤쳐 나가는 방법을 배우고, 공개 연설 능력을 갈고닦으며, 재정 관리와 기업가 정신까지 몸에 익혔다. 마지막 세션에서, 각 참가자는 자신의 10개년 전략 계획을 발표했다. 순간, 나는 확신했다. 이들은 단순한 학생이 아니라, 이미 준비된 리더로 거듭났다는 믿음. 수료증을 받는 그들의 눈빛은 빛났고, 미래는 그들의 손안에 있었다.

학장 리더십 연구소는 2007년 1월 첫발을 내디딘 이래 2016년 내가 학장직을 내려놓을 때까지 11년 동안 굳건히 이어졌다. 그 시간 동안, 수많은 학생들이 자신만의 리더십을 발견하고, 세상을 바꿀 준비를 갖춘 진정한 선구자들로 성장했다. 내가 떠난 후에도 미토 부학장은 이 불씨를 이어받아 프로그램을 계속 확장해 나갔다.

분명, 리더십은 가르침을 통해 후천적으로 길러 낼 수 있다. 그리고 올바르게 심어진 리더십은 세상을 바꾼다. 나는 이 믿음을 현실로 만들었고, UCLA 치과대학은 새로운 모습으로 환골탈태했다. 우리는 리더를 길러 냈다. 그리고 그 리더들은 다시, 세상을 새롭게 쓰기 시작했다.

소외계층 우수 고등학생들을 위한 대학예비 과학 교육 프로그램

2007년, UCLA 치과대학은 전례 없는 도전에 나섰다. 하워드 휴즈 의학연구소(Howard Hughes Medical Institute, HHMI)의 막대한 연구비 지원을 받아, 과학 교육의 변방에 머물던 젊은 영혼들에게 새로운 문을 열고자 한 것이다. 이는 일명 '대학예비 과학 교육 프로그램'으로, 교육의 기회조차 쉽게 주어지지 않는 사회경제적 소외계층의 우수한 고등학생들에게 과학의 세계를 체험할 수 있도록 장려하는 특별한 기회였다.

미국 전역의 치과대학 및 의과대학들이 지원하여 단 42곳만이 선정된 이 권위 있는 프로젝트에, UCLA 치과대학은 치과대학으로서는 유일하게 연구비 지원 대상으로 선정되는 영예를 안았다. 캘리포니아 대학교(UC) 시스템 내에서는 UCLA 치의대학과 UC 샌디에이고 의과대학 단 두 곳만이 이 지원을 받았다.

이 프로그램은 단순한 교육이 아니었다. 이것은 기회의 문턱 앞에서 망설이던 이들에게 '너도 할 수 있다'는 믿음을 심어 주는 희망의 여정이었다. 이 프로그램의 목적은 로스앤젤레스 지역 내 교육의 사각지대에 놓인 고등학교 2~3학년 학생들에게 과학과 구강 건강에 대한 관심을 불러일으키는 것이었다.

컬리지 바운드(College Bound)와 프로젝트 GRAD 로스앤젤레스(Project GRAD Los Angeles)를 통해 선발된 학생들이 캠퍼스에 모였다. 그들은 UCLA의 기숙사에 머물며 매일 아침 새로운 세계로 발을 내디뎠다. 진지한 호기심으로 반짝이는 학생들의 눈빛 속에 미래를 향한 꿈과 포부가 가득했다. 구강 건강, 감염 질환, 실험실 실습, 생생한 환자 시뮬레이션 그리고 그들을 기다리고 있는 롤모델들과의 만남. 그 모든 순간이, 미래를 향한 그들의 여정을 흔들림 없이 이끌었다.

이 프로그램은 세 가지 핵심 축으로 구성되었다.

첫째, 매주 토요일 아카데미(9월부터 이듬해 6월까지 진행),

둘째, 여름방학 동안 6주간 UCLA 실험실에서 수행하는 집중 연구 레지던시,

셋째, 프로그램 종료 이후에도 지속되는 장기적 멘토링 시스템.

그 무엇보다 중요한 것은 '진심'이었다. 학생들에게 치의과학자(dentist-scientist)의 꿈을 심어 주는 강의 하나하나, 학생들이 실험실에서 땀 흘리는 시간 일 분 일 초가 학생들에게 지식을 넘어선 열정을 심어 주었다. 대학원 및 학부생, 특히 치의학 및 구강생물학 전공 학생들도 멘토, 강사, 롤모델로서 활발히 참여하여 학생들에게 살아 있는 노하우와 경험을 전수했다. 또 지역 사회 기반 기관들과의 협력을 통해 학생들의 가족들도 프로그램에 적극적으로 참여할 수 있도록 함으로써 활기를 더했다.

10년간 이어진 이 프로그램은, 단순한 교육 사업을 넘어 수많은 청소년들의 삶을 바꾸는 기회로 작용했다. 프로그램에 참가한 많은 학생들이 UCLA, UC 버클리, UC 샌디에이고, 시카고대학교, 존스홉킨

스대학교 등 미국 유수 명문 대학들에 진학하며, 프로그램의 효과성은 물론 그들 스스로의 가능성을 입증해 보였다.

이 프로그램이 남긴 가장 큰 유산은 단 하나의 진실이었다.

"누구든 적절한 기회를 만난다면, 스스로의 한계를 넘어설 수 있다."

UCLA는 그 진실을, 여름 햇살 속에서, 과학이라는 언어로, 미래라는 이름으로 증명해 냈다.

치의학 전문의 교육자금(GME)에 대한 논란: 공정성을 위한 투쟁

나는 학장직을 맡으며 곧 깨달았다. 단지 학교를 관리하는 것만으로는 충분하지 않다는 것을. 때로는, 진정한 정의를 위해 거대한 벽에 돌진해야 하는 순간이 온다는 것을. 그중 하나가 바로 연방 정부의 치의학 전문의 교육자금(GME) 문제였다. GME는 졸업 후 전문의사가 되기 위해 필수적인 레지던시와 펠로우십 과정을 지원하는 프로그램으로, 수천 명의 젊은 의사들에게 생명줄과도 같은 존재였다. 하지만 치과계는? 구강악안면외과를 제외하고, 치과 의사들은 여전히 대학원생 신분으로 등록금을 내며 훈련을 받아야 했다. 같은 전문 교육, 그러나 다른 대우. 이 불합리함을 더 이상 방치할 수 없었다.

1996년, 임시 학장 제이 거션(Jay Gershen)은 대담한 제안을 내놓았다.

"치과 전문과정 학생들을 UCLA 병원 레지던트로 지정합시다."

이 간단하지만 혁명적인 아이디어는, 우리 치대에 매년 수백만 달러의 GME 지원금을 가져올 수 있었다. 치의학 교육의 지형을 뒤바꿀 기회가 열린 것이다. 병원과의 합의는 비교적 순조로웠다. 각 치과 레지던트에게 약속된 지원금은 약 9만 달러. 그중 레지던트의 연봉을 제외한 일부를 치대가 받고, 일부를 의료센터가 가져가는 구조였다. 38명의 레지던트가 참여하면, 치대는 연간 100만 달러를 확보할 수 있다는 계산이었다. 희망이 보였다. 이제 치과대학도 당당히 전문 교육을 위한 공정한 지원을 받을 수 있게 되는 듯했다.

1998년, 첫 번째 정부 감사는 성공적으로 통과했다. 그런데 이상했다. 치대 계좌에는 단 한 푼도 입금되지 않았다. 1년, 2년, 3년이 지나도… 아무 일도 일어나지 않았다. 조사 끝에 밝혀진 충격적인 사실. 의료 센터는 치대 몫까지 모두 자기들 수익으로 처리해 버리고 있었던 것이다. 매년 150만 달러 전액을 쓸어 가고, 치대에는 단 1달러도 건네지 않았다.

그 순간, 나는 깨달았다. 우리는 방 안에 육중하게 들어앉아 있는 8,000파운드짜리 고릴라와 싸워야 한다는 것을. 나는 의료 센터 이사와 의료 과학 부총장 제럴드 레비(Gerald Levey) 박사를 수차례 찾아갔다. 예상대로 협상에 난항을 겪었다. 그들의 태도는 냉랭하고 단호했다. 그들은 절대 양보할 생각이 없어 보였다. 거대한 권력 앞에서, 우리는 투명인간에 불과했다.

시간은 흐르고, 우리의 인내심은 바닥을 쳤다. 그리고 마침내 2001년, 나에게 또 하나의 기회가 찾아왔다. 학장 재임명 그리고 추가 5년의 임기 확보. 이제는 물러서지 않을 이유가 분명해졌고, 나는 결심했다.

'이 싸움은 반드시 끝을 보겠다.'

나는 모든 리스크를 감수하고 앨버트 카르네세일(Albert Carnesale) 총장에게 재임명을 거절하고 거절의 이유로 GME 문제를 제기했다. 이는 학내 정치에서 매우 이례적이고 위험한 행동이었다. 하지만 달리 방법이 없었다. 이것은 단순한 예산 싸움이 아니었다. 공정성과 원칙 그리고 우리 학생들의 미래를 위한 전투였다. 총장은 상황을 신중히 검토한 뒤, 내 손을 들어주었다. 그는 의료 센터를 중재했고, 마침내 합의를 이끌어 냈다. 매년 최소 50만 달러가 치대에 지급되는 것으로 결정이 났다. 약속은 이루어졌다.

전투가 끝난 후, 나는 종종 스스로에게 물었다.

"그때 내가 미쳤던 걸까? 아니면, 진짜 용기를 냈던 걸까?"

답은 모르겠다.

하지만 한 가지는 확실했다. 그 싸움은 값졌고, 우리의 학교를 지켜냈으며, UCLA 치과대학의 자존심을 다시 세웠다. 우리는 거인과 싸워 이겼다. 그리고 그 승리는, 단순한 승리가 아니라, 정의가 실현되었다는 증거였다.

제10장

중대한 도전 과제들, 대중의 감시 그리고 위기 관리

리더십으로 위기를 극복하다

2006년 7월 1일, 나는 UCLA 치과대학 학장으로서 세 번째 임기를 시작했다.

대학은 과거와는 비교할 수 없을 만큼 번창하고 있었다. 충분한 예비 자금, 치솟는 연구비, 혁신적 프로젝트, 세계적 교수진, 다양한 인재들 그리고 탄탄한 기부금 모금 캠페인까지. 우리는 과거의 재정 적자라는 악몽을 완전히 떨쳐 냈고, 새로운 황금기를 맞이하고 있었다.

하지만 바로 그 순간, 폭풍은 다가오고 있었다. 조용히, 그러나 위협적으로.

UCLA 수뇌부 교체: 균열의 시작

9년 동안 UCLA를 이끌던 앨버트 카르네세일 총장이 물러나고, 임시 총장 놈 에이브럼스(Norm Abrams)가 후임으로 임명되었다. 지도

부 교체는 언제나 혼란을 동반했지만, 이번에는 단순한 불안정이 아니었다. 캘리포니아 대학(UC) 시스템 전체가, 고위직인 총장과 학장의 보수 문제를 둘러싼 스캔들로 들끓기 시작한 것이다.

그때까진 아직 알지 못했다. 이 거대한 폭풍이 곧 우리 대학은 물론 나 자신의 리더십까지 송두리째 흔들어 놓게 될 것이라는 사실을.

스캔들의 파장: 모든 것을 뒤흔들다

2005년 1월20일, 샌프란시스코 크로니클(San Francisco Chronicle)은 UC 산타크루즈 총장이 교수 임명을 둘러싸고 논란에 휘말렸다고 보도했다. 그것은 작은 불씨 같았다. 하지만 곧 거대한 들불로 번졌다. 캘리포니아 대학 전체가 대중의 불신과 언론의 집요한 감시 아래 놓였다.

그리고 UCLA 치과대학도 예외는 아니었다.

어느 날, 나는 책상 위에 놓인 무거운 봉투를 발견했다. 그 안에는 학장으로 재임하는 동안 내가 받은 모든 형태의 보상을 낱낱이 보고하라는 지시가 담겨 있었다. 주거 수당, 차량 수당, 이사 비용, 초기 지원금, 기타 지원금… 심지어, 행사 때 사용한 식재료 비용까지. 모든 것이 의심의 눈초리 아래 놓였다. 모든 것이 부정부패의 프레임 속에 재단되었다.

나는 투명하게, 성실하게 모든 요구를 따랐다. 그럼에도 불구하고 마음속에는 분노와 환멸이 끓어올랐다.

내가 학장직을 맡았던 첫해, 나에게 주어진 것은 특권이나 혜택이 아니었다. 단지 150만 달러의 적자였다. 그리고 나는 그 적자를 없애기 위해 밤낮없이 싸워야 했다. 하지만 그런 현실은 어디에도 보도되지 않았다. 대신 언론은 우리를 무책임하고 사치스러운 관리자로 묘사했다. 희생과 헌신은 철저히 외면당했다. 진실은 조용히 묻혔다.

그 비극은 갑작스럽고 깊은 어둠 속에 나를 가두었다.

어느 저녁, 나는 집에서 기부금을 모으기 위한 작은 만찬을 열었던 적이 있다. 아내가 비용을 아끼기 위해 직접 음식을 만들고, 테이블을 세팅했다. 우리는 할 수 있는 한 최대한 절약하려 했던 것이다. 그러나 돌아온 것은 감사가 아니었다. 식재료 비용 상환을 요청하자, 대학 본부는 아내가 행사에 참여한 이유를 공식 문서로 설명하라고 요구했다. 그 순간, 나는 울컥하는 분노를 삼켜야 했다. 우리의 정성, 헌신, 사적인 수고는 관료적 냉담함 앞에 무참히 짓밟혔다. 대학은 언론의 비판을 피하기 위해서 모든 것을 문서화하려고 했다. 여기에는 좀처럼 이해불가한 비효율적이고 터무니없는 일들이 다수 포함되어 있었다.

이 경험들은 나에게 대학 지도자의 현실을 뼈저리게 일깨워 주었다. 진실과 인식 사이에는 심연이 존재했다. 헌신은 때로 왜곡되고, 희생은 때로 조롱당했다.

그러나 나는 포기하지 않았다. 나는 청렴성과 투명성을 견지하며, 학교와 학생 그리고 공동체를 위한 사명을 꿋꿋이 이어 갔다.

내가 선택한 길은 편안한 길이 아니었다. 그러나 나는 알고 있었다. 진정한 리더십은, 가장 거센 폭풍 속에서도 방향을 잃지 않는 것임을.

내부고발자와 특혜 입학 스캔들

2006년 말, 나는 긴급히 UCLA 임시 총장 에이브럼스의 사무실로 호출되었다.

그곳에서 마주한 소식은 충격적이었다. 한 내부고발자가 우리 치과대학의 교정학 레지던시 프로그램 내 '특혜 입학'의 존재를 문제 삼았다는 것이었다. 즉 가족이 거액의 기부금을 낸 지원자에게 우선권을 주었다고 주장했다는 것이다. 이 혐의는 대학의 심장부를 겨냥한 도발이었다. 수십 년 동안 쌓아 올린 성과 기반 입학과 공정성의 원칙이 일거에 흔들릴 수 있는 치명적인 공격이었다. 우리 프로그램은 미국에서 가장 명망 높은 곳 중 하나였다. 그 명예가 한순간에 붕괴될 위험에 처한 것이다.

UCLA 규정준수실은 즉시 철저한 조사에 착수했다. 모든 입학 절차를 샅샅이 뒤졌고, 관련자들은 조사를 받았다. 관련된 모든 행적이 투명성과 책임성의 원칙하에 도마 위에 올랐다. 그리고 조사 결과, 프로그램이 공식적인 위법 행위를 저지른 사실이 없다는 결론이 내려졌다. 그러나 진실은 중요하지 않았다. 언론은 이미 광기에 가까운 논란의 불길을 지펴 버렸다. 교수진과 직원들 사이에도 균열이 생기기 시작했다. 자부심으로 가득했던 이들이 갑작스레 세상의 의심과 조롱을 감당해야 했다.

나는 리더로서 결단을 내려야 했다. 우리는 신뢰를 되찾아야 했다.

나는 더욱 엄격한 입학 감독 시스템을 도입하고, 절차의 투명성을 극대화했다. 모든 과정이 외부에서도 납득할 수 있도록 구조를 재정비했다. 그것은 단순한 방어가 아니라, 우리가 누구인지 그리고 무엇을 지키고자 하는지에 대한 선언이었다.

하지만 상처는 쉽게 아물지 않았다. 우리의 명성에는 금이 갔고, 교수진과 학생들의 사기는 추락했다.

위기 속에서 나는 매일같이 스스로에게 물었다.

"이 모든 것을 되돌릴 수 있을까?"

그리고 매일, 나는 답했다.

"절대 포기하지 않는다."

학장의 딜레마: 출장 및 접대 비용과 대중의 인식

불행은 하나로 끝나지 않았다.

2008년, 나는 척추 수술을 받았다. 복잡한 수술은 내게 심각한 후유증을 남겼고, 네 시간 이상 비행하는 것조차 극심한 고통을 동반하게 만들었다. 의사는 네 시간 이상 비행기를 탈 경우 비즈니스 클래스를 이용하라고 강력히 권고했다. 이것은 호사가 아니라 불가피한 선택이었다.

하지만 언론은, 그 진실을 들여다보지 않았다. 그들은 내가 비즈니스 클래스를 이용했다는 학교 서류 기록을 포착했고, 그 장면을 '공적 기금을 낭비하는 사치'로 몰아붙였다. 나는 기금의 대부분이 개인 기부금이며 공적 세금이 아니었음을 수차례 설명했다. 같은 직위를 가진 동료 학장들과 비교해 보아도 나의 출장비와 접대비는 가장 낮은 수준이었다. 그러나 언론은 사실이 아닌 '이야깃거리'를 원했다.

나는 격렬한 분노를 억누르며 현실을 받아들여야 했다. 진실은 때로 목소리를 잃는다. 거짓된 서사는 메아리처럼 더욱더 멀리 울려 퍼진다.

그리고 나는 깨달았다. 대중의 신뢰는 쉽게 쌓이지 않는다는 것. 하지만 한번 의심이 싹트면, 그나마 쌓인 신뢰조차 허망하게 순식간에 무너진다는 것을. 진실조차 그것을 지우기 힘들다는 쓰디쓴 자각을 얻었다.

흔들리지 않는 신념

내부고발, 스캔들, 왜곡된 언론 보도, 개인적인 건강 위기…

모든 것이 나를 짓눌렀다. 산 넘어 산이었다.

그러나 나는 알았다. 리더란 고요한 바다를 유람하는 항해사가 아니라, 폭풍우 속에서도 방향을 잃지 않는 선장이라는 것을.

나는 더 단단해졌다. 그리고 더 투명해졌다. 나는 UCLA 치과대학을, 우리가 쌓아 올린 모든 것을, 지켜 내기로 결심했다. 그것이 나의 사명이었고, 나의 유산이었다.

위기를 기회로 전환하다: UCLA 치과대학의 화재

2015년 4월 14일 새벽 3시, 나는 요란한 전화벨 소리에 잠에서 깨었다. 수화기 너머로 들려오는 소식은 심장을 얼어붙게 했다.

"학장님, 치과대학 3층에서 화재가 발생했습니다!"

어둠 속에서 나는 두말없이 재빠르게 옷을 챙겨 입고 캠퍼스로 달려갔다. 대학의 심장이 맥없이 무너져 내린 광경 앞에서 나는 숨을 멈출 수밖에 없었다. 불길은 이미 진압되었지만, 3층 일부에 퍼진 물과 연기의 피해는 막대했다.

하지만 절망은 선택지에 없었다. 나는 즉시 긴급 대응팀을 소집했다. 모든 교수, 직원, 학생들에게 상황을 알리고 복구 계획을 빠르게 수립했다. 한순간도 머뭇거릴 틈이 없었다. 내 임무는 단 하나였다. 이 위기를 기회로 삼아 우리 대학을 새롭게 일으키는 것. 그것만 생각했다.

돌이켜 보면, 나의 리더십은 승리의 순간이 아니라 바로 이런 절망의 한복판에서 시험받았다. 끊임없는 미디어의 감시, 끝없는 위기들 그리고 무너져 가는 순간에도 나는 단 한 번도 물러서지 않았다. 내가 지켜 낸 것은 단순한 건물이나 예산이 아니었다. 우리가 품은 사명, 우리가 믿어 온 가치 그리고 우리가 함께 만든 공동체였다.

되돌아보며: 위기에서 얻은 교훈

18년간의 여정. 그것은 단순한 시간이 아니라, 변화와 강인함 그리고 탁월함에 대한 집요한 헌신의 역사였다. 우리는 재정 적자의 벼랑 끝에서 번영의 초석을 다졌고, 학문적 개혁을 통해 미래를 열었으며, 세계적 수준의 연구 성과로 치의학 분야를 이끌었다.

단 한 번의 위기에도 무너지지 않았고, 오히려 그것을 딛고 더 높이 도약했다. 내가 마주했던 모든 도전과 비판은, 장애물이 아니라 우리 존재의 의미를 재확인하는 기회였다.

위기 앞에서 우리는 늘 자문했다.

“우리는 누구인가?”

그리고 우리는 언제나 같은 대답을 내놓았다.

“우리는 UCLA다. 우리는 포기하지 않는다.”

우리가 남긴 발자취는 단순한 보고서상의 수치가 아니었다. 재정 안정, 열한 개의 석좌교수직 창설, 교육과정 혁신, 매년 연구자금 2,700만 달러 확보, 그 모든 것은 하나의 신념 위에서 이루어졌다.

우리는 미래를 위해 투자했다.

우리는 세상을 변화시키기 위해 싸웠다.

우리는 다음 세대를 위해 길을 열었다.

나는 돌아본다.

동틀 무렵 황폐했던 강의실, 희망을 잃지 않고 잔해를 치우던 교수들과 직원들, 처음 불타는 건물 앞에 섰을 때 느꼈던 절망과, 그 절망을 딛고 다시 일어섰던 우리 공동체의 뜨거운 심장을.

우리는 단지 폭풍을 견딘 것이 아니라, 폭풍 속에서 별을 따온 것이다.

그리고 그 별은 앞으로도 영원히 UCLA 치과대학의 하늘을 밝혀 줄 것이다.

제11장

학장 재임 기간에 대한 회고

학장으로서 경험한 여덟 가지 놀라움

학장이 된다는 것은, 단순히 학교를 관리하는 것을 넘어, 학교의 운명 전체를 어깨에 짊어지는 일이었다. 나는 곧 깨달았다. 성공도, 실패도 오롯이 학장의 책임이지만, 결과에 영향을 미치는 수많은 변수들에 대해서는 놀랍도록 제한된 통제권만이 주어진다는 것을. 가장 강력한 권한을 가진 사람으로 보이지만, 실제로는 신중하게, 절제하며, 때로는 손을 떼야만 하는 아이러니에 맞서야 했다.

리더십의 역설은 예상보다 훨씬 더 복잡하고, 깊고, 때로는 날 외롭게 했다. 새로운 현실에 부딪힐 때마다 나는 스스로에게 물었다.

"내가 몰랐던 것은 무엇인가? 왜 아무도 이 진실을 말해 주지 않았던가?"

그 질문 끝에 다다른 것은, 경험과 고뇌 속에서 얻은 여덟 가지 놀라운 진실이었다.

이제, 나는 이 교훈들을 공유하고자 한다. 단순한 회고가 아니라, 다음 세대 리더들에게 건네는 나의 유산으로서. 이 회고는 단지 대학에만 국한되지 않고, 기업 경영이나 정치 등 다른 분야에도 유익한 통찰을 제공할 것이다.

◈ 첫 번째 놀라움: 학장의 역할은 예상과 다르다.

학장이 되기 전, 나는 연구 부학장과 치과 연구소(DRI) 소장으로서 약리학과 분자생물학 강의를 진행하고, 환자를 진료하며, 연구 프로그램을 관리하는 바쁜 나날을 보내고 있었다. 그 당시에도 업무량은 상당했지만, 나는 순진하게도, 학장이 되어도 지금처럼 모든 것을 병행할 수 있을 것이라고 믿었다.

그러나 현실은 달랐다. 학장직은 이전에 경험한 어떤 역할과도 비교할 수 없을 만큼 방대하고 복잡했다. 학장으로서 보내는 하루하루는 총장, 부총장, 부학장, 타 단과대학장, 동문, 교수진, 직원, 학생, 기부자, 대학 이사회, 주 의원들과의 끊임없는 회의로 가득 찼다. 이전에 연구를 통해 쌓아 온 개인적 네트워크조차 점점 유지하기 버거워졌고, 연구실과 강의실은 점점 더 멀어져만 갔다.

학장직은 단순한 관리직이 아니었다. 그것은 방향을 제시하고, 문화를 만들고, 때로는 전장을 조용히 통과하는 조타수의 역할이었다. 나는 곧 깨달았다. 학장의 가장 강력한 리더십은 직접적인 지시가 아니라, 명확한 전략을 수립하고, 효율적인 시스템을 구축하고, 탁월한 팀을 양성하는 등의 포괄적인 영향력을 통해 간접적으로 발휘된다는 것을.

그 결과, 나는 한때 매주 직접 이끌었던 연구실 회의와 논문 세미나조차 젊은 교수에게 맡겨야 했다. 손을 떼는 것, 그것은 권한을 위임하는 것이 아니라, 더 큰 책임을 지는 방식이었다.

◈ 두 번째 놀라움: 결국 다 돈이다

나는 늘 그렇게 믿었다. 인생에서 가장 소중한 것들은 돈으로 살 수 없는 것들이라고. 사랑, 열정, 신념 그리고 의미. 돈은 조금 더 편리한 삶을 위한 수단일 뿐, 결코 인생의 중심이 될 수 없다고 생각했다. 하지만 학장의 자리에 앉고 나서, 나는 돈의 의미를 완전히 새롭게 마주하게 되었다.

현실은 달랐다. 이상과 비전, 열정과 철학도 결국은 재정이라는 벽 앞에 멈춰 서야 했다. 학교의 거의 모든 결정, 새로운 시도, 미래를 향한 비전은 놀라울 정도로 '재정'이라는 단어와 얽혀 있었다.

학교를 운영하는 일상의 순간조차도 정밀한 재정 관리 없이는 불가능했다. 이 깨달음은 내게 놀라움 그 자체였고, 동시에 겸허함을 안겨주었다. 왜냐하면 우리가 처한 재정 구조는 그다지 우호적이지 않았기 때문이다. 주정부나 캠퍼스 차원의 예산 배정은 극히 제한적이었고, 그마저도 대부분 교직원의 기본 급여를 간신히 충당하는 수준이었다. 여유 자금이나 혁신을 위한 재원은 기대하기 어려웠다. 성장도, 도전도, 변화도, 그 너머는 모두 우리 손으로 만들어 내야 했다.

우수한 교수진을 유치하고 유지하는 일, 낡은 건물을 보수하고 임상실습 시설을 개선하는 일, 학생들을 지원하고, 연구 인프라를 확충하며, 졸업식이나 입학식 같은 중요한 행사들을 준비하는 모든 과정이 결국 재원을 필요로 했다. 그러나 이런 일들에 필요한 예산은 주정부나 대학 본부로부터 한 푼도 배정되지 않았고 학장이 자기 능력으로 충당해야 했으며, 그렇지 못할 경우 아무것도 못 하거나 하려면 빚을 지게 되어 있었다.

나는 선택의 기로에 섰다. 이상을 포기할 것인가, 아니면 새로운 방식으로 길을 만들 것인가.

그 순간 나는 결심했다.

학장이자 기업가가 되기로. 나는 기업가의 눈으로 세상을 보기 시작했다. 기존의 예산 논리로는 설명되지 않는 영역에 발을 들였고, 창의성과 기지를 총동원해 새로운 재원을 찾기 시작했다. 그러나 그 길은 험난했다. 비영리 기관이라는 이름 아래, 기업가적 행동은 쉽게 오해를 샀고, 때로는 공격의 대상이 되었다. 나 역시 끊임없는 의심과 비판 속에 서 있었다.

그러나 나는 멈추지 않았다. 내가 감당해야 할 비판보다, 내가 지켜야 할 학생들과 학교의 미래가 더 소중했기 때문이다. 나는 투명하게, 전략적으로 그리고 인내심을 가지고 학교의 사명과 재정 전략을 하나로 묶어 나갔다.

개인적으로 나는 여전히 돈을 좇지 않는다. 하지만 리더로서 나는 깨달았다. 재정은 비전을 현실로 바꾸는 다리였고, 무너져 가는 구조물 속에서 내일을 지탱하는 기둥이었다. 나는 그 다리를 놓았고, 그 기둥을 세웠다. 그리고 그 위에서 수많은 학생들이 더 멀리, 더 높이 날아오를 수 있도록 길을 열었다. 그 과정에서 나는 하나의 진실을 배웠다. 돈은 꿈과 목표를 실현시키는 필요조건이자 가장 강력한 도구라는 것. 더불어, 재정 건전성은 단순히 예산을 맞추는 일이 아니라,

학교의 비전과 성장을 촉진하고 영향력을 증대시키는 핵심적인 자양분이라는 것.

창의성과 끈기를 발휘하고 동료들과 협력하며 나는 재정 전략을 학교의 사명과 정렬시켰다. 그 결과 학교는 새로운 가능성을 품고 미래 세대를 위한 터전을 다질 수 있었다.

◈ 세 번째 놀라움: 권력은 쓸수록 줄어든다

학장이 되면 막강한 권한이 주어질 줄 알았다. 필요할 때 결단을 내리고, 조직을 이끌며, 방향을 제시할 수 있으리라 믿었다. 그러나 내가 그 자리에서 마주한 현실은 전혀 달랐다.

진정한 리더십은 '권한의 행사'가 아니라 '신뢰의 구축'에서 비롯된다는 사실을, 나는 가장 뼈아픈 방식으로 배워야 했다.

임기 초반, 우리 대학의 지역사회 클리닉이 심각한 재정 위기에 빠졌다. 나는 상황을 분석했고, 인력이 과도하다는 결론에 도달했다. 그리하여 곧바로 구조조정을 지시했다. 그러나 나는 치명적인 실수를 범했다. 충분한 소통과 설득 없이 일방적인 조치를 단행했던 것이다. 결과는 참담했다. 클리닉 책임자는 사직서를 제출했고, 이해관계자들로부터 거센 반발이 뒤따랐다.

그 사건은 나를 깊은 자기반성으로 이끌었다. 나는 그제야 깨달았다. 지도자의 권위는 '지시'에서 나오는 것이 아니라, '신뢰'와 '공감'을 기반으로 형성된다는 것을. 진정한 리더십은 명령을 내리는 것이 아니라, 사람들의 마음을 움직이고 공통의 목표를 향해 나아가게 하는 힘이라는 진실을.

그 후 나는 권한을 행사하는 방식 자체를 다시 생각하게 되었다.

내가 배운 교훈은 이랬다. 권력은 비누와 같다. 쓰면 쓸수록 줄어들기에.

리더십이란 필요할 때 권위를 드러낼 줄 아는 것이지, 그것을 남용하는 것이 아니다.

그래서 나는 바꾸기로 했다. 독단적 결정을 내리기보다는 공동의 비전을 세우고, 독려하고, 함께 결정하는 문화를 만들어 갔다. 의견을 경청하고, 의사결정을 공유하며, 구성원 스스로가 주체가 되는 구조를 구축했다. 그렇게 함으로써 조직은 강해졌고, 구성원들은 나를 따르기보다 나와 함께 걷기 시작했다.

이 경험은 나에게 리더십의 본질에 대해 다시 생각하게 했다. 진짜 권한은 '휘두르는 것'이 아니라, '나누는 것'이라는 깨달음을 얻었다. 그리고 그것이야말로 한 조직을 단단하게 지탱하는 가장 강력한 힘임을, 나는 학장의 자리에서 배웠다.

◈ 네 번째 놀라움: 메시지는 왜곡되기 쉽다

학장이 되면서 나는 한 가지 분명한 사실을 깨달았다. 지도자의 말과 행동은 언제나 '확대경' 아래 놓인다는 것. 그 말이 어떤 의도였든, 듣는 사람에 따라 의미는 증폭되거나, 심지어 완전히 왜곡될 수 있었다.

임기 초반, 나는 생각지도 못한 오해에 휘말렸다. 나는 분자생물학자로서 기초과학 연구를 해온 배경을 갖고 있었다. 그러나 아직 어떤 정책도 내놓기 전부터, 일부 구성원들은 나의 그런 이력을 '임상 교육에 대한 위협'으로 받아들였다. 단지 나의 과거가 그들에게는 불안의 씨앗이 되었던 것이다.

그때 나는 리더십의 '승수 효과(multiplier effect)'를 실감했다. 지도자의 한마디는 단순한 의견이 아니라, 조직 전체의 방향을 암시하는 신호로 받아들여졌다. 작은 말이, 그 의도보다 훨씬 더 큰 파장을 일으킬 수 있었다.

한번은 연구중심 대학과 학술 활동 및 연구의 중요성에 대해 한 교수에게 이야기한 적이 있었다. 그 대화는 곧 소문이 되어 돌아왔다.

"학장은 임상학문을 전혀 중시하지 않는다고 하더군요."

"연구하지 않는 임상 교수들을 곧 대거 해고할 예정이라던데요."

내 의도와는 전혀 다른, 왜곡된 메시지가 사람들 사이를 돌고 있었다. 그 경험은 나에게 큰 충격이었고, 동시에 소중한 교훈이 되었다.

지도자의 말은 칼날처럼 예리해야 하고, 행동은 그 말과 완벽히 일치해야 한다.

나는 이후로 더욱 의도적으로 명확하고 투명한 소통을 하기로 결심했다. 메시지를 반복하고, 행동으로 뒷받침하며, 본래의 뜻이 흐려지지 않도록 세심하게 다듬었다. 나는 강조했다. 임상과 연구, 이 둘 모두가 대학의 양 날개라고. 어느 한쪽에 치우치지 않은 균형 잡힌 성장이야말로 진정한 발전이라는 믿음을 보여 주었다. 그렇게 나는 조금씩 신뢰를 회복하고, 의심을 걷어 냈다.

이 경험은 나에게 리더십의 본질을 다시금 상기시켰다. 지도자의 언어와 행동은, 영향력의 도구이자 조직을 하나로 결합하는 접착제다. 말은 명확해야 하고, 행동은 그 말과 어긋나지 않아야 한다. 그때 비로소 공동의 목표와 신뢰가 싹틀 수 있다.

이것이 내가 학장의 자리에서 마주한 또 하나의 진실이었다.

리더십이란, 말과 행동이 하나가 될 때 비로소 사람의 마음을 움직일 수 있다는 것.

◈ 다섯 번째 놀라움: 학장의 권한은 생각보다 작다

학장이 되던 날, 나는 배 한 척을 이끄는 선장이 된 듯한 기분이었다. 방향을 정하고, 수많은 결정을 내릴 수 있는 위치, 대학의 방향을 이끄는 수장—이러한 상징적 이미지가 나를 감쌌다. 하지만 시간이 흐를수록 그 믿음은 조용히 무너져 내렸다. 내가 마주한 것은 거대한 톱니바퀴처럼 맞물려 돌아가는 대학이라는 조직 그리고 그 안에서 끊임없이 조율과 타협을 요구받는 복잡한 권력 구조였다.

학장이라는 직책은 명함만으로는 강력해 보였지만, 실제로는 총장과 부총장, 기획실, 재무팀 그리고 수많은 위원회들의 승인 없이는 중요한 결정을 내릴 수 없었다. 외부로 시선을 돌리면 또 다른 전선이 펼쳐졌다. 기부자들과의 신중한 대화, 동문들의 기대, 지역사회와의 파트너십.

현실은 상상과 달랐다. 학장은 독립된 권력을 가진 존재가 아니었다. 모든 결정은 총장과 부총장, 대학 본부와의 협의를 통해 이루어져야 했고, 외부의 기부자나 동문, 지역사회의 기대도 무시할 수 없었다. 고도의 섬세한 정치력을 요하는 구조였다.

게다가 내부에는 또 다른 질서가 존재했다. 대학은 '공동 거버넌스(shared governance)'라는 독특한 생태계를 갖고 있다. 교수진, 행정

직원, 이사회 구성원들이 모두 각자의 목소리를 낼 수 있으며, 심지어 작은 결정 하나도 논의와 표결, 설득이라는 과정을 거쳐야 했다.

단 한마디 말도, 단 한 줄의 이메일도, 균형 감각 없이 던지면 오해와 저항으로 되돌아왔다. 어떤 날은 한마디 말이 너무 앞서나가 오해를 샀고, 또 어떤 날은 침묵이 의심으로 번졌다. 나는 한 걸음, 한 걸음, 외줄 위를 걷듯 조심스럽게 나아가야 했다.

그 과정을 거치며 나는 진정한 학장의 역할이 무엇인지 깨닫게 되었다. 그것은 결코 독주하는 리더가 아니라, 분열된 이들의 마음을 잇고, 충돌하는 이해를 조율하며, 공통의 미래를 설계하는 조정자라는 것. 학장이란 지휘봉을 움켜쥔 독주자가 아니라, 서로 다른 악기의 소리를 하나의 하모니로 이끄는 오케스트라의 지휘자가 되어야 했다.

권한은 생각보다 제한적이었지만, 바로 그 한계 속에서 나는 더 넓은 시야와 더 깊은 리더십을 배웠다. 강한 힘보다 단단한 신뢰, 빠른 결정보다 제대로 된 설득, 목소리를 내는 것보다 귀 기울이는 일이 훨씬 중요하다는 것. 나는 점차 학장이란 직책을, 나의 권력을 행사하는 곳이 아닌, 다양한 사람들의 뜻을 조율하고 하나로 모으는 자리로 이해하게 되었다.

그리고 바로 그때부터, 나는 진짜로 학교를 이끌 수 있었다.

◈ 여섯 번째 놀라움: 이해관계자들은 예상보다 훨씬 더 다양한 이해와 의제를 갖고 있다

학장이 되기 전, 나는 학교를 둘러싼 여러 이해관계자들이 각기 다른 관심사와 요구를 가지고 있다는 사실을 알고 있었다. 교수진, 학생, 동문, 총장실, 정부, 기부자들까지—그들 모두가 학교의 운영에 목소리를 내고 있었고, 나는 그 다양한 목소리를 조율하며 모두를 만족시키는 것이 리더십의 본질이라고 믿었다.

하지만 학장직을 맡고 현실과 마주한 순간, 나는 그 생각이 얼마나 순진했는지를 깨달았다. 이해관계자들의 요구는 단순한 다양성을 넘어서 때로는 정면으로 충돌했고, 그 속에는 단기적 이익, 개인적 감정, 조직 정치까지 복잡하게 얽혀 있었다. 모든 사람의 기대를 충족시키려 애쓸수록, 나는 점점 학교의 본질적 목표에서 멀어지고 있었다.

그때 나는 결심했다. 리더로서 두루 환심을 사는 일보다 학교의 장기적 비전과 핵심 가치를 지켜 내는 과업에 집중하기로. 전략적 방향을 명확히 설정하고, 이를 흔들림 없이 전달하는 것이야말로 진정한 리더의 길이었다. 이해관계자들의 의견은 중요하지만, 그것이 학교의 미래 전략을 좌우하게 두어서는 안 되었다. 진정한 리더십은 흔들림 없는 목적의식과 함께, 때로는 불편한 결정을 감수하는 용기를 필요로 했다.

그 결단의 시험대는 생각보다 일찍 찾아왔다.

부임 초기, 나는 학생 진료 클리닉이 매년 막대한 적자를 기록하고 있다는 보고를 받았다. 그 주된 원인은 불필요한 인건비, 특히 치과의사 직원들의 과도한 인력 배치에 따른 비용이었다. 시스템은 비효율적이었고, 계속 유지된다면 학교 재정은 회복 불가능한 수준에 이를 위험이 있었다. 나는 고심 끝에 중대한 결정을 내렸다. 학생 진료를 맡고 있던 모든 치과의사 직원들을 해고하고, 클리닉 교육의 책임을 전적으로 임상 교수진에게 맡기기로 한 것이다.

이 결정은 즉각적인 반발을 불러왔다. 임상 교수들 중 다수는 기존 업무 외에 추가적인 책임을 떠맡게 된 데 대해 불만을 표출했고, 회의에서는 날 선 목소리가 오갔다. 그러나 나는 흔들리지 않았다. 학교의 재정 위기를 해결하지 못한다면 미래는 없다는 사실을 누구보다 잘 알고 있었기 때문이다.

결과적으로 이 과감한 조치는 학교의 재정 균형을 회복시키는 전환점이 되었다. 그 경험은 나에게 다시 한번 중요한 진리를 일깨워 주었다. 리더십이란 갈등을 피하는 기술이 아니라, 미래를 위한 고통스러운 선택을 두려워하지 않는 태도라는 것을.

나는 더 이상 모두를 만족시키는 '좋은 사람'이 되기를 바라지 않았다. 대신, 나는 학교라는 공동체의 장기적 비전을 지키는 믿음직한 선장이 되기를 선택했다. 그리고 그때부터, 우리는 비로소 같은 방향을 향해 나아갈 수 있었다.

◈ 일곱 번째 놀라움: 학내에서 실제로 무슨 일이 벌어지고 있는지 파악하는 것은 어렵다

학장이 되기 전, 나는 리더로서 가장 중요한 자산 중 하나가 '정확한 정보'라고 믿었다. 리더는 사실을 기반으로 결정을 내려야 하며, 학내의 상황을 누구보다 명확히 파악하고 있어야 한다고 생각했다. 하지만 막상 학장직에 오르고 나서, 나는 충격을 받았다.

'정확한 정보'를 얻는 일은 결코 쉽지 않았다.

의외로 많은 정보는 걸러져서 들어왔다. 동료들은 불편한 진실을 이야기하길 주저했고, 일부는 자신의 입장과 이해관계에 맞게 정보를 포장해 전달했다. 겉으로는 조용해 보이는 부서 안에서 암묵적인 갈등이 벌어지고 있었고, 중요한 결정의 배경엔 얽히고설킨 감정과 정치가 숨어 있었다. 나는 그 모든 것을 늦게, 혹은 왜곡된 형태로 듣곤 했다.

"아니, 이런 일들이 벌어지고 있었나?"

어느 날, 캠퍼스의 한구석에서 우연히 들은 이야기에 나는 적잖이 놀랐다. 내가 모르는 문제들이 너무 많았고, 내가 알고 있다고 믿었던 사실들 중 많은 것이 실제와 달랐다. 그제야 나는 절감했다. 리더십은 정보 싸움이라는 것을.

그래서 나는 움직이기 시작했다. 단지 보고서와 회의만으로는 부족했다. 학장실을 나와 직접 발로 뛰었고, 외부 이해관계자들에게도 귀를 열었다. 교수와 학생, 직원과 기부자—서로 다른 위치에서 바라본 학교의 진짜 모습을 듣고 싶었다. 무엇보다, 구성원들이 자유롭게 말할 수 있는 문화를 만들어야 한다고 결심했다. 나쁜 소식도, 비판도, 대립되는 의견도 숨기지 않고 말할 수 있는 환경. 그것이 진정한 조직의 힘이라는 것을 깨달았기 때문이다.

점차 변화가 시작되었다. 침묵 속에 묻혀 있던 목소리들이 하나둘 모습을 드러냈고, 나는 더 깊고 풍부한 관점 속에서 결정을 내릴 수 있게 되었다. 단순한 정보 전달이 아닌, 신뢰를 바탕으로 한 진정한 대화의 문화가 자라나기 시작한 것이다.

이 경험은 내 리더십에 깊은 전환점을 가져왔다. 투명성은 선택이 아니라 필수였고, 협업은 명분이 아니라 생존 전략이었으며, 정직한 소통이야말로 모든 혁신의 출발점이었다.

이제 나는 안다. 강력한 리더십은 권위에서 나오는 것이 아니라, 진실을 마주할 수 있는 용기와, 그 진실로부터 함께 배우고 앞으로 나아갈 수 있는 조직문화에서 비롯된다는 것을.

◈ 여덟 번째 놀라움: 학장도 실수로부터 자유롭지 않다

학장의 자리는 흔히 무오류의 상징처럼 여겨진다. 리더는 실수하지 않고, 흔들리지 않으며, 개인적인 갈등이나 고통도 느끼지 않는 존재라는 이미지가 일반적이듯 말이다. 나 역시 처음엔 그런 환상을 품고 있었다. 그러나 곧 깨달았다. 학장이란 자리야말로 끊임없이 시험당하고, 인간적인 한계가 가장 적나라하게 드러나는 자리라는 것을.

리더십은 말처럼 화려하지 않았다. 일과 삶의 균형은 무너졌고, 가까운 인간관계마저도 자주 흔들렸다. 무엇보다, 끊임없는 외부의 시선과 기대 속에서 언제나 침착함과 완벽함을 유지해야 한다는 무언의 압박은 엄청난 정신적 부담이었다.

하지만 나는 그 안에서 중요한 교훈 하나를 얻었다. 리더십의 진짜 힘은 실수를 피하는 데 있는 것이 아니라, 실수를 정직하게 마주하고, 스스로를 돌아보는 데 있다는 것. 겸손과 성찰은 리더에게 있어 약점이 아니라, 오히려 가장 강력한 무기였다.

그 깨달음은 2015년 어느 교수 워크숍에서 찾아왔다.

우리는 학과 재편성 문제에 대해 깊이 있는 논의를 이어 가고 있었다. 충분한 토론 후, 나는 학장으로서 내 생각을 조심스럽게 공유했다. 나는 이 발언이 논의를 더 진전시키는 계기가 되기를 바랐다. 그러나 의도와는 다르게, 나의 말은 최종 결정처럼 받아들여졌고, 일부학과장은 큰 실망과 우려를 드러냈다. 그들은 자신들의 권한과 자원, 영향력이 축소될 것이라는 위기감을 느꼈던 것이다.

나는 당혹스러웠다. 내가 던진 말 한마디가 수년간 쌓아 온 신뢰를 무너뜨릴 수도 있다는 사실을 목도했기 때문이다. 뒤늦게 돌아보니, 내 리더십 방식이 너무 일방적이고 권위적으로 보였다는 것을 인정하지 않을 수 없었다.

그 사건 이후, 나는 내 리더십 스타일을 바꾸기 시작했다. 더 많이 듣고, 더 구체적으로 설명하고, 더 깊이 협의했다. 교수들이 자신들의 목소리가 무시되었다고 느끼지 않고, 존중받고 반영되었다고 느낄 수 있도록 하는 것이 얼마나 중요한지 절실히 깨달았기 때문이다.

이 경험은 내게 중요한 진리를 다시 한번 확인시켜 주었다. 겸손은 리더의 결핍이 아니라 자격이며, 실수를 인정하는 용기야말로 진짜 리더십의 본질이라는 것을. 나는 이러한 마음가짐으로 무너졌던 신뢰를 회복했고, 더욱 협력적인 문화와 건강한 소통이 살아 숨 쉬는 조직을 다시 세워 갈 수 있었다.

리더십은 완벽함이 아니라, 끊임없는 성장의 의지로 완성되어 간다는 것을 나는 배웠다. 그리고 나는 그 여정을 멈추지 않기로 결심했다.

최종 성찰: 리더십은 역할이 아니라 여정이다

지금 돌이켜 보면, 이른바 '여덟 가지 놀라움'은 단순한 에피소드가 아니었다. 그것은 리더로서 학문 공동체를 이끄는 것이 얼마나 복잡하고 섬세한 노력을 요하는 과정인지를 보여 주는 내면의 통찰과 깨달음의 기록이었다. 학장의 자리는 단순한 행정 관리자가 아니라, 가치의 설계자이자, 미래의 설계자가 되어야 하는 자리였다.

매일의 일상적인 운영을 넘어서, 나는 대학의 전략적 방향을 세우고, 조직의 정체성과 가치를 재정립하며, 지속 가능한 미래를 위한 토대를 구축해야 했다. 그러나 진정한 영향력은 직위에서 나오는 것이 아니었다. 투명성, 진정성 그리고 비전의 힘—그것이 진짜 리더십의 원천이었다.

신뢰는 강요에서 생겨나지 않았다. 경청하고, 공감하며, 함께 만들어가는 리더십, 바로 그것이 공동체를 살아 움직이게 했다. 그리고 그 여정은 결코 쉬운 길이 아니었다. 공적인 역할의 책임과 개인적 삶 사이의 긴장은 언제나 나를 시험했고, 때로는 외롭고 고독한 결정이 필요했다. 하지만 그 모든 순간에도 나는 확신할 수 있었다. 이 길은 의미 있는 길이며, 그 끝에는 더 나은 내일이 기다리고 있다는 것을.

나는 리더십이 더 이상 '명령과 통제'의 기술이 아니라고 믿게 되었다. 리더십이란, 구성원들로 하여금 하나의 공동 목표에 헌신하도록 영감을 주는 힘이자 예술이다. 리더는 모든 길 지시하는 사람이 아니라, 타인에게 책임과 비전을 나누는 사람이어야 한다. 그렇게 할 때에만 조직은 살아 숨 쉴 수 있고, 자율과 창의, 협력을 꽃피우는 진정한 변화에 나설 수 있다.

물론 리더의 길은 험하고, 때론 외롭다. 하지만 그 길 위에서 마주하는 보람은 이루 말할 수 없이 크다. 한 조직의 성장과 변화 그리고 더 넓은 사회에 기여할 수 있는 기회—이보다 더 값지고 의미 있는 일이 있을까?

이 모든 경험은 나의 리더십 철학을 깊이 있게 재정립해 주었다. 명확한 비전, 협력의 문화 그리고 포기하지 않는 끈기—이 세 가지야말로 내가 끝까지 지켜야 할 원칙이었다.

이제 나는 믿는다. 리더십은 단순한 역할이 아니라, 사람과 조직, 공동체를 변화시키는 위대한 여정이라는 것을. 그리고 그 여정은 흔적을 남긴다는 것을 말이다. 조직의 역사 속에, 사람들의 마음속에 그리고 나 자신의 삶 속에.

신임 학장들에게 전하는 조언

나는 학장으로서 보낸 18년간의 치열한 여정을 되돌아보며, 학문적 리더십의 무게와 찬란함을 동시에 깊이 체감했다. 학장의 책임은 재정 관리, 교수진 개발, 연구 확대, 기금 모금 등 모든 영역을 아우른다. 이러한 책무는 안정적으로 수행되어야 하면서도, 동시에 높은 비전을 품고 미래를 향해 끊임없이 적응하고 진화해 나가야 한다.

이제, 내가 온몸으로 겪어 낸 이 여정을 바탕으로, 새로운 학장들에게 마지막으로 간곡한 조언을 전하고자 한다.

◈ 재정 관리: 성공의 초석

재정 안정성은 기관의 운명을 가르는 심장이다. 아무리 눈부신 비전이나 치밀한 전략이라 해도 견고한 재정 기반 없이는 모래성처럼 허무하게 무너질 수밖에 없다. 나는 학장으로 취임하던 즈음, 대학이 짊어진 150만 달러의 적자를 마주했다. 숨 쉴 틈도 없었다. 주저하거나 물러서는 순간, 3년 내에 적자는 500만 달러로 불어나 대학은 벼랑 끝으로 내몰릴 판이었다.

그때 나는 알았다. 생존을 위해서는 단호한 대응이 불가피하다는 것을. 나는 과감히 중복된 인건비를 정리하고, 불필요한 채용을 멈추고, 자원의 흐름을 철저히 재편했다. 그리고 공격적으로 새로운 수익원을 창출하기 시작했다. 진료 서비스를 확장하고, 혁신적인 평생 교육 프로그램과 국제 프로그램을 도입했으며, 진료소에는 수익 공유 모델을 도입해 부서들로 하여금 성과를 극대화하도록 밀어붙였다. 우리는 돌파구를 찾아야 했다. 단지 살아남아야 했기 때문이다.

결과는 극적이었다. 적자가 흑자로 반전되면서 대학은 지속 가능한 성장의 길 위에 다시 섰다. 그때 나는 깨달았다. 재정적 예비금이야말로 생존의 마지막 방어선이라는 것을.

2009년 세계 금융위기가 몰아닥쳤을 때, 캘리포니아 주정부의 지원금이 무자비하게 삭감되었지만, 우리는 흔들리지 않았다. 이미 준비된 재정 기반 덕분이었다. 오히려 우리는 그 폭풍 속에서도 더욱 단단해졌다. 내가 학장직을 마칠 무렵, 학교의 연간 예산은 3,500만 달러에서 9,000만 달러로 폭발적으로 증가했으며, 주정부 지원금 비율은 전체 예산의 14%로 줄어 있었다. 그것은 단순한 숫자가 아니었다. 그것은 우리 스스로 운명을 개척할 수 있게 된, 진정한 자유를 의미했다.

◈ 교수진 채용 및 유지: 학문적 우수성의 핵심

2002년, 나는 미국치의학교육협회(ADEA)가 주최한 학장 회의에 초청되어 연단에 올랐다. 그날의 주제는 다소 무거웠다. "교수진의 확보와 유지"—당시 치의학 교육계에서 점점 더 절박하게 떠오르던 과제였다.

나는 연단에 서서 다소 엉뚱한 질문으로 화두를 던졌다.

"대학 교수와 프로 운동선수 사이에 공통점이 있다면 무엇일까요?"

청중은 잠시 술렁이다가 조용해졌다. 웅성거림마저 멈추고, 회의장은 일순 정적에 휩싸였다. 의아함과 호기심이 교차하는 그 순간, 나는 조용히 말을 이었다.

"사람들은 경기장 시설을 보기 위해 경기를 찾지 않습니다. 그들이 보고자 하는 것은 경기장에서 뛰는 선수들의 '재능'과 '열정'입니다."

이 말과 함께, 나는 프로 운동선수와 교수진의 공통점을 천천히 풀어 가기 시작했다.

"위대한 운동선수들은 단순히 뛰어난 신체 능력을 지닌 이들이 아닙니다. 그들은 누구보다 강한 내면의 동기를 품고 있으며, 스스로를 밀어붙이며 한계를 넘어서기 위해 매일을 살아갑니다. 그들의 목표는 단지 승리에 머무르지 않습니다. 자신을 믿고 응원하는 팀과 팬들을 위해, 그들은 경기장 위에서 매 순간 최고의 장면을 만들어 내고자 갈망합니다."

이런 갈망은 때로 피와 땀, 고통과 눈물로 점철된 훈련을 견디게 하고, 때로는 패배의 좌절 속에서도 다시 일어서게 하는 힘이 됩니다. 그들은 혼자의 이름이 아닌, 팀 전체의 이름을 걸고 싸웁니다. 그리고 마침내 승리의 순간이 찾아왔을 때, 그들의 존재는 단순한 '선수'를 넘어 팀의 상징이 되고, 자부심이 되며, 전설이 됩니다.

그들이 만들어 내는 감동은 사람들의 마음을 움직이고, 팬들은 그 감동을 다시 보기 위해 경기장으로 모여듭니다. 그들이 출전하는 경기 한 경기마다 입장권이 팔리고, 방송 중계권이 경쟁적으로 거래되며, 후원사들이 줄을 섭니다. 그 한 사람의 열정과 헌신이 곧 하나의 브랜드가 되고, 구단 전체에 실질적인 가치를 안겨 주는 원동력이 되는 것입니다.

그렇기에 그들은 단지 '운동을 잘하는 사람'이 아니라, 모두의 가슴을 뛰게 하는 '빛나는 존재', 곧, 스타입니다."

그리고 나는 이렇게 덧붙였다.

"그와 같은 존재가 바로, '대학의 교수'입니다."

훌륭한 교수진은 대학의 기둥이다. 그들은 단지 강의만 하는 이들이 아니다. 학문과 지식의 최전선에서 창조하고, 연구하며, 교육이라는 불꽃을 통해 다음 세대를 길러 낸다. 교수는 학생들이 배우고자 하는 가장 큰 이유가 되고, 그 학교를 선택하게 만드는 결정적 동인이 된다.

명문 대학에 학생들이 몰리는 것은 단지 건물이나 시설, 졸업장 때문이 아니다. 그 대학에 노벨상 수상자가 있고, 세계적 석학이 있으며, 영감을 주는 스승이 있다는 사실에 학생들이 이끌리는 것이다.

그날, 나는 단지 교수의 중요성을 강조하고자 했던 것이 아니다. 나는 그들이 대학의 '스타'로서 대우받기를 바랐다. 연구를 통해 지식을 계발하고 전승하는 스타로서 그들의 열정과 헌신이 어떻게 대학의 위상을 높이고, 그 이름에 무게를 더하는지를 말하고 싶었다.

모든 위대한 팀에는 뛰어난 선수가 있다. 마찬가지로, 모든 위대한 대학에는 탁월한 교수가 있다. 이들이 바로 대학의 발전을 이끄는 핵심 동력이라는 사실은 아무리 강조해도 지나치지 않다.

구분	프로 운동선수	대학교 교수진
핵심 역량	자기 동기 부여 및 창의성	지식 창출
기관의 명성 향상	팀의 명성 향상 ◈ 개인 기록 및 명성 ◈ 팀 성적 ◈ 전국 순위	대학의 명성 향상 ◈ 학문 및 교육 활동 ◈ 보건의료 리더십 ◈ 대학 및 학과 순위
사회적 역할	사회의 롤모델	학생들의 롤모델
고객 만족	고객(대중)을 만족시켜 팬과 관중을 끌어들임	고객(대중, 동문, 학생)을 만족시켜 우수한 학생 유치
재정적 기여	수익 창출(티켓, 방송, 식음료 등)	재정 상태 개선(등록금, 연구비, 병원 수익, 기부금 등)
기관 내 위상	팀의 핵심 자산	대학의 핵심 자산

프로 운동선수 vs. 교수진의 유사성 비교

교수진은 학교의 가장 중요한 자산이다. 그들이 있어야 연구가 살아 숨 쉬고, 교육이 불꽃을 품고, 혁신이 꿈틀댄다. 그러나 세계적 수준의 교수진을 끌어들이고 유지하는 일은 말처럼 쉬운 일이 아니었다. 치과대학의 경우, 고액 연봉이 보장되는 개업과 비교할 때 학계는 '희생'을 요구하는 선택지에 불과했다. 수백 명의 전임직이 전국적으로 비어 있었다. 위기는 현실이었다.

나는 이 냉혹한 현실 앞에서 결심했다. 단순히 돈으로는 해결할 수 없는 싸움을 하기로. 젊은 치과의사들에게, 학문과 연구 그리고 세상을 변화시키는 사명감을 심어 주어야 했다. 우리는 존중과 협력 그리고 의미를 심는 문화를 조성했다. 교수진은 단순한 교사가 아니라, 다음 세대의 등불을 들고 나아가는 선구자가 되어야 했다.

그리고 나는 과감히 행동했다. 교수들에게 단지 열정을 요구하는 것이 아니라, 실제적인 보상 체계를 마련했다. 교내 진료, 연구 보조금, 평생 교육 프로그램, 국제 치과의사 교육 등 다양한 수익 활동을 가능하게 해주었다. 이 전략은 우리 학교를 떠날까 고민하던 수많은 인재들을 다시 붙잡았고, 새로운 세대의 학문적 리더들을 길러 내는 데 이바지했다.

교수진을 채용할 때마다 나는 묻고 또 물었다.

"왜 이 길을 선택했습니까?"

그 대답 속에서 우리는 다시금 우리의 사명을 되새겼다. 단순히 안정적인 직장에 안주하지 않고, 연구와 교육을 통해 세상을 바꾸겠다는 신념. 내 역할은 그 소중한 불씨를 살려 내어 거세게 지피는 일이었다.

◈ 리더십

학술적 리더십은 기술적 전문성, 감성 지능 그리고 전략적 사고를 요구하는 복잡한 균형의 예술이다. 나는 커리어를 시작할 때 스스로를 타고난 리더라고 생각해 본 적이 없었다. 나의 초기 경력 입문은 강의, 연구 그리고 환자 치료에 집중되어 있었고, 이후 맡게 될 행정적 책임에 대한 준비는 당시 전혀 되어 있지 않았다. 그러나 나는 기나긴 우여곡절 속에 부딪히고 깨지며 리더로서 성장하고 진화해 나갔다. 나는 이 여정을 통해 리더십이 타고나는 것이 아니라, 경험과 성찰, 끊임없는 학습을 거쳐 길러지고 다듬어지는 것임을 온몸으로 깨달았다.

가장 먼저 배운 것은 적응력의 가치였다. 위기의 순간에는 단호한 결단력이, 혁신을 이끌 때는 협력을 이끄는 부드러움이 필요했다. 상황에 따라 리더십 스타일을 조율할 수 있어야 했다. 또한 나는 '편견 없이 듣기(listening gray)'—섣불리 판단하지 않고 모든 가능성을 열어두는 능력—가 복잡한 이해관계 속에서도 균형 잡힌 결정을 내리게 해준다는 것을 배웠다. 리더는 성급하게 신뢰를 거두거나 확신해서는 안 된다. 필요한 순간까지는 믿고 기다려야 한다.

나는 또한 학계에서는 무엇보다 '과정(processing)'이 중요하다는 것을 절실히 깨달았다. 아무리 훌륭한 정책이라 해도 성공 여부는 그것이 어떻게 도입되고 논의되며 실행되는지에 달려 있었다. 나는 한 총장이 좋은 취지의 정책을 준비했음에도 불구하고 학장단과 충분히 논의하지 않은 채 일방적으로 발표함으로써 거센 저항을 초래하는 모습을 지켜본 적이 있다. 문제는 정책의 내용이 아니라, 정책 결정 과정의 민주성 부재에 있었다.

그때 나는 확신했다. 진정한 리더십은 사람들에게 무엇을 강요하는 것이 아니라, 스스로 '주인 의식'을 갖게 하는 것임을. 사람들이 어떤 계획이나 비전에 자신들의 손길이 닿았다고 느낄 때, 그것은 그들 자신의 아이디어가 되어 힘을 발휘한다. "아무도 자기 자식을 미워하지 않는다"는 말처럼 말이다.

나는 또 하나의 중요한 원칙을 강조하고 싶다.

"자유롭게 생각하라."

진정한 비전은 실현 가능성, 합법성, 비용, 시간, 윤리와 같은 제약을 고민하기 전에 터져 나오는 창의성에서 비롯된다. 대부분의 사람들은 처음부터 제약을 스스로 부여함으로써 혁신을 질식시킨다. 그러나 진정한 리더는 제약을 넘어서 자유롭게 사고하고, 기존의 경계를 허물 용기를 가진 사람이다.

위대한 리더들은 위대한 예술가처럼 생각했다.

프랭클린 D. 루즈벨트 대통령이 영화 제작자 오슨 웰스(Orson Welles)에게 "나는 당신처럼 예술적 재능을 가졌으면 좋겠다"고 말했을 때, 웰스는 이렇게 답했다.

"대통령님, 당신도 예술가입니다."

리더십 역시 예술이다. 영감과 창조의 영역이기 때문이다.

역사를 바꾼 인물들—모차르트, 피카소, 프랭크 게리—이들은 모두 상식을 거부하고 상상을 향해 걸어갔다. 그들은 자유롭게 사고했고, 세상을 다시 만들었다. 리더십도 마찬가지다. 우리는 단순히 조직을 관리하는 것이 아니라, 상상과 비전으로 불을 지피고, 사람들에게 더 나은 세상을 꿈꾸게 해야 한다.

◈ 지식 관리(Knowledge Management)

리더십만큼이나, 나는 지식 관리의 힘을 뼈저리게 깨달았다.

대학은 지식을 창출하고, 보존하고, 확산하는 곳이다. 하지만 지식은 살아 있는 존재처럼, 손을 놓는 순간 사라지고 만다. 효과적인 지식 관리가 없다면, 세월이 지나면서 우리는 쌓아 온 모든 유산을 눈앞에서 허무하게 잃을 수도 있다.

나는 학장 재임 동안 체계적인 지식 관리의 절박함을 가슴 깊이 느꼈다. 협업, 자원 공유, 학제 간 통합을 촉진해야 했다. 연구와 혁신을 활성화하려면, 지식이 흐르는 혈관처럼 기관 전체를 촘촘히 연결해야 했다. 나는 지식의 손실을 막기 위해 상세한 문서화 체계를 구축했고, 직원 간 교차 교육을 강화했으며, 부서 간 장벽을 허물고 협력 문화를 조성했다.

지식 관리는 단순한 내부 절차에 그치지 않았다. 디지털 도서관, 오픈 액세스 플랫폼, 데이터 기반 의사결정 체계 등 가능한 모든 수단을 동원해 나는 우리 기관의 집단지성을 보존하고 강화했다. 그것은 단순히 효율의 문제가 아니었다. 그것은 생존의 문제였다. 미래를 지배하는 것은, 결국 지식을 지배하는 자이기 때문이다.

방치된 지식은 휘발되기 쉽다. 그러나 지혜롭게 관리하면 지식은 세대를 넘어 불멸이 된다.

◈ 연구 우수성 확장

연구 우수성을 키우는 것은 단순한 목표가 아니었다. 그것은 치열한 투쟁이었다.

치과대학에서 연구를 발전시키는 일은 불모지에 숲을 가꾸는 것과 같았다. 나는 기관의 심장에 연구를 심어야 했다. 교수진, 학생, 직원 모두가 연구를 사명처럼 받아들이게 해야 했다. 그것 없이는 혁신도,

성장도 없기에.

나는 연구를 단순한 취미나 부가 활동으로 여기지 않았다. 연구는 우리의 존재 이유였다.

그래서 나는 과감히 투자했다. 고급 연구 방법론 훈련, 연구비 신청 전략 교육, 젊은 교수들을 위한 맞춤형 멘토링—모든 디테일을 설계했다.

또한 나는 '연구의 날(Research Day)'을 창설하여, 연구 성과를 축제처럼 기념하게 했다. 우리는 성과를 숨기지 않고 자랑했다. 가시성은 힘이다. 세상이 우리를 보게 만들기 위해, 나는 교수와 학생들을 국제 학회로 보내고, 최고 저널에 논문을 발표하도록 독려했다.

그러나 아무리 좋은 인재와 아이디어가 있어도, 기반이 없으면 소용없었다. 나는 최첨단 실험실, 공용 장비, 중앙지원 체계를 구축하는 데 수백만 달러를 투자했다. 동시에, 의학, 생물학, 공학, 수학, 심리학, 공중보건, 심지어 인공지능 분야와 협력을 이끌어 냈다. 학제 간 협력 없이는 치의학의 미래도 없다는 절실한 판단으로.

UCLA 치과대학은 암, 골 재생, 생체재료 분야에서 세계를 선도하기 시작했다. 하지만 나는 거기서 멈추지 않았다. 연구는 논문 한 편으로 끝나는 것이 아니다. 우리는 발견한 지식을 실용화하고, 특허를 내고, 사회적 문제 해결에 연결했다. 연구, 교육, 기술이전—나는 이 삼각형을 하나의 유기체로 통합했다.

오늘날 UCLA 치과대학이 혁신과 리더십의 상징이 된 것은, 단순히 운이 좋아서가 아니다. 그것은 땀과 전략, 끈질긴 집념으로 쌓아 올린 결과다. 나는 단 한 순간도 이 싸움을 가볍게 여기지 않았다. 왜냐하면 연구는 생명이고, 지식은 힘이기 때문이다.

◈ 새로운 기술과 인공지능(AI) 도입

나는 새로운 시대의 학장으로서 한 가지 사실을 명확히 깨달았다. 기술과 인공지능(AI)을 받아들이지 않는 자는 미래를 가질 수 없다는 것을 말이다.

AI는 단순한 도구가 아니라, 교육, 임상 치료, 연구를 근본부터 재편할 수 있는 혁신의 엔진이었다. 그러나 나는 알았다. AI의 성공적인 도입은 단순히 유행을 추종하는 것을 넘어 명확하고 치밀한 전략이 뒷받침될 때에만 가능하다는 것을.

나는 AI가 가장 큰 임팩트를 낼 수 있는 영역부터 집중했다. 진단 정확도의 혁신, 개인 맞춤형 치료 계획, 가상 시뮬레이션을 통한 학습 혁명—이것이 우리의 시작이었다.

그러나 기술은 기계가 아니라 사람을 통해 실현된다. 나는 교수진 계발에 먼저 착수했다. 교육자들이 스스로 AI를 이해하고 활용할 수 있게 해야, 학생들에게도 진정한 변화를 가져올 수 있기 때문이었다.

AI는 교육을 넘어 임상도 재창조할 잠재력을 품고 있었다. 구강 질병을 조기에 발견하고, 실시간으로 치료를 추천하며, 의료 기록과 자원 관리를 최적화하는 미래가 이미 다가오고 있었다. 나는 이 흐름을 두려워하지 않았다. 아니, 이 흐름을 이끌기로 결심했다.

AI는 연구에서도 새로운 차원을 열어 주었다. 방대한 데이터에서 인간이 감지할 수 없는 패턴을 찾아내고, 의사결정을 과학적 근거 위에 쌓아 올릴 수 있게 했다. 나는 산업계 리더, 동문, 타 분야 전문가들과 손을 잡았다. 고립된 혁신은 없으며, 연결된 혁신만이 진짜이기에.

그러나 나는 경계심을 늦추지 않았다. AI는 강력하지만, 윤리적 기반 위에 서지 않으면 위험해진다. 데이터 개인정보 보호, 알고리즘의 편향성 제거, 공정한 접근성 보장—이 모든 것은 선택이 아니라 필수였다. 포용성은 기술을 인간답게 만드는 마지막 장치였다.

나는 믿는다. AI는 단순히 치과학의 미래를 바꾸는 도구가 아니다. 우리가 어떤 인간이 될 것인가를 묻는 질문이다.

◈ 기금 마련과 개발: 협력의 예술

기금 마련은 단순한 '모금'이 아니다. 그것은 비전을 팔고, 신뢰를 사고, 미래를 함께 일구는 일이다.

내가 처음 UCLA 치과대학의 학장직을 맡았을 때, 기금 모금 상황은 초라했다. 우리는 잠재력을 가지고 있었지만, 그것을 세상에 알리지 못하고 있었다. 나는 마냥 기다리지 않았다. 직접 움직였다. 학교의 이야기를 찾아내고, 꿈을 그려 내고, 그것을 세상에 들려주었다.

나는 기부자들을 단순한 후원자가 아니라, 학교의 동반자로 대했다. 그들의 열정과 가치관을 경청했고, 우리의 사명과 비전을 그들의 신념과 연결했다. 그 결과는 놀라웠다. 거의 8천만 달러의 기부금이 모였고, 11개의 석좌교수직이 설립되었으며, 학교는 비로소 진정한 글로벌 리더로 도약할 수 있었다.

기부는 돈을 주고받는 거래가 아니다. 기부는 신념과 신뢰의 선언이다. 기부자들은 능력이 있어서가 아니라, 믿음이 있어서 기부한다. 그들은 변화와 성공의 일부가 되기를 원한다. 나는 그들에게 명확하고 야심 찬 미래를 제시했다. 그리고 우리는 함께 그 미래를 건설했다.

성공적인 기금 마련은 세 가지를 요구한다—진정성, 지속성 그리고 결과.

우리는 우리가 받은 모든 지원이 어떻게 실질적인 변화를 이끌었는지 명확히 보여 주었다. 그리고 기부자들은 우리와 함께 학교를 재창조하는 데 자부심을 느꼈다. 그것이 진정한 기적이었다.

오늘날 나는 말할 수 있다. 기술과 인공지능 그리고 기금 마련을 통한 성장—이 모든 과업은 결국 다음과 같은 하나의 질문으로 귀결된다는 것을.

"우리는 어떤 미래를 꿈꾸고, 그 미래를 위해 얼마나 치열하게 싸울 준비가 되어 있는가?"

나는 UCLA 치과대학에서 그 답을 행동으로 증명했다.

◈ 리더십의 연속성: 의미 있는 변화의 열쇠

기관의 미래는 바로 이 핵심 질문에 대한 답에 달려 있다.

"리더십이 충분히 지속될 수 있는가?"

학장의 임기는 단순한 시간의 문제가 아니다. 학장의 임기의 안정성 여부는 기관의 방향, 문화 그리고 성취할 수 있는 꿈의 크기를 결정하는 핵심 변수다. 짧은 임기는 계획의 단절을 낳고, 비전의 실현을 가로막는다. 반면 긴 임기는 장기적 호흡과 일관성을 제공하여 진정한 변혁을 이룰 수 있는 토양을 만든다.

나는 무려 18년 동안 UCLA 치과대학의 학장으로 재직했다.

18년. 그것은 단순한 숫자가 아니었다. 그것은 한 세대의 시간이었다. 그 긴 기간 동안 나는 재정 안정, 연구 우수성 그리고 활기찬 학문 문화를 세 축으로 삼아 학교를 근본적으로 변화시켰다.

짧은 리더십은 목표를 세우기도 전에 끝난다. 반면 긴 리더십은 목표를 현실로 만든다.

나는 전략적 일관성 위에 변화를 쌓았다. 즉흥적 대응이 아니라, 장기적 비전을 기반으로 한 도약을 이루었다. 우리가 구축한 신뢰, 이해관계자들과의 깊은 관계 그리고 지속적 이니셔티브는 긴 리더십 없이는 불가능했을 것이다.

오늘날 UCLA 치과대학은 흔들림 없는 기반 위에 서 있다. 우리는 어떤 위기가 와도 맞설 수 있으며, 어떤 기회가 와도 움켜쥘 준비가 되어 있다.

리더십은 끊임없는 균형의 예술이다. 안정성과 적응성, 둘 중 하나라도 잃으면 기관은 흔들린다. 안정성은 비전을 품고 씨를 심게 하고, 적응성은 예기치 않은 변화에도 꽃을 피우게 한다. 나는 두 세계 모두를 조율했다. 계획된 장기 전략을 추진하는 동시에, 변화하는 교육, 연구, 사회적 환경에 날카롭게 대응했다.

오랜 리더십만이 만들어 낼 수 있는 기적. 우리는 그것을 증명했다. 끊임없는 혁신, 단단한 재정, 세계적 연구 성과—이 모든 것은 단단히 뿌리내린 리더십이 있었기에 가능했다.

나는 이제 안다. 기관을 진정으로 바꾸는 것은 몇 번의 연설이나 몇 건의 프로젝트 따위가 아니라는 것을. 오로지 비전, 인내 그리고 지속성만이 새로운 시대를 여는 열쇠다.

우리 행정팀, 자문위원회 위원들 그리고 후원자들

18년간 UCLA 치과대학의 학장으로서 걸어온 여정을 되돌아보면, 내 마음을 가장 깊이 채우는 감정은 다름 아닌 '감사'와 '존경'이다. 그 여정은 결코 나 혼자의 발걸음으로는 완성될 수 없었을 것이다. 그 길 위엔 언제나 사람들이 함께했고, 그 중심에는 단연코 우리 행정팀이 있었다.

그들은 조용하면서도 강인했고, 몸을 낮추어 일하면서도 누구보다 빛나는 존재들이었다. 그들은 하루하루 반복되는 행정 업무를 빈틈없이 처리하면서도, 위기의 순간에는 누구보다 침착하게 문제를 끌어안고 해결해 나갔다. 때로는 전례 없는 상황 앞에서 좌절하기도 했지만, 그들은 언제나 새로운 해법을 찾아냈고, 서로를 믿고 의지하며 앞으로 나아갔다.

그들의 손끝에서 치과대학의 리듬이 조율되고 캠퍼스의 숨결이 유지되었으며, 수많은 구성원들의 발걸음이 이어졌다. 그들은 단순한 행정인이 아니었다. 대학의 정체성과 품격을 함께 만들어 가는 조용한 건축가들이었다. 그들이 보여 준 탁월한 전문성, 흔들림 없는 책임감 그리고 공동체를 향한 깊은 애정은 매 순간 깊은 감동을 선사했다. 묵묵히 자신의 자리에서 최선을 다한 그들은 UCLA 치과대학의 조용한 영웅이었다. 이 자리를 빌려 그들의 노고와 충성 그리고 따뜻한 동료애에 마음 깊이 감사드린다.

또한, 나는 UCLA 치과대학의 비전과 미래를 함께 설계해 온 자문위원회(Board of Counselors)와의 인연 역시 영광이라 부르고 싶다. 그들은 단순한 외부 자문이 아니었다. 학교가 바라보는 이상을 함께 품고, 그 이상을 현실로 바꾸는 길에 함께 걸어 준 동반자였다. 그들은 기꺼이 소중한 시간과 자원을 할애하여 대학 발전에 이바지했다. 그리고 언제나 날카로운 통찰력과 진심 어린 조언을 통해 우리가 가야 할 방향을 제시해 주었다. 그들의 존재는 UCLA 치과대학이 오늘의 자리에 설 수 있었던 가장 큰 힘 가운데 하나였다.

자문위원 한 분 한 분의 기여는 각기 달랐지만, 모두 결정적인 발자국을 남겼다. 그들의 조언은 단지 회의실에서 그치지 않았다. 그 조언은 실천이 되었고, 정책이 되었으며, 미래를 위한 기반이 되었다. 무엇보다 그들은 우리에게 '지속 가능한 발전'이 무엇인지 보여 주었다. 리더십이란 무엇이고, 나눔이란 어떤 힘을 지니는지 온몸으로 증명해 주었다. 그들과 함께 일할 수 있었던 것은 내 인생의 큰 선물이었다.

그리고 또 다른 귀한 동행자들—우리 UCLA 치과대학의 발전을 위해 아낌없이 지원을 보내 주신 기부자들이 있었다. 그들은 단지 재정적 후원자가 아니었다. 그들은 우리 대학의 철학과 비전에 진심으로 공감했고, 함께 미래를 열어 가는 길을 택한 분들이었다.

그들의 후원은 학생들에게는 배움의 기회를 넓혀 주었고, 교수진에게는 자유로운 연구의 토대를 제공했으며, 지역사회에는 더 나은 치과의료 서비스를 제공할 수 있는 길을 열어 주었다. 그들의 관대함은 UCLA 치과대학의 오늘을 지탱하는 보이지 않는 뿌리이자 내일을 향한 도약을 가능케 하는 든든한 버팀목이 되었다.

나는 이 모든 분들의 헌신과 기여에 진심으로 감사드린다. 그들의 영향력은 결코 오늘의 성취에만 머무르지 않는다. 그 울림은 앞으로도 수많은 세대의 학생들, 연구자들, 환자들의 삶 속에서 오래도록 살아 숨 쉴 것이다. 우리가 함께 걸어온 이 길 위에, 진심 어린 연대의 정신 그리고 탁월함을 향한 열정이 늘 깃들기를 소망한다.

제12장

주요 연설들

2016년 학장 퇴임식 고별 연설

2016년 5월, UCLA는 18년간의 임기를 마치고 퇴임하는 나를 위해 특별한 행사를 마련해 주었다. 행사가 열린 캠퍼스 내 카르네세일 커먼스(Carnesale Commons)는 수많은 학문적 성취를 축하하고 기념하는 자리가 되어 온 곳으로, 좌석 수가 제한되어 있어 초대 인원은 약 300명으로 신중하게 선정되었다. 존경받는 동료들, 친구들 그리고 학교의 성공을 위해 지원해 준 분들로, 블록 총장, 대학 지도자들, 교수진, 기부자들 그리고 학생들과 직원들이 참석자에 포함되었다. 이들은 우리 대학의 핵심을 대표하는 분들이었다.

그날 저녁, 나는 식장에 들어서면서 감정의 파도를 느꼈다. 말로 표현할 수 없는 자부심, 감사, 향수로 혼합된 감정이 밀려왔다. 18년이라는 시간은 단순한 시간이 아니라, 도전과 성취, 성장과 수많은 기억으로 가득 찬 여정이었다. 그 자리에 모인 청중 앞에서 나는 많은 분들이 표현해 준 따뜻한 감사에 깊은 겸허함과 영광을 느꼈다. 이들은 단지 직업적 관계가 아니라, 내 삶을 측정할 수 없는 방식으로 풍요롭게 해준 분들이었다.

학장으로서의 시간을 되돌아보며 우리가 함께 이루어 낸 성취에 대해 깊은 자부심을 느끼게 되었다. 혁신적인 연구를 발전시키고, 학생들의 성공을 개선하며, 교수진 개발을 향상시키고, 포용성과 혁신의 문화를 조성하는 것과 같은 이정표들은 모두가 하나 되어 이룬 노력의 결과였다. 다만 이 모든 성취에도 불구하고, 일상적인 상호작용과 내 삶의 많은 부분을 정의했던 이 직책에서 물러나는 것에 대해 어쩔 수 없이 씁쓸한 아쉬움을 느끼게 되었다.

물론 바통을 넘기는 것에 대한 안도감도 있었다. 학교가 능력 있는 이들의 손에 맡겨졌다는 확신과 함께 이제는 좀 더 여유로운 호흡으로 미래를 기대할 수 있겠다는 생각이 들었다. 돌아보면, 리더로서의 책임은 매우 보람 있었지만, 그에 따른 도전도 많았다. 이제 새로운 일에 도전하고, 개인적으로 성장하며, 오랫동안 미뤄 왔던 일들을 탐구할 시간을 가질 수 있다고 긍정적으로 생각하기로 했다.

그날 밤은 진심 어린 작별, 웃음 그리고 몇 차례의 눈물로 가득 찬 시간이었다. 나는 임기 동안 나를 이끌어 주었던 사람들의 얼굴을 보았다. 친구가 된 교수들, 리더가 된 학생들 그리고 우리가 달성한 성공의 숨은 영웅이었던 직원들. 그 순간은 학장의 유산이 단독으로 만들어지는 것이 아니라, 전체 공동체의 노력으로 엮어지는 것임을 다시 한번 일깨워 주었다. 행사에서는 우리가 함께한 여정을 담아낸 깜짝 영상이 상영되어 감동을 더해 주었다.

https://www.youtube.com/watch?v=bfrXP9xJek4
영상 링크 및 QR코드

영상이 끝난 후, 단상에 올라 퇴임 연설을 준비하면서 내가 이 학교에서 학장으로서 봉사할 수 있는 기회를 얻은 것에 대해 깊은 감사를 느꼈다. 그날 밤은 내게 있어 마무리의 시간인 동시에 대학과 동료들에게는 새로이 시작될 미래를 기념하는 시간이기도 했다.

다음은 그날 밤 전한 고별 연설이다.

"론, 이토록 깊은 생각을 담아 소개해 주셔서 감사합니다. 블록 총장님, 교수님들, 직원분들, 학생들, 동문들 그리고 친구들로부터 전해 주신 친절한 말씀과 공로에 대한 인정에 깊은 감동을 받았습니다. 오늘 저는 정말 깊이 겸허해지는 동시에 큰 감사의 마음을 느낍니다. 이 행사를 가능하게 해준 모든 분들께 진심으로 감사드리며, 저를 믿고, 함께 일하며, 저에게 이 훌륭한 기회를 주신 모든 분들께 감사드립니다.

이토록 훌륭한 동료들과 함께 일할 수 있었던 것만으로도 저는 제 인생에서 가장 큰 특권 중 하나를 누렸다고 생각합니다. 부총장님들, 학장님들, 직원분들, 특히 부학장님들, 과장들, 교수님들. 전문성과 헌신 그리고 인간미를 지니신 여러분께서 저와 늘 함께해 주신 덕분에 지난 18년 동안 저의 하루하루는 의미 있는 논의, 함께 나눈 꿈 그리고 협력의 기쁨으로 가득 찼습니다. 여러분의 우정과 지원 덕분에 제

일과 삶은 더욱 풍요로울 수 있었습니다.

우리 학생들에게도 깊은 감사의 마음을 전합니다. 여러분이야말로 우리 학교가 번영할 수 있는 바로 그 이유입니다. 여러분의 에너지, 헌신 그리고 우수성에 대한 추구는 매일 저에게 영감을 주었습니다. 여러분은 이 학교의 심장이며 영혼입니다. 여러분이 성취한 모든 것과 앞으로 성취할 모든 것에 대해 매우 자랑스러움을 느낍니다.

또한, 블록 총장님에게도 감사의 말을 전하고 싶습니다. 총장님의 지혜와 리더십 그리고 저를 향한 변함없는 신뢰는 저에게 큰 힘이 되었습니다. 더욱 큰 그림을 보는 능력, 저의 아이디어와 비전을 받아들여 주신 포용력 그리고 꾸준한 격려 덕분에 저의 학장으로서의 여정이 훨씬 더 보람 있었습니다. 또한 앨버트 카르네세일 전 총장님과 로리 흄 수석 부총장님에게도 큰 감사를 표합니다. 카르네세일 전 총장님은 저에게 이 역할을 맡겨 주셨고, 로리 흄 부총장님은 저를 이끌어 주셨을 뿐 아니라 과학적이고 철학적인 수많은 꿈과 아이디어 또한 함께 나누어 주셨습니다. 로리 흄 부총장님, 당신의 우정은 제 임기 동안 가장 큰 선물 중 하나였습니다. 그리고 스캇 와(Scott Waugh) 부총장님, 특히 어려운 순간에 변함없는 조언과 격려를 주셔서 감사합니다. 마지막으로 론 미토 부학장님, 당신의 지혜, 충성 그리고 지치지 않는 헌신 덕분에 제가 직면했던 모든 도전을 슬기롭게 극복할 수 있었고, 또한 모든 성취가 더욱 의미 있게 느껴졌습니다. 여러분의 팀워크와 진실성은 우리 모두의 본보기입니다.

우리 대학의 성공은 자선가 여러분들의 엄청난 관대함 덕분이었습니다. 밥 윌슨 회장님과 매리언 윌슨 여사님, 랄프 샤피로 회장님과 셜리 샤피로 여사님, 여러분의 비전, 지도력 그리고 우정은 우리 기관에 지울 수 없는 흔적을 남겼습니다. 우리의 사명에 대한 여러분의 믿음과 미래에 대한 투자 의지는 우리 모두에게 더 높은 목표를 설정하고 더 큰 꿈을 꾸도록 영감을 주었습니다. 나오미 엘리슨 박사님, 토머스 라우스 박사님, 장재민 회장님, 제 명예를 기리는 '박노희 박사상' 설립을 위해 120만 달러 이상을 모금하신 노력에 깊이 감동했습니다. 이 일을 짧은 시간 안에 이루어 낸 것은 정말로 놀라운 일입니다. 이 캠페인에 기여한 모든 분들 그리고 맬로리 곰퍼트 님이 이끄는 개발팀 전체에게도 감사의 말씀을 전합니다. 이 기금은 단순한 재정적 자원이 아니라, 치의학 교육과 직업의 미래에 대한 우리의 공동의 헌신을 증명하는 것입니다.

또한 오늘 이 자리에 참석하기 위해 애틀랜타에서 먼 길을 와준 나의 딸 제니퍼와 손녀 알렉산드라에게도 감사의 말을 전하고 싶습니다. 제니퍼, 알렉산드라, 그대들은 내 삶에 이루 말할 수 없는 기쁨, 자부심, 의미를 가져다주었습니다. 그대들에게 너무나 감사하고, 말로 다 표현할 수 없을 만큼 사랑합니다. 그리고 나의 아내 율리, 거의 47년 동안 함께 해온 내 인생의 동반자에게: 당신은 내 삶의 기반입니다. 매일 아침, 당신의 얼굴을 볼 때마다 나는 얼마나 운이 좋은지 깨닫습니다. 당신의 변함없는 사랑, 헤아릴 수 없는 희생 그리고 끝없는 격려는 내가 겪은 모든 도전과 승리의 여정 속에서 늘 나를 지탱해 주었습니다. 당신 없이는 내가 이룬 모든 성취는 존재하지 않을 것이며, 오늘날의 나도 없었을 것입니다. 율리, 당신은 내게 모든 것을 주었고, 그 점에 대해 깊은 마음으로 감사합니다.

며칠 전 한 친구가 처음 학장이 되었을 때의 제 감정을 기억하냐고 물었습니다. 그 친구는 제가 흥분했거나 자랑스러웠을 거라고 예상했겠지만, 사실 저는 당시 두려웠습니다. 저는 미래를 예측할 수 있는 점쟁이가 아니기에, 치의학, 이 학교, 심지어 캘리포니아 주의 재정이 어떻게 되어 나갈지 알 수 없었기 때문이지요.

지금으로부터 20년이 지난 과거에 제가 학장 후보였을 때, 저는 학생들, 교수진, 직원들에게 이렇게 말했습니다: '학장 후보로서 우리 학교를 견고하고, 뛰어나며, 치의학 교육의 불확실한 미래에 대비하는 선도적인 학교로 함께 힘을 모아 만들어 갈 수 있는 방법에 대해 제 의견과 비전을 나눌 기회를 가지게 되어 기쁩니다.' 그 말은 진심이었습니다. 제 꿈은 우리 대학을 세계 최고의 치대로 만드는 것이었습니다. 그리고 오늘, 저는 우리가 함께 그 꿈을 이룬 것을 자랑스럽게 생각합니다. 우리 대학은 이제 세계에서 가장 존경받는 치과 교육기관 중 하나로, 뛰어난 교육, 혁신적인 연구, 우수한 환자 관리, 영향력 있는 지역사회 봉사로 인정받고 있습니다.

미래를 위해 여전히 해야 할 일이 많다는 것을 저는 잘 알고 있습니다. 그러나 쾌활하고 다양한 학생들, 뛰어난 교수진, 헌신적인 직원들, 지원을 아끼지 않는 동문들, UCLA의 비할 데 없이 훌륭한 지적 환경이 있기에, 이 학교는 계속해서 번창하며 리더십을 발휘할 것이라고 확신합니다.

여러분 모두에게 저의 한 가지 생각을 강조합니다: 오늘 우리가 만드는 비전은 내일의 필요를 충족시켜야 합니다. 함께 힘을 모아 우리는 더 높은 목표를 달성하고 사회와 세상에 지속적인 영향을 미칠 수 있습니다. 작별 인사를 하는 것은 결코 쉽지 않습니다. 여러분 덕분에 저는 겸손, 연민, 인내, 리더십을 배웠습니다. 여러분은 저에게 교훈뿐만 아니라 추억을 주었습니다—그 추억은 제 삶의 다음 장으로 가는 길에 항상 함께할 것입니다.

미시 울브릭(Missy Ulbrich)이 한 말처럼: '우리는 행복을 나누었고, 두려움을 나누었으며, 수년 동안 많은 것을 나누었습니다. 어려운 시기에 우리는 서로의 곁에 있었습니다. 당신은 제가 울 때 웃게 해주었습니다.'

멋진 퇴임 행사를 만들어 준 여러분 모두에게 감사드립니다. 저는 학장직에서 물러나지만, 멀리 가지는 않을 것입니다. 언제든지 학장실 바로 아래층에서 저를 찾을 수 있습니다. 감사합니다."

2017년 UCLA 졸업식 연설 "기회는 오직 준비된 자에게만 찾아온다"

2017년 2월, UCLA 치과대학 학장인 폴 크렙스바흐 박사가 나에게 2017년 UCLA 치과대학 졸업식의 기조연설자로 참석해 달라는 초청을 보내왔다. 이 행사는 2017년 5월 31일, UCLA 캠퍼스의 상징적인 건물이자 극장인 로이스 홀(Royce Hall)에서 열렸다. UCLA는 재학생 수가 많기 때문에 전통적으로 각 단과대학 또는 학부별로 개별 졸업식을 개최하여 졸업생들이 좀 더 개인적이고 친밀한 시간을 보낼 수 있도록 배려해 왔다.

나는 그 초청을 수락하고 졸업생 앞에서 기조연설을 했다. 졸업식에는 학생들, 교수진, 직원들, 가족, 대학 관계자들, 친구들을 포함해 약 1,500명의 다양한 청중이 참석했다. 로이스 홀 무대에 서서 나는 행사의 의미를 새기고 나를 그 자리에 이르게 한 여정을 되돌아보았다. 미래의 치의학 전문가들에게 연설할 수 있는 기회를 얻게 된 것에 겸허해지면서도 벅찬 감동이 밀려왔다.

나는 연설을 통해 내 개인적, 직업적인 여정에서 얻은 통찰과 함께 격려의 말을 전하고, 교육과 인내가 어떻게 삶을 변화시킬 수 있는지에 대한 성찰을 나누었다. 나는 졸업생들이 도전을 기꺼이 받아들이고, 끊임없이 배워 나가며, 자신이 속한 분야와 공동체에 의미 있는 기여를 하도록 영감을 주고자 했다.

이 연설의 경험은 매우 보람 있는 일이었으며, 희망과 야망 그리고 무한한 가능성으로 가득 찬 청중과 소통할 수 있는 기회였다. 졸업생들과 그들의 가족, 교수진 앞에 서 있는 순간, 삶을 변화시키는 교육의 힘은 물론 미래 전문가들의 성장에 기여할 수 있다는 놀라운 특권을 누리고 있음을 다시금 실감했다. 이 행사는 나의 경력에서 잊을 수 없는 이정표였으며, 사회를 형성하는 데 있어 지적 호기심과 평생 학습 그리고 보건의료인의 역할이 갖는 중요성에 대해 다시금 확신하게 해주었다.

나의 연설은 단순히 졸업생들을 위한 격려의 메시지가 아니라, 고등 교육에 대한 나의 철학을 요약한 것이었으며, 교수이자 과학자, 행정가로서의 여정과 통찰을 반영한 것이었다. 이 연설은 나의 경력 전반에 걸쳐 내가 견지해 온 가치와 원칙, 즉 지적 호기심을 고무하기 위한 헌신, 연구를 통한 지식의 확장 그리고 차세대 리더와 혁신가를 양성하려는 노력을 함축하고 있다.

다음은 2017년 졸업식 연설 전문이다.

"친절한 소개 말씀 감사합니다, 크렙스바흐 학장님. 오늘 이 자리에 함께해 주신 교수진, 가족, 친구 여러분께도 감사드립니다.

그리고 가장 중요한 말—2017년 졸업생 여러분, 진심으로 축하합니다!

여러분은 해냈습니다! 카페인에 의지한 밤들, 수천 페이지에 달하는 시험 복습, "일부러 혀를 깨무시는 건가요?"와 같은 환자와의 대화 그리고 시술 중 다섯 시간째 "그냥 보기만 해"라는 지시를 듣는 기쁨까지… 모두 견뎌 내셨지요. 오늘은 정말 특별한 날입니다. 이렇게 뜻깊은 자리에 설 수 있어 매우 영광입니다. 하지만 솔직히 말하자면 약간 두렵기도 합니다. 왜냐하면 졸업식 연설이란 게 정말 어렵거든요. 말하자면, 청중은 긴장하거나, 감정에 북받치거나, 혹은 브런치까지 얼마나 남았는지 시계를 보고 있으니까요.

하지만 저는 그 초대를 기꺼이 수락했습니다. 밥 돌(Bob Dole) 상원의원이 한때 말했듯이, '졸업식 연설자는 장례식의 시신과 같습니다. 꼭 필요하지만, 아무도 많은 말을 기대하지 않습니다.' 저는 이렇게 생각했죠. '좋아! 그냥 나타나서 누군가의 중요한 날을 망치지 말고, 20분 안에 끝내자.'

스포일러 하나 밝히자면: 아마 조금 넘길지도 모르겠습니다.

이제 여러분이 치과의사 면허 학위, 박사학위, 석사학위, 복수학위,

혹은 임상 자격증 등 어떤 자격증을 받든 간에—여러분은 그 자격을 충분히 얻었습니다. 오늘은 단순히 치과대학을 마치는 끝이 아니라, 삶의 새로운 단계의 시작을 의미합니다. 팀 프로젝트는 줄어들겠지만, 보험 서류 작업은 더 많아질 겁니다. 여러분은 미국에서 가장 엄격한 학문 환경 중 하나를 견뎌 냈습니다. 그리고 그 과정은 재능과 끈기 그리고 아마 여러분이 인정하고 싶지 않을 만큼 많은 양의 부리토와 함께 이겨 냈습니다.

여러분은 지구상에서 가장 뛰어난 교육기관 중 하나인 UCLA에서 그 모든 것을 해냈습니다. (네, 편견일 수도 있습니다—하지만 크라운 프렙을 하면서 동시에 일광욕도 할 수 있는 다른 치과대학이 있다면 한번 찾아보라고 하고 싶네요.) 이제 여러분의 교수님들께 경의를 표하는 시간을 잠시 가집시다. 이분들은 밤늦게까지 강의를 준비하고, 여러분의 과제를 검토하고, 여러분의 진로를 이끌어 주셨으며—때때로 치실 사용이 정말 중요하다는 것을 상기시켜 주신 분들입니다. 그들의 열정과 헌신이 이 학교를 단순히 훌륭한 곳을 넘어 탁월한 곳으로 만들었습니다.

보통 졸업식 연설에는 인생 조언이 하나쯤 따라오기 마련입니다.

제가 치과대학을 졸업할 때, 우리 학장님은 이렇게 말씀하셨어요: '절대 당신의 꿈을 포기하지 마세요.'

저는 그 말을 마음 깊이 새겼습니다. 집에 가서 사흘 동안 내리 잤고, 꿈을 아주 많이 꿨죠—그리고 완전히 굶주린 채로 깨어났습니다. 당시엔 별 도움이 안 되는 것 같았죠.

나중에 제가 학장이 되었을 때, 총장님께서는 이렇게 조언하셨어요: '무엇을 하든 100%를 쏟아붓게.'

그건 정말 좋은 조언 같았죠.

그래서 헌혈할 때 100%를 쏟아부었습니다. 거의 죽을 뻔했어요.

그러니까… 조언이라는 게 참 애매하죠.

하지만 오늘 나는 여러분께 드릴 조언이 하나 있습니다.

약속드리건대—잠을 줄이거나 혈액을 잃을 필요는 없습니다.

단 한 단어입니다: '준비하세요(Prepare).'

크라운 프렙 얘기는 아닙니다.

물론, 여러분 대부분은 이제 자다가도 할 수 있겠지만요—실제로 해본 분도 있을 거고요.

제가 말하는 '준비'는 그다음을 위한 것, 예상치 못한 것을 위한 것, 전혀 예측 못 한 순간을 위한 준비입니다.

이런 말이 있습니다: '실력보다 운이 좋은 게 낫다.'

인생에서 운은 중요한 역할을 하죠.

가장 위대한 발견들 중 많은 것이 운 좋게 우연히 일어난 일들입니다.

페니실린? 우연이었습니다.

엑스레이? 그것도 우연이었죠.

아산화질소(웃음가스)? 완전한 우연이었습니다.

비아그라? 진짜 사고였습니다.

(원래는 협심증 치료제로 개발되었지만, 임상시험 중에 기대했던 효과는 전혀 없었죠—물론, 시험 도중 '성공'의 정의가 바뀌었다면 얘기는 달라지겠지만요.)

심지어 코카콜라도 실수로 탄생했습니다.

한 약사가 두통약을 만들려다가 실수로 세상에서 가장 중독성 강한 음료를 만들어 낸 거죠.

뭐, 그런 우연치고는 꽤 괜찮은 보상 아닐까요. 그리고 이 모든 것이 운이었습니다.

그리고 제가 가장 좋아하는 예 중 하나가 있습니다: 루이 파스퇴르가 백신을 발견한 일화입니다.

19세기 프랑스에 살던 파스퇴르가 닭 콜레라를 연구하고 있었는데—아마 그때 그곳에선 그게 주말을 보내는 방법이었던 것 같습니다. 그는 학생들에게 건강한 닭에게 박테리아를 주입하라고 지시했습니다. 그런데 그 학생들이 그 지시를 깜빡하고 말았지요.

그 결과 배양액이 말라 버렸습니다. 나중에 그들은 말라 버린 배양균에 배양액을 추가하고, 어쨌든 그것을 닭들에게 주입했습니다… 그런데 아무 일도 일어나지 않았습니다.

닭들이 병에 걸리지 않았던 겁니다.

더 이상한 건, 그 같은 닭들을 나중에 신선한 박테리아에 노출시켜도 여전히 병에 걸리지 않았다는 겁니다.

그 실수로 인한 순간이 백신의 발견으로 이어졌습니다. 의학의 전환점이었죠.

그리고 파스퇴르는 유명한 말을 남겼습니다:

'운은 준비된 자에게만 미소 짓는다.'

다시 말해, 그 발견은 우연이었지만—준비되어 있고, 호기심이 있으며, 관찰력이 있는 사람만이 그 우연의 중요성을 인식할 수 있었습니다. 그러니까, 맞습니다—실수는 생기기 마련이고, 예상치 못한 일들도 일어납니다. 하지만 오직 준비된 사람만이 그 실수를 운으로 바꿀 수 있습니다.

그리고 여러분은요?

이미 준비되어 있습니다.

여러분은 수년간 배워 왔고, 연습했고, 실패했고, 성공했고, 드릴을 했고, 드릴을 당하기도 했습니다.

(이건 제가 의도한 것보다 좀 더 고통스럽게 들리네요.)

여러분은 도구들을 갖추게 되었습니다—단지 물리적인 도구들만이 아니라, 지적인 도구들까지 말입니다. 임상 지식, 연구 기술, 윤리적 판단력 그리고 아주 강한 커피 내성까지요.

하지만 여기서 멈추지 마세요. 세상은 빠르게 변화하고 있습니다.

1984년, 저는 눈 내리는 보스턴에서 로스앤젤레스의 UCLA에 합류했습니다. UCLA에 온 지 사흘째 되던 날, 저는 어떤 남자가 1월에 우리 건물 밖에서 수영복 차림으로 점심을 먹고 있는 것을 목격하게 되었습니다. 반면 보스턴에는 눈이 2피트나 쌓여 있었죠. 그때 저는 깨달았습니다: 여기가 바로 천국이구나.

그 이후로 저는 정말 많은 변화를 목도했습니다. 1980년대에는 그 누구도 스마트폰이나 인스타그램 혹은 스케일링 도중에 "스냅온 스마일(Snap-On Smile)"에 대해 묻는 환자들을 예상하지 못했을 겁니다.

치의학은 진화해 왔습니다. 30년 전만 해도 CAD-CAM, 디지털 엑스레이, 3D 프린팅 같은 것들을 아무도 상상하지 못했을 겁니다. 이제 앞으로 30년 후의 치의학을 상상해 보세요. 그게 바로 여러분의 미래입니다. 여러분이 그것을 형성하고, 이끌고, 때로는 따라가려고 애쓰게 될 것입니다.

따라서 여러분은 계속해서 준비해야 합니다. 낯선 것에 직면했을 때—새로운 기술, 어려운 사례, 또는 예기치 않은 근관 치료일지라도—물러서지 마십시오. 그것을 받아들이세요. 그것을 연구하세요. 그것으로부터 배우세요.

여러분은 이 분야의 미래입니다. 여러분은 환자 치료, 연구, 교육 그리고 리더십을 재정의할 것입니다. 그리고 저는 진심으로 믿습니다. 여러분은 그 도전들을 맞이할 준비가 되어 있을 것입니다—한 손에는 거울을, 다른 손에는 비전을 가지고. 이제, 제가 가기 전에 이 말을 드리겠습니다:

졸업 후의 삶은 더 쉬워지지 않습니다—그저 더 이상해질 뿐입니다. '근관 치료 중에 담배를 피울 수 있는지' 묻는 환자를 만날 것입니다. (네, 실제로 그런 일이 있었습니다.) 사자보다 더 강하게 물어 버리는 다섯 살 아이를 만날 것입니다. (그런 일도 있었습니다.) 그리고 '치과용 러버댐(rubber dam)을 삼킬 수 있는지' 구글에서 검색하게 될 것입니다. (스포일러: 가능합니다.)

하지만 여러분은 또한 믿을 수 없는 순간들을 경험하게 될 것입니다. 수년간 숨겨 왔던 환자의 첫 번째 미소. 여러분의 삶을 변화시킨 사람으로부터의 감사 카드. '저도 당신처럼 치과의사가 되고 싶어요' 라고 말하는 아이.

그러니 호기심을 놓지 마세요. 질문을 멈추지 마세요. 그리고 절대 준비를 게을리하지 마세요.

할 수 있겠습니까? 물론입니다. 여러분은 브루인(Bruin: UCLA의 공식 마스코트 곰돌이)들이니까요. UCLA 치과대학을 마쳤다는 것에는 중요한 의미가 있습니다. UCLA를 선택함으로써 이미 우수성을 선택한 것입니다. 그리고 그것을 끝까지 해낸 여러분은 이미 충분히 능력이 있다는 것을 증명한 것입니다.

그러니까 앞으로 나아가세요. 다음을 준비하세요. 위대해질 준비를 하세요. 변화를 만들 준비를 하세요. 그리고 네, 서류 작업을 준비하세요. 아주 많은 서류 작업을요.

하지만 그 모든 일을 하기 전에—오늘을 축하하며 즐기세요. 오늘은 여러분의 날입니다. 여러분의 성취, 자부심, 이야기 그리고 치과 역사에서 여러분이 차지한 그 자리를 축하하는 날입니다.

2017년 졸업생 여러분, 축하합니다! 여러분은 그럴 자격이 있습니다. 감사합니다!"

제13장

소중한 기억들:
내 인생의 특별한 순간들

소중한 기억들: 딸 제니퍼(성민)의 탄생 그리고 혼사

1969년, 우리의 인생은 한 작은 생명의 탄생으로 완전히 새로워졌다. 딸 제니퍼(Jennifer), 한국 이름은 성민. 그녀는 우리 부부의 허니문 베이비였고, 예정일보다 한 달 가까이 일찍 세상에 첫울음을 터뜨렸다. 그 이른 울음은 마치 하늘이 서두른 축복처럼 느껴졌고, 그녀의 존재는 곧 우리의 세계가 되었다. 제니퍼의 탄생은 단지 한 생명의 시작이 아니었다. 그것은 사랑이 형태를 갖추고, 미래가 얼굴을 가진 순간이었다.

어린 시절의 제니퍼는 햇살 그 자체였다. 그녀가 있는 공간은 언제나 따뜻했고, 그녀의 웃음소리는 집 안을 환하게 밝히는 빛과도 같았다. 우리는 작지만 소중한 대화를 나누며 추억을 쌓아 갔다. 그녀는 나에게 단순한 자식이 아니라, 나의 하루를 완성시켜 주는 존재였다. 어린 그녀의 눈빛에는 세상을 향한 무한한 호기심이 담겨 있었고, 그 눈빛은 나에게 언제나 살아갈 이유가 되어 주었다.

세월이 흘러 그녀는 십 대의 문을 열었고, 조심스레 자신만의 목소리를 내기 시작했다. 사춘기의 고요한 반항 속에도, 그녀는 여전히 따뜻하고 지혜로운 아이였다. 고등학교 시절에는 학교 신문의 만화 편집자로 활동하며, 그림을 통해 자신을 표현하는 법을 배워 갔다. 그녀의 창의력과 섬세한 감성은 우리 모두를 놀라게 했고, 나는 속으로 감탄했다.

'이 아이는, 자신만의 세상을 만들어 갈 줄 아는 아이구나.'

제니퍼는 우수한 성적으로 고등학교를 졸업했고, 캘리포니아대학교 버클리캠퍼스에 진학해 사회학을 전공했다. 사람과 사회에 대한 그녀의 관심은 깊었고, 무엇보다도 타인을 이해하고자 하는 따뜻한 시선이 늘 그 바탕에 있었다. 이후 그녀는 샌프란시스코대학교에서

(왼쪽부터) 율리, 제니퍼, 그리고 저자. 제니퍼의 로스쿨 졸업식에서

법학을 공부했고, 마침내 캘리포니아 주 변호사가 되었다. 그녀가 받은 그 자격증은 단지 자격의 증표가 아니라, 수많은 밤과 인내, 열정이 쌓여 이룬 아름다운 결실이었다.

그러던 어느 날, 그녀가 내게 한 남자를 소개했다. 아일랜드계 이탈리아인 기업 변호사 조셉 트레이너(Joe Treanor). 그는 조용하면서도 진실하고, 무엇보다 제니퍼를 깊이 사랑하는 사람이었다. 그들의 사랑은 자연스럽게 깊어졌고, 마침내 약혼이라는 약속으로 이어졌다. 그리고… 결혼식. 비벌리힐스 호텔 벨에어에서 열린 그날은 마법 같았다. 그녀가 나의 손을 잡고 걸어가던 그 순간, 나는 천천히 과거의 모든 장면을 되짚었다. 그녀의 첫걸음마, 첫 웃음, 졸업식 그리고 지

(왼쪽부터) 저자, 제니퍼, 조셉, 그리고 율리.
2000년, 제니퍼와 조셉의 결혼식에서

금 이 자리. 눈물이 차올랐다. 기쁨의 눈물이었다. 사랑과 축복으로 가득한 하루였다.

결혼 후, 제니퍼와 조셉은 애틀랜타로 떠났다. 처음에는 그녀의 빈 자리가 너무 크게 느껴졌지만, 시간이 흐르며 나는 깨달았다. 그녀의 행복, 그것 하나면 충분하다는 것을. 조셉은 그녀를 진심으로 존중하고 아끼는 좋은 동반자였고, 나는 점점 그를 사랑하게 되었다. 지금, 나는 그녀가 걸어온 길을 되돌아보며 조용히 감사한다. 한 아이가 자라 가족을 이루고, 사랑을 주고받으며 자신의 세계를 만들어 가는 그 모든 여정을 함께할 수 있었던 기적에 대해.

제니퍼와 조셉, 두 사람의 사랑은 나에게 단지 딸의 결혼 그 이상이다. 그것은 인생이 얼마나 깊이 있고 아름다울 수 있는지를 보여 주는 이야기이며, 우리 가족이 세대를 넘어 나누는 가장 귀한 유산이다.

나의 사위, 조셉 트레이너

조셉은 다섯 형제 중 장남으로, 조용하고도 품격 있는 기독교 가정에서 사랑 속에 자라난 인물이다. 그는 어릴 적부터 규범을 스스로 지키는 성숙한 아이였고, 뛰어난 지능과 책임감을 바탕으로 언제나 또래 중에서도 두드러지는 존재였다. 그러한 자질은 그가 변호사로서 그리고 한 가정의 남편과 아버지로서 탁월한 삶을 살아가는 밑거름이 되었다.

조셉은 법학 학위에 더해 MBA 학위까지 취득하며, 법률과 비즈니스를 두루 아우르는 유능한 전문가로 성장했다. 나는 학장으로 재직하던 시절, 복잡한 법적 문제에 직면할 때마다 그의 조언에서 큰 힘을 얻었다. 그는 학내 전문 변호사들의 조언보다도 훨씬 통찰력 있는 지침을 건네주었고, 나는 그가 얼마나 깊이 있는 사고와 따뜻한 판단력을 겸비한 사람인지를 직접 확인할 수 있었다.

제니퍼와 조셉의 결혼은 두 사람 모두에게 축복이었고, 그들의 사랑의 결실로 태어난 알렉산드라(Alexandra)는 우리 가족 전체에게 세상의 빛처럼 다가왔다. 조셉은 한결같은 성실함과 인내심으로 가정을 이끌었고, 딸을 향한 그의 깊은 애정은 나로 하여금 그를 신뢰하고 존경하게 만들었다. 그는 나에게 단지 사위가 아니라, 가족이란 이름 아래 함께 걸어가는 든든한 벗이 되었다.

내 삶의 빛, 손녀 알렉산드라

2005년 11월 11일, 내 인생에 새로운 태양이 떠올랐다. 알렉산드라, 우리 손녀. 제니퍼가 세상에 온 이후 35년 만에 우리 가문에 다시 태어난 아이였다. 그녀의 탄생은 단지 한 생명의 시작이 아니었다. 그것은 다시 사랑을 배우고, 다시 희망을 품게 되는 순간이었다. 한 손바닥에 가볍게 안기던 그 조그만 생명이 오늘날 이렇게 놀라운 젊은 여성으로 자라날 줄, 나는 그때는 미처 다 알지 못했다.

알렉산드라는 단지 예쁜 아이가 아니었다. 그녀는 영리하고, 단단하며, 무엇보다 타인을 향한 깊은 공감을 지닌 아이였다. 축구 필드에서는 강인한 선수였고, 교실에서는 집중력과 호기심으로 가득 찬 학

5세 무렵의 알렉산드라

생이었다. 무엇보다 내가 감동했던 순간은 그녀가 UCLA 내 연구실에 합류해 진지하게 연구에 참여하던 여름들이었다. 그녀는 과학 논문에 공동저자로 등재될 정도로 실질적인 기여를 했고, 나는 매일 아침 그녀와 함께 연구실 문을 열며 새로운 자부심을 느꼈다.

2021년 여름, UCLA에서 연구를 수행하는 알렉산드라

고등학교 시절 그녀는 림프종 및 백혈병 환자들을 위한 기금 모금을 주도해 20만 달러 이상의 기부금을 조성했다. 어린 나이에 그런 헌신을 실천한 그녀의 모습은 단지 자랑스러움을 넘어, 내 삶의 가치를 다시 돌아보게 만드는 깊은 울림을 주었

(왼쪽부터) 알렉산드라, 제니퍼, 저자, 율리, 그리고 조셉

다. SAT 1600점 만점에 1580점이라는 성취, 매리스트 스쿨(Marist School)에서의 리더십 그리고 노트르담대학교 진학—이 모든 것이 단지 업적이 아니라 그녀가 어떤 사람인지를 보여 주는 거울이다.

알렉산드라는 지금도 내 인생에서 가장 눈부신 존재다. 그녀의 존재는 나에게 새 삶의 목적을, 미래를 향한 희망을 안겨 주었으며, 그녀를 통해 나는 세상의 아름다움과 가능성을 본다. 그녀는 단지 손녀가 아니라, 나의 유산이자 영감이며, 가장 깊은 사랑이다.

창립 50주년을 기념하며: UCLA 치과대학의 빛나는 이정표

2015년, UCLA 치과대학은 창립 50주년이라는 위대한 전환점을 맞이했다. 반세기에 걸친 여정은 단지 시간의 흐름이 아닌, 수많은 이들의 열정과 헌신 그리고 탁월함으로 빚어진 역사였다. 이 특별한 순간을 기리기 위해 나는 학교의 유산과 업적 그리고 이 길을 함께 걸어 준 모든 이들을 1년 내내 기념하는 축하 행사를 준비했다.

준비는 1년 전부터 시작되었고, 그 선봉에는 얼 프레이밀러(Earl Freymiller)라는 교수가 있었다. 그는 밥 & 매리언 윌슨 석좌교수직을 맡고 있었으며, 진단 및 외과 과학 과장이자 교수협의회 의장으로서

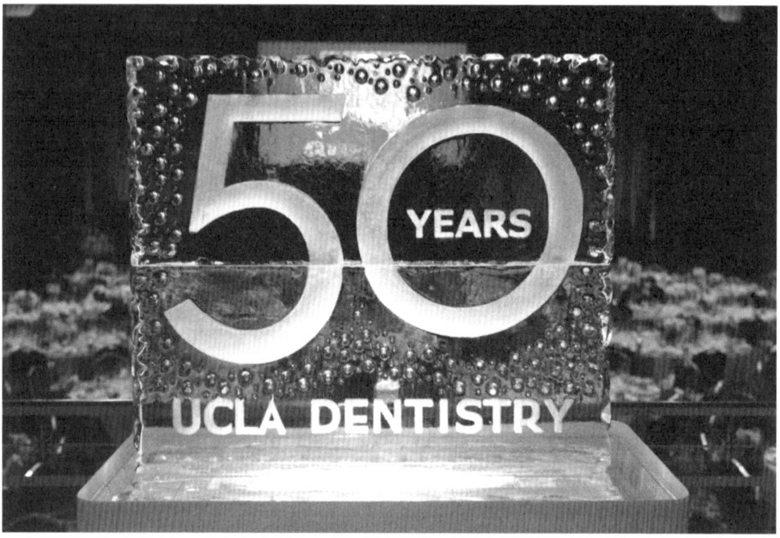

UCLA 치과대학 창립 50주년 기념 갈라를 위해 제작된 얼음 조형물

이 기념 프로젝트의 지휘를 맡아 주었다.

우리는 사회, 학술, 산업, 미디어 그리고 역사라는 다섯 개 분야에 걸쳐 하부 소위원회를 구성했고, 각각 에드먼드 휴렛(Edmond Hewlett) 교수, 데이비드 웡(David Wong) 교수, 원유안 시(Wenyuan Shi) 교수, 닐 가렛(Neal Garrett) 교수가 탁월한 리더십을 발휘해 주었다. 그리고 이 큰 행사의 원활한 실행을 위해, 나는 세 명의 뛰어난 직원을 영입했다. 맬로리 곰퍼트(Mallory Gompert), 제인 프랜셀라(Jane Fransella), 브리아나 알드리치(Brianna Aldrich)—그들의 헌신과 세심한 배려는 50주년이라는 큰 무대를 완성하는 데 있어 결정적인 한 수였다.

심포지엄: 과거를 기리고 미래를 여는 시간

기념 심포지엄은 단순한 회고가 아니었다. 그것은 UCLA 치과대학이 걸어온 50년의 발자취를 되짚으며, 창립자들의 꿈과 이상 그리고 우리 공동체가 이룩한 모든 성취를 되새기는 성스러운 시간이자, 다가올 미래를 향해 문을 여는 지성의 장이었다.

나는 이 자리에 두 분의 탁월한 연사를 모시는 영광을 누렸다. 그들은 단지 지식의 전달자가 아닌, 영감과 사명의 화신이었다.

우선 개리 파커(Gary Parker) 박사는 우리 학교 동문이자, 아프리카의 머시 쉽스(Mercy Ships)에서 35년 이상 봉사한 저명한 구강악안면외과 의사로, 전 세계 의료 사각지대에 희망을 실어 나르는 분이다. 그가 집도한 수천 건의 수술은 환자의 삶을 회복시키는 기적이었고,

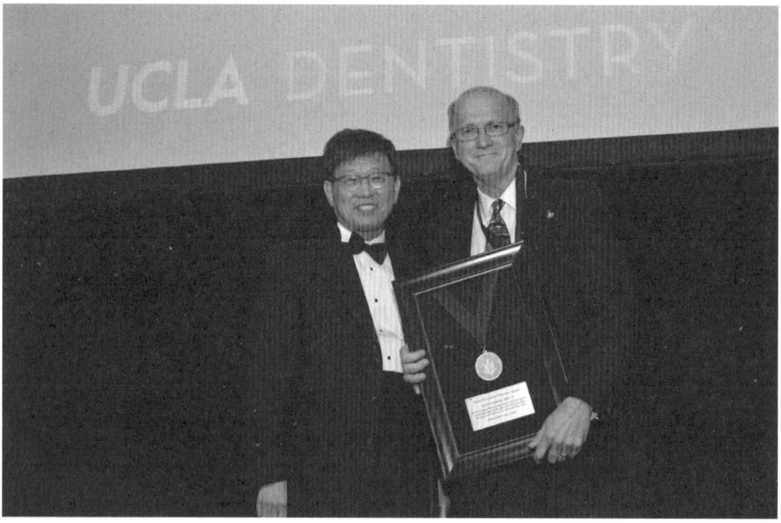

(왼쪽부터) 저자, 그리고 개리 파커 박사. 2015년 갈라 행사에서

그는 단지 외과의가 아니라 구원자였다. 가족과 함께 병원선 위에서 생활하며, 오늘도 그는 인류애의 항로를 항해 중이다. 그의 연설은 두 시간 가까이 이어졌지만, 누구도 눈을 떼지 못했다. 청중은 여러 차례 눈시울을 적셨고, 그 울림은 행사장을 넘어 모두의 가슴속에 깊이 남았다.

한편, 또 다른 연사 크리스챤 스톨러(Christian Stohler) 학장은 콜롬비아대학교 치의학대학원의 학장이자 세계적 통증 연구 권위자다. 그의 강연은 만성 통증에 대한 과학적 통찰로 가득 차 있었고, 특히 플라시보 효과의 생리학적 기반을 밝힌 선구적 연구는 청중에게 강한 인상을 남겼다. 그는 단지 학문을 설명한 것이 아니라, 인간의 고통에 대한 이해를 확장시키는 순간을 만들어 주었다.

이날, 이 행사, 이 인물들—그 모든 것은 UCLA 치과대학이 단지 지식의 전당이 아닌, 영혼과 비전을 지닌 공동체임을 다시 한번 증명해 주었다. 50년의 세월은 한 순간이 아니며, 그것은 수많은 이들의 삶과 열정이 모여 만든 위대한 이야기다. 그리고 나는 그 이야기 속에 함께할 수 있었던 것을, 무엇보다 감사히 여긴다.

갈라: 기억에 남을 밤

2015년 5월 16일, UCLA 치과대학의 창립 50주년을 기념하는 갈라 행사가 하얏트 리젠시 센추리 플라자 호텔에서 열렸다. 그날 밤은 단순한 연회가 아니었다. 그것은 반세기라는 긴 시간 동안 학교를 위해 땀 흘려 온 수많은 이들의 헌신을 기리는 밤이었고, 미래를 향한 우리의 열망과 비전을 함께 나누는 시간이기도 했다.

이 행사를 위한 완벽한 장소를 찾는 일은 결코 쉬운 여정이 아니었다. 캠퍼스 인근에는 600여 명의 손님을 맞을 수 있는 공간이 마땅치

저자와 율리. 2015년 갈라 행사에서

(왼쪽부터) 저자, 진 블록 총장, 그리고 캐롤 블록 여사.
청중에게 따뜻한 연설을 전해 준 진 블록 총장에게 감사를 표하는 모습

않았고, 수차례의 답사 끝에 마침내 하얏트 호텔의 웅장한 연회장에 마음이 머물렀다. 그 고풍스럽고도 따뜻한 공간은 우리의 이야기를 담기 위한 가장 이상적인 무대가 되어 주었다.

공립대학에서 고급 갈라 행사를 연다는 것은 현실적인 제약을 동반했다. UCLA의 정책상 1인당 리셉션 비용이 156달러로 제한되었지만, 우리가 계획한 디너 메뉴는 그보다 훨씬 비싼 180달러에 달했다. 전액 기부금으로 충당한 행사임에도 불구하고 예외는 허용되지 않았다. 그래서 우리는 타협안을 찾아야 했다. 손님들은 각자 음료 비용을 부담해야 했고, 와인은 1인당 두 잔으로 제한되었다. 완전한 해결책은 아니었지만, 우리는 품위를 유지하며 행사의 분위기를 해치지 않

는 절충점을 찾아냈다.

그날 밤, 우리는 포용과 감사를 담은 마음으로 손님을 맞이했다. 학생들과 경력이 오래된 직원들에게는 무료 티켓이 제공되었고, 교수진과 관리자, 동문, 기부자, 친구들을 위한 자리는 세심하게 준비되었다. 화려함과 기쁨을 더하기 위해 준비된 '레드 카펫' 포토존은 큰 호응을 얻었고, 갈라의 분위기는 축제처럼 따뜻하게 무르익었다.

우리의 유산을 기리며

그날 밤은 UCLA 치과대학의 유산을 새기는 의식이기도 했다. 우리는 특별한 이들을 무대 위로 초대했고, 그들의 이름과 업적은 갈채와 함께 학교의 역사에 또렷이 새겨졌다.

자선 공로자로는 밥 윌슨 회장과 매리언 윌슨 여사, 랄프 샤피로 회장과 셜리 샤피로 여사가 선정되었다. 이들의 관대함은 단지 기부를 넘어, 세대를 잇는 희망의 씨앗이 되었다. 동문 공로자로는 개리 파커 박사와 스튜어트 화이트(Stuart White) 박사가 선정되었다. 파커 박사는 머시 쉽스에서 인류애를 실천해 온 의술의 사도였고, 화이트 박사는 저명한 동문이자 구강악안면방사선과 교수 겸 학과장으로 치과방사선학의 영역을 넓힌 개척자였다. 또한 비스코(Bisco Inc.)의 창립자 서병인 회장은 학계와 산업을 잇는 귀한 다리 역할을 해온 공로를 인정받아 기업 공헌자로 선정되었다.

그날의 사회는 동문이자 존경받는 부학장 론 미토 박사와 에드먼드 휴렛 박사가 맡아 주었다. 그들의 따뜻한 음성과 진심 어린 메시지는,

(왼쪽부터) 저자, 그리고 스튜어트 화이트 박사

그 자리에 있던 모든 이의 가슴에 파문처럼 잔잔히 번져 갔다. 행사 안내 책자는 정성스럽게 구성되어, UCLA 치과대학의 유산과 미래에 대한 메시지를 한 권의 시처럼 담아냈다.

갈라의 밤은 끝났지만, 그 기억은 영원하다.

그날 우리는 함께 웃고, 함께 박수 치며, 반세기의 여정을 기념했다. 그리고 무엇보다, 앞으로의 50년을 더욱 찬란하게 만들겠다는 약속을 조용히 마음에 새겼다.

나의 초상화 제막식: 영원의 캔버스 위에 새긴 리더십

학문 공동체의 전통 속에서 역대 학장들을 기리는 초상화는 단순히 한 폭의 그림이 아니다. 그 안에는 리더의 비전과 발자취 그리고 공동체에 대한 헌신이 깃들어 있다. 또한 그것은 한 시대를 이끈 리더의 정신과 흔적을 후세에 전하는 영원한 상징으로, 초상화를 공개하는 제막식은 대학이라는 유산에 생명력을 불어넣는 중요한 의례로 거행되어 왔다. 나의 초상화 제막식 또한 이 오래된 전통의 맥락 위에서 이루어졌다.

초상화의 준비 과정부터 이미 깊은 의미로 가득했다. 나의 초상화를 의뢰받은 전문 화가는 단지 나의 외모를 모사하는 것을 넘어서려

2017년, 진 블록 총장과 폴 크렙스바흐 학장이 함께 저자의 초상화를 공개하는 장면

했다. 그는 나와의 인터뷰를 통해 나의 성격, 가치관, 리더십 철학을 깊이 있게 탐색했다. 그 결과 탄생한 작품은 단순한 이미지가 아닌, 내가 학장으로서 살아 낸 시간과 정신을 예술로 승화시킨 해석의 결과물이었다.

유화(oil painting)라는 매체의 선택 그리고 실물 크기에 가까운 스케일은 이 작업이 일시적인 헌사가 아닌, 시간의 시험을 견뎌 낼 영속적인 헌정임을 말해 주었다. 이 초상화는 내가 남긴 성과를 기억하기 위한 것이 아니라, 공동체가 걸어온 길과 앞으로 나아갈 방향을 잇는 하나의 길잡이로서 기능할 것이었다.

제막식 당일, 나는 잊을 수 없는 감정의 소용돌이 속에 섰다. 총장과 학장, 주요 보직자들, 교수진, 직원들, 학생들, 자문위원, 주요 기부자들 그리고 아내 율리가 그 자리에 함께했다.

그날의 제막식은 단지 나만을 위한 행사가 아니었다. 그것은 그들과 함께 걸어온 모든 여정의 정점이자, 공동체가 함께 만들어 낸 축제의 순간이었다.

천이 걷히고, 내 초상화가 드러나는 찰나—나는 나를 닮은 인물의 형상 속에서 온갖 기쁨과 고뇌, 결단과 좌절 그리고 성취와 믿음이 켜켜이 담긴 여정을 보았다. 그림 속 나는 말없이 미소 짓고 있었으나, 그 깊은 표정은 조용히 이 모든 이야기를 증언하고 있었다.

그날 나는 연단에 섰다. 내 목소리는 흔들렸지만, 그 안엔 진심이 담겨 있었다. 나는 동료들에게 감사를 전했고, 함께 땀 흘린 교수진과 직원들에게 존경을 표했다. 그리고 무엇보다도, 나를 지지하고 희생을 감내했던 가족에게 깊은 감사의 마음을 전했다. 그 연설은 개인적

2017년, 초상화 앞에서 연설하는 장면

인 회고를 넘어, 대학이 추구하는 가치와 사명을 다시금 되새기는 이정표가 되었다.

제막식은 단지 나의 학장 재임을 기리는 행사가 아니었다. 그것은 이 대학의 역사에 나의 이름이 하나의 궤적으로 새겨지는 순간이자, 내가 과거의 리더들과 미래의 리더들 사이에 놓인 시간의 계승자로 거듭나는 감동적인 순간이었다.

초상화 속 나를 바라보며 다시금 되새긴다. 리더십이란 결국, 개인의 업적을 넘어서 공동체에 남기는 흔적이며, 그것이 누군가의 희망이 되고, 또 다른 시작의 영감이 될 때 비로소 완성된다는 것.

그림 속의 나는 무언의 메시지를 전하고 있다.

율리와 함께, 저자의 초상화 앞에서

"이 길은 외롭고 때론 힘겨웠지만, 나의 전부를 바칠 만큼 보람되고 가치 있었다."

그리고 이 메시지는 나의 초상화를 바라보는 모든 이의 가슴속에 메아리칠 것이다.

나는 인생과 직업 경력 전반에 걸쳐 수백여 개에 이르는 상과 표창을 받는 영예를 누려 왔다. 그중에서도 가장 의미 있는 상들을 강조하고자 하며, 이러한 영광을 독자분들과 공유하게 되어 기쁘게 생각한다.

제14장

주요 수상 및 표창의 영예

나는 평생의 여정 속에서 수백여 개에 달하는 상과 표창을 받아 왔다. 그 하나하나가 소중하지만, 이 장에서는 그중에서도 내 마음에 깊이 각인된 몇 가지 특별한 수상을 독자 여러분과 나누고자 한다. 그 상들은 단지 나의 성취를 인정받은 기념물이 아니라, 내가 걸어온 길과 그 길을 함께한 사람들 그리고 나를 지탱해 준 가치들에 대한 증표였기 때문이다.

2002년 KBS '해외 동포상' - 자연과학 부문 수상

2002년, 나는 한국방송공사(KBS)로부터 '해외 동포상' 자연과학 부문 수상자로 선정되는 영예를 안았다. 이 상은 세계 곳곳에서 활동하며 조국의 이름을 빛낸 한국계 인사를 기리는 권위 있는 상으로, 특히 내가 몸담고 있는 과학 분야에서의 국제적 기여와 한국인의 일원으로서의 역할을 인정받은 상이었다.

2002년 한국에서 생중계된 행사

그 상은 내게 있어 단순한 표창이 아니었다. 그것은 과학자로서, 또 해외에 거주하는 한국인으로서 내가 품어 온 정체성과 사명의식을 공적으로 확인받는 순간이었다. 나의 경력과 유산이 고국과 세계를 잇는 다리로 기능할 수 있다는 자각은 내 마음 깊은 곳에서 불꽃처럼 타올랐다.

이 상의 수상으로 KBS 기자단이 나를 취재하기 위해 UCLA에 방문했고, 그 결과 나의 일상과 연구 활동, 학문적 기여를 담은 심층 보도 영상이 제작되었다. 이 특집 방송이 한국 전역에서 세 차례 방영되면서 나는 의도치 않게 한국에서 '공인'으로 떠올랐다. 많은 이들이 그 방송을 통해 내 이야기를 알게 되었고, 이후 내게 보내 온 응원의

2002년 대한민국 청와대에서 당시 영부인 이희호 여사가 반갑게 맞아 주는 모습

편지들과 메시지들은 지금도 내 서재에 소중히 간직되어 있다.

시상식은 한국 전역에 생중계되었다. 그 후 이어진 청와대에서의 대통령과 영부인 초청 오찬, 이어진 국무총리와의 만찬은 한 사람의 과학자에게는 과분하리만큼 숭고한 경험이었다. 나는 그날 전통과 현대가 아름답게 어우러진 정장을 입고, 세계 각지에서 귀환한 동포 수상자들과 함께 수상의 순간을 맞이했다.

당시 국무총리였던 이한동 총리님과 나눈 대화는 기억 속에 또렷이 남아 있다. 그는 우리에게 이렇게 말했다.

"여러분의 업적은 단지 개인의 것이 아니라, 이 나라와 세계를 잇는 가교입니다."

그 말씀은 내가 걸어온 길에 새로운 의미를 부여해 주었다. 내가 해온 일들이 단지 실험실의 성과에 머무는 것이 아니라, 뿌리 깊은 유산과 미래 세대에까지 닿는 길임을 다시금 실감했다.

그날 밤 나는 잠들기 전 조용히 마음속으로 중얼거렸다.

“이 상은 나만의 것이 아니다. 나를 지지해 준 가족, 가르쳐 준 스승들, 함께 걸어온 학생들과 동료들 그리고 이름 없이 내게 힘이 되어 준 이들 모두의 것이다.”

이 상은 내게 있어 한 시인의 시처럼 남아 있다.

“당신이 걸어온 모든 길은, 결국 당신이 아닌 수많은 이들을 위한 길이었다.”

2007년 ‘자랑스러운 서울대인’ 선정

2007년, 나는 서울대학교 전체에서 ‘자랑스러운 서울대인’으로 선정되는 영예를 안았다. 이 소식은 나에게 벅찬 감동으로 다가왔고, 긴 세월 동안 쌓아 온 여정의 의미를 다시금 되새기게 했다. 단지 나 개인의 성취 때문이 아니라, 내가 몸담아 온 전문 분야와 사회 그리고 서울대학교 공동체에 헌신해 온 발자취를 인정받은 순간이었기에 더욱 깊은 자부심이 일었다.

‘자랑스러운 서울대인’이라는 칭호는 단순한 상이 아니다. 이는 탁월함과 리더십 그리고 전 세계에 영향을 미치는 인물에게 주어지는, 서울대학교가 부여하는 가장 고귀한 영예 중 하나다. 반기문 전 UN

2007년 이장무 서울대학교 전 총장과 함께한 시상식에서

사무총장을 비롯해 세계를 움직인 수많은 동문들과 나란히 이름을 올렸다는 사실은, 내 삶의 궤적을 되돌아보게 하는 동시에, 내가 받은 가르침과 품었던 이상이 헛되지 않았음을 증명해 주었다.

그날, 시상식장에서 서울대 총장과 나란히 서 있었을 때, 나는 이 자리에 서기까지 함께해 준 모든 이들—나의 가족, 스승, 제자들—을 떠올렸다. 서울대학교라는 지성의 요람이 내게 심어 준 가치—지적인 엄격함, 봉사의 정신, 혁신에 대한 끊임없는 추구—는 내 삶의 나침반이었다.

나는 리더로서, 교육자로서 그리고 과학과 사회의 경계를 넘나드는 옹호자로서 살아왔고, 이 상은 그 모든 여정을 상징하는 빛나는 이정표였다. 이 영예는 내가 더 이상 개인을 위한 연구나 활동에 머무르지 않고, 미래 세대와 서울대학교의 이상을 위한 봉사로 나아가야 함을 일깨워 주었다. 진정한 영광은 과거의 성취에 머무르지 않고, 미래를 밝히는 등불이 될 때 완성되기에.

나는 이 상을, 서울대학교가 추구하는 위대한 이상—탁월함에 대한 헌신, 타인을 향한 책임 그리고 세상을 긍정적으로 변화시키려는 비전—을 증명하는 상징으로 간직하고 있다.

2009년 '탁월한 업적의 치과 교육자를 위한 윌리엄 가이스(William J. Gies) 상' 수상

2009년, 나는 미국 치과 교육 협회(ADEA)로부터 '탁월한 업적의 치과 교육자'에게 수여되는 '윌리엄 가이스(William J. Gies) 상'을 받는 영예를 안았다. 이는 단순한 개인의 공로에 대한 표창이 아니라, 내가 사랑한 교육이라는 분야에서 수년간 쌓아 온 헌신과 비전 그리고 함께 걸어온 수많은 이들과의 공동 성취에 대한 찬사였다.

가이스 상은 단지 치의학 교육계의 최고 권위 있는 상이 아니라, 치과 교육의 미래를 형성하는 인물들에게 주어지는 명예로운 표식이다. 이 상을 수상함으로써 나는 치과 교육의 글로벌 리더십, 교육 개혁, 연구 혁신 그리고 공동체 봉사에 대한 나의 노력이 국제적으로 인정받았음을 실감했다.

2010년 ADEA 회의에서 수상 소감을 전하는 모습

UCLA 치과대학의 학장으로 재직하는 동안, 나는 위기 속에서도 흔들리지 않는 비전으로 학교를 이끌었다. 초기의 재정난을 극복하며, 전략적 투자와 협력을 이끌어 냈고, 최신 시설과 혁신적인 커리큘럼을 통해 학생들의 학습 환경을 획기적으로 개선했다. 무엇보다 나는, 학생과 교수, 직원이 함께 호흡하는 진정한 공동체로서의 대학을 만들고자 했다. 그 모든 과정은 때로 도전이었지만, 언제나 의미 있었다.

수상 연설을 하던 그 순간, 나는 내 옆에 있었던 이들의 얼굴을 떠올렸다. 나를 믿어 준 교수진, 함께 꿈을 꾼 학생들, 묵묵히 헌신한 직

2010년 윌리엄 가이스 박사의
흉상을 들고 있는 모습

원들 그리고 언제나 나의 버팀목이 되어 준 아내 율리. 이 영광은 그 모두와 나누는 것이었다. 내가 가르쳤던 것은 단지 지식이 아니라, 서로를 북돋고 함께 성장하는 '공동체의 힘'이었다.

2012년 AAAS 펠로우 선정—과학의 최전선에서 세계를 향해

2012년, 나는 미국과학진흥협회(AAAS) 펠로우로 선정되는 영예를 안았다. 세계에서 가장 영향력 있는 과학 공동체 중 하나인 AAAS는, 과학적 진실성과 사회적 기여를 동시에 실현한 인물에게 이 명예를 수여한다. 이 칭호는 내게 있어 연구자이자 시민으로서의 이중 소명을 일깨워 주는 순간이었다.

나의 경력은 실험실과 학문을 넘어서, 과학이 사회에 어떤 역할을 할 수 있는지에 대한 끊임없는 질문과 실천의 연속이었다. 학제 간 협력을 통해 나는 과학의 경계를 넓혀왔고, 새로운 지식이 현실 문제의 해결책으로 전환되는 과정을 누구보다 진지하게 탐구해 왔다. AAAS 펠로우십은 이러한 나의 여정과 비전을 인정해 준, 가장 값진 표창이었다.

나는 특히, 과학계에서 소수자와 젊은 연구자들에게 기회를 확장하고, 멘토십을 통해 그들이 성장할 수 있는 터전을 마련하는 데에도 깊은 관심을 가져왔다. AAAS 펠로우로서, 나는 앞으로도 포용성과 형평성을 실천하는 과학 공동체를 만드는 데 기여할 것을 다짐한다.

이 상은 한국과 미국 그리고 더 넓은 세계를 잇는 과학 외교의 통로로서 나에게 주어진 기회이자 책임이기도 하다. 과학의 언어는 국경을 초월하며, 진정한 협력은 인간의 공통된 미래를 위한 연대에서 비롯된다.

이러한 수상의 영예는, 내가 걷고 있는 여정의 중간에서 마주한 이정표들이다.

그 순간마다 나는 다시 한번 다짐했다.

"성공은 나 혼자 이루는 것이 아니다. 그것은 함께한 사람들 그리고 내가 속한 공동체를 위한 또 하나의 시작이다."

2018년 '대한민국 과학기술 유공자' 선정

2018년, 나는 대한민국 과학기술 유공자로 선정되었다. 대한민국학술원이 처음으로 대상자를 선정하며 발표한 31명 중 21명이 이미 작고했다는 사실은 이 인증의 무게와 역사성을 더욱 절감하게 했다. 나는 이 인증을, 단지 과학자로서의 업적에 대한 보상으로 보지 않는다. 이는 오랜 시간 쌓아 온 신념—지식의 경계를 넘고, 혁신을 추구하며, 인류 공동체를 향한 책임을 다하겠다는 다짐—에 대한 응답이었다.

이 인증은 단순한 영예가 아니라 선언이었다. 그것은 한 사람이 어떤 길을 걸어왔는지 그리고 그 길이 사회와 세계에 어떤 파장을 남겼는지를 증언하는 명예로운 선언이었다. 이는 젊은 날 서울대학교에서 과학의 무한한 가능성에 매료되었던 그 시절부터 시작된 내 여정의 정점과도 같았다. 수많은 도전과 실패, 발견과 성취를 지나, 마침내 나는 이 자리에 섰다.

이 인증서를 받던 순간, 나는 세계 여러 나라의 연구자들과 함께하며 국경과 문화를 넘어 협력해 온 날들을 떠올렸다. 과학은 언제나 언어와 이념을 초월한 보편적 언어였다. 우리가 마주한 문제는 글로벌했고, 해결 역시 그러해야 했다.

더불어 이 인증서는 한국의 과학기술이 지닌 잠재력과 세계적 위상을 상징한다. 나는 이 인증을 받은 과학자로서, 한국이 세계 과학계에서 선도적 위치를 차지하도록 더욱 책임감을 갖고 나아갈 것이다.

무엇보다 내가 가장 자랑스럽게 여기는 것은 젊은 과학자들과 함께한 시간이다. 그들의 눈빛에서 나는 나의 과거를 보았고, 미래를 엿보

이낙연 전 국무총리로부터 인증서를 받으며

았다. 나는 그들에게 영감을 주고, 기회를 제공하며, 때로는 도전 앞에 흔들릴 때 버팀목이 되고자 했다.

나는 여전히, 더 나은 세상을 위한 여정 위에 서 있다. 과학의 언어로 세상을 이해하고, 응용과학의 힘으로 사람을 연결하며, 배움과 나눔으로 다음 세대를 이끌고자 한다.

대한민국 과학기술 유공자 인증은 내게 한 시대를 넘어, 미래로 향하는 문을 열어 주었다. 그리고 나는 그 문 너머, 새로운 가능성과 희망의 길을 향해 계속 나아갈 것이다.

2022년 'AADOCR Irwin D. Mandel 우수 지도자 상' 수상

2022년, 나는 미국 치과, 구강 및 두경부 연구 협회(AADOCR)로부터 'AADOCR Irwin D. Mandel 우수 지도자 상'을 수상하는 영광을 안았다. 이 상은 단순히 연구의 성과를 넘어, 학생, 연구원 그리고 젊은 교수들의 연구 훈련과 경력 개발을 위해 평생에 걸쳐 헌신해 온 노력의 결실이었다.

이 상은 AADOCR이 미국 전역에서 지도자로서 모범을 보여 온 이들을 기리기 위해 제정된 권위 있는 상으로, 경력 전반에 걸쳐 지속적이고 탁월한 교육을 실천한 인물에게만 수여된다. 나는 이 상을 받으며, 단순한 지도자가 아니라 누군가의 길을 밝혀 주는 진정한 스승으로서의 삶을 다시금 되새겼다.

2022년 3월 23일, 캐나다 몬트리올에서 열린 캐나다 치과 연구 협회(CADR) 제46차 연례 회의와 함께 개최된 AADOCR 제51차 연례 회의 개막식에서 나는 이 상을 직접 받았다. 박수를 받으며 단상에 올랐을 때 수많은 제자들의 얼굴이 떠올랐다. 처음 내 연구실 문을 두드리던 날의 설레고 들뜬 모습, 연구의 고비에서 좌절하던 표정 그리고 마침내 자신의 성취로 우뚝 섰을 때의 벅찬 눈빛까지. 그 모든 순간이 이 상 속에 깃들어 있었다.

나는 UCLA 치과대학의 명예학장 겸 석학교수 그리고 UCLA 데이비드 게펜 의과대학의 석학교수로 재직하며 수많은 젊은 연구자들과 길을 함께 걸어왔다. 서울대학교에서 치의학 박사(D.D.S.)와 석사(M.S.)를, 조지아 의과대학에서 이학박사(Ph.D.) 그리고 하버드대학교에서 치의학 박사(D.M.D.)를 취득하는 과정에서 내 길은 결코 순탄하지 않았다. 그러나 그 모든 여정은 후학들에게 더 깊은 통찰과 실질적인 도움을 줄 수 있는 소중한 자산이 되었다.

내 연구 인생은 220편이 넘는 과학 논문으로 집대성되었고, 특히 구강암 발생 기전에 관한 연구에서 나는 선구적 발자취를 남겼다. 하지만 그 모든 성과의 뒤편에는 언제나 내 곁에서 성장해 온 제자들이 있었다. 그들이야말로 내 연구의 진정한 연장선이며, 내가 이 길을 걸어온 이유이자 증거였다.

이 상은 단순한 개인적 영광이 아니라, 내가 스승으로서 걸어온 모든 순간을 반영하는 증표다. 나는 앞으로도 그 길을 멈추지 않을 것이다. 더 많은 젊은 연구자들이 자신의 가능성을 발견하고 세상에 기여할 수 있도록, 나는 그들의 뒤에서 끊임없이 밀어주고 지지할 것이다.

이 상은 나에게 묻는다.

"당신은 지금도 누군가의 길을 비추고 있는가?"

그리고 나는 오늘도 그 질문에 이렇게 답한다.

"나는 여전히 그 길 위에 서 있다."

제15장

나의 여정에 심대한 영향을 미친 사람들

내 삶과 경력을 되돌아볼 때, 오늘의 내가 있기까지 나를 지지하고 이끌어 준 분들의 모습이 하나하나 떠오른다. 그분들의 따뜻한 응원과 고귀한 가르침 그리고 때로 말 없는 격려는 내게 무엇과도 바꿀 수 없는 소중한 자산이었다. 이 장을 통해 그 깊은 감사를 마음껏 전하고자 한다.

가장 먼저, 내 생명의 뿌리이자 삶의 초석이 되어 주신 부모님께 진심 어린 감사를 드린다. 비록 함께한 시간은 너무 짧았으나, 부모님께서 심어 주신 끈기와 성실함 그리고 무엇보다도 굴하지 않는 의지는 내 성품의 근간을 이루었다. 아버지의 조용한 강인함과 꿋꿋한 회복력 그리고 어머니의 한결같은 사랑과 헌신은 여전히 내 마음 깊숙한 곳에서 꺼지지 않는 등불처럼 타오르고 있다.

또한, 내 안의 잠재력을 발견해 주시고 끝없는 지적 호기심을 길러 주신 스승님들과 멘토들에게도 깊은 감사를 드린다. 그분들의 뜨거운 지도는 나의 학문적·직업적 방향을 정립하는 데 결정적 역할을 했을 뿐 아니라, 평생 배움의 길을 꿋꿋이 걸어가야 함을 일깨워 주었다.

나에게 기회를 주고, 때로는 따뜻하게 손을 내밀어 이끌어 준 교수님들, 동료들 그리고 선배 전문가들께 나는 평생의 빚을 지고 있다.

언제나 곁을 지켜 주며 웃음과 눈물을 함께 나눠 준 친구들과 동료들 역시 내게 무엇과도 바꿀 수 없는 소중한 보물이다. 밤새도록 이어지던 깊은 대화들, 나지막한 위로의 말 한마디 그리고 거친 인생의 파도를 함께 건너온 수많은 순간들이 내 삶을 한층 더 풍요롭게 만들었다. 그 소중한 우정과 연대는 언제나 새로운 힘을 주었다.

그리고 무엇보다 내 삶을 든든히 받쳐 준 가족에게 한없는 감사를 전한다. 그들의 이해와 인내 그리고 변함없는 믿음은 내가 어떤 역경 앞에서도 결코 주저앉지 않게 해준 원동력이었다. 그 사랑이 있었기에 오늘의 내가 있다.

마지막으로, 직접 마주한 적은 없지만 나의 사고와 가치관 형성에 커다란 울림을 주신 많은 분들께도 이 자리를 빌려 감사의 마음을 전하고 싶다. 삶은 결코 혼자 걷는 길이 아니었다. 내 여정은 이처럼 빛나는 인연들 덕분에 더욱 눈부시게 빛났다. 크든 작든 나의 이야기 속에 한 조각이 되어 주신 모든 분들께 깊은 경의와 감사를 드린다. 이 장은 내 삶과 경력에 지울 수 없는 흔적을 남겨 주신 그분들께 바치는 진심 어린 헌사다.

나의 부모님(박봉래 님, 김정순 님)

내 삶을 통틀어 가장 강렬한 빛으로 자리한 두 분, 바로 나의 부모님이다. 오늘의 나를 있게 한 근본적인 힘은 부모님의 가르침과 사랑에서 비롯되었다. 그 존재만으로도 내 인생을 일으켜 세워 주신 부모님께 무한한 감사를 바친다.

아버지 박봉래 님은 말없이 묵직한 울림을 주는 분이셨다. 결코 화려한 말씀을 하시진 않았지만, 그분의 삶 자체가 살아 있는 교과서였다. 정직과 성실이라는 단단한 신념을 지키며 살아오신 아버지는 늘 몸소 보여 주셨다. 약속을 지키는 일의 중요성, 어떤 상황에서도 흔들리지 않는 신뢰의 힘을 아버지를 통해 배웠다. 겉으로는 무뚝뚝해 보여도 아버지의 등은 언제나 든든했고, 그 묵직한 침묵 속에는 끝없는 사랑과 희생이 자리하고 있었다.

어머니 김정순 님은 세상의 따뜻함을 고스란히 품으신 분이셨다. 지칠 때마다 등을 두드려 주고, 절망 속에서도 다시 일어설 용기를 심어 주신 어머니는 언제나 나의 가장 강한 버팀목이었다. 그분의 끝없는 믿음은 나로 하여금 더 크게 꿈꾸게 했고, 시련 앞에서도 다시 고개를 들게 했다. 어머니의 품은 언제나 쉼터였고, 그 지혜와 사랑은 오늘도 내 삶을 부드럽게 감싸고 있다. 눈빛 하나, 손길 하나에도 담겨 있던 그 깊은 애정은 나를 지탱해 주는 가장 소중한 자산이었다.

40세 무렵의 아버지

지금 이 글을 적으며 부모님을 떠올릴 때마다 가슴이 저릿하다. 내가 이룬 모든 성취는 결코 나 혼자만의 것이 아니다. 그 모든 성공의 이면에

(왼쪽부터) 율리, 나, 어머니. 1968년 서울대학교 치과대학 졸업식에서

는 부모님의 희생과 사랑이 깊이 새겨져 있다. 부모님을 기린다는 것은 곧 내 존재의 뿌리를 기리는 일이다.

이 장은 부모님께서 내게 남겨 주신 소중한 유산—강인함, 성실함, 자비 그리고 끝없는 사랑—에 대한 헌사이자 감사의 고백이다. 그 가르침은 오늘도 그리고 앞으로도 변함없이 내 길을 비추는 등불로 남아 있을 것이다.

부모님, 진심으로 감사합니다.

그리고 사랑합니다, 영원히.

나의 아내, 율리(유배)

내 삶을 돌아볼 때, 모든 진실 중에서 가장 분명한 하나는 이것이다. 오늘날의 내가 될 수 있었던 것은 전적으로 나의 아내, 율리 덕분이라는 것. 지난 60여 년 동안 그녀는 나의 든든한 동반자이자 가장 큰 힘의 원천 그리고 내가 쌓아 올린 모든 업적의 조용한 설계자였다. 그녀의 인내와 지지 그리고 변함없는 희생은 우리의 삶을 함께 세운 단단한 토대가 되었고, 나는 이 모든 것에 대해 영원히 감사할 것이다.

처음부터 율리는 우리가 걸어온 여정에서 맞닥뜨린 숱한 도전들을 우아하게 그리고 놀라울 만큼 강인하게 받아들였다. 그녀는 나의 꿈을 기꺼이 지지해 주었고, 때로는 상상할 수 없는 희생을 감수하면서도 결코 흔들리지 않았다. 내가 미국으로 떠나 우리의 미래를 위한 새로운 기회를 찾아 나설 때, 그녀는 어린 딸과 함께 단둘이 한국에 남아야 했다. 그 시절, 이별의 고통과 미래의 불확실성이 겹쳐졌지만 그녀의 눈빛은 한결같이 담대했고, 나에 대한 믿음은 단 한 순간도 흐트러지지 않았다.

저자의 아내, 율리

내 인생의 모든 중요한 순간들 뒤에는 늘 그녀의 조용한 인내가 있었다. 밤늦게까지 이어지는 고된 일정

2006년 아내 율리와 함께, 빈 오페라하우스에서

과 학문적 삶의 압박 속에서도 그녀는 한결같이 나의 버팀목이 되어 주었다. 그러나 율리는 결코 자신의 희생에 대한 인정이나 보상을 바라지 않았다. 내가 이룬 모든 성취 속에는 그녀의 헌신이 깊이 새겨져 있음에도 불구하고 말이다.

율리는 단순히 아내라는 말로는 결코 다 담아낼 수 없는 존재였다. 그녀는 나의 가장 친한 친구이자, 언제나 흔들림 없는 응원자였고, 때로는 나의 도덕적 나침반이 되어 주었다. 그녀의 지혜는 내 삶의 수많은 결정을 비추는 등불이었고, 그녀의 확고한 믿음은 가장 두려운 도전 앞에서도 나를 일으켜 세우는 강력한 힘이었다. 내가 스스로를 의심하며 주저앉으려 할 때마다 그녀의 목소리는 내 안의 잠든 힘을 다시 깨웠고, 그녀의 신뢰는 내 의지를 단단하게 세워 주었다.

율리는 나의 경력을 지지해 준 것을 넘어 내 삶 전체에 풍요로움을 더해 주었다. 그녀는 사랑과 보살핌으로 가정을 따뜻하게 채워 주었고, 세상의 거친 풍파 속에서도 언제든 안식할 수 있는 포근한 쉼터를 마련해 주었다. 그녀는 우리 가족을 하나로 묶어 주는 든든한 중심으로서, 사랑과 겸손, 강인함의 가치를 삶으로 실천하며 아이들에게 깊고 단단한 뿌리를 심어 주었다. 그녀가 남긴 이 귀한 유산은 앞으로도 대를 이어 전해질 소중한 유대가 될 것이라 믿는다.

수십 년 동안 율리가 감내한 희생은 이루 말할 수 없을 만큼 위대했다. 그녀는 자신의 꿈을 뒤로 미뤄 나의 커리어에 온 마음을 다해 힘을 실어 주었고, 가정과 아이들을 헌신적으로 돌보며 내가 연구와 일

런던에서 근위병과 함께 행진하는 율리

에만 집중할 수 있는 터전을 만들어 주었다. 그녀의 강인함은 조용했지만 결코 무너지지 않는 힘이었고, 우리가 함께 품었던 꿈을 현실로 만들 수 있었던 가장 큰 원동력이었다. 그녀는 한결같이 베풀었고, 단 한 번도 그에 대한 대가를 바라지 않았다. 그녀의 사랑은 우리 삶을 단단히 묶어 준 영원한 끈이었다.

여행은 율리가 특히 사랑한 일이었다. 그래서 나 역시 그녀와 함께 하는 여행을 삶의 최우선 순위로 두었다. 지난 반세기 동안 우리는 45개국을 함께 여행하며 서로에 대한 애정을 더욱 깊이 새겼고, 인생에서 잊을 수 없는 소중한 추억들을 만들어 왔다. 함께한 모든 여정 하나하나가 우리를 더 단단히 이어 준 유대의 증거였으며, 나는 이 모

율리와 함께. 중국 계림에서

든 기억을 가슴 깊이 간직하고 있다.

율리, 이 헌사를 통해 그대가 내 삶에 남긴 깊은 영향을 미약하나마 전하고자 합니다. 그대는 내 삶의 중심이자 나의 모든 성취의 이유이며, 내 인생의 영원한 사랑입니다. 그대가 보여 준 인내와 희생, 끝없는 지지에 마음 깊이 감사합니다. 그대는 언제까지나 변함없이 내 삶의 가장 소중한 존재일 것입니다.

정동균 교수님

모든 삶에는 그 여정을 근본적으로 바꾸는 만남이 있다. 나에게 정동균 교수님은 바로 그런 분이었다. 정동균 교수님은 나의 첫 멘토이자 영혼의 스승 그리고 어두운 길을 밝혀 주는 등불이었다. 서울대학교 치과대학원의 교수로 계시던 정 교수님은 연구의 길에 첫발을 내디딘 나를 따뜻하게 이끌어 주셨고, 과학의 기초만이 아니라 정직과 성실 그리고 학문의 품격이라는 깊은 가치를 심어 주셨다. 정 교수님을 통해 나는 비로소 깨달았다. 과학은 단순한 발견으로 완성되는 것이 아니라, 무겁고 숭고한 책임과 진실을 동반해야 한다는 사실을.

내가 스스로의 한계 앞에 주저앉아 과연 이 길을 계속 걸을 수 있을지 두려워하던 그 시절, 정동균 교수님은 나조차 알지 못했던 내 안의 가능성을 묵묵히 믿어 주셨다. 그 믿음은 나의 가슴을 뜨겁게 적시며 다시 일어설 힘을 주었고, 나로 하여금 더 높고 더 깊은 목표를 향해 나아가게 했다. 교수님의 지도는 결코 단순한 지식의 전달에 그치

(왼쪽에서 세 번째) 정동균 교수와 함께한 학술대회에서

지 않았다. 연구라는 거대한 항해에서 결코 잃어서는 안 될 나침반—윤리와 정직성—을 가슴 깊이 심어 주셨다.

정동균 교수님께서 가르쳐 주신 교훈들은 지금도 내 삶의 구석구석을 관통하고 있다. 정 교수님이 강조했던 비판적 사고의 날카로움, 인내의 묵직함 그리고 탁월함을 향한 끊임없는 갈망은 나의 학문과 교육 그리고 리더십의 중심이 되었다. 그 가르침은 내 학자로서의 여정을 단단히 붙들어 주는 뿌리가 되었고, 꿈을 향해 끝없이 나아갈 수 있는 용기와 지혜를 선물해 주었다.

오늘 돌이켜 보면, 나의 커리어를 수놓은 모든 중요한 순간마다 정 교수님의 흔적이 스며 있음을 새삼 느낀다. 그분의 깊고도 조용한 신뢰 그리고 최고 수준의 과학을 향한 뜨거운 헌신은 오늘도 나를 일으키고 나아가게 하는 원동력이다.

정동균 교수님, 당신의 가르침은 제 삶과 경력에 지울 수 없는 자국을 남겼고, 저의 모든 성취 속에는 당신의 영혼이 살아 숨 쉬고 있습니다. 이 모든 것에 대해 나는 영원히 감사할 것입니다.

루이스 강가로사 교수님*Dr. Louis Gangarosa*

누구에게나 인생의 문턱에서 길을 밝혀 주는 한 사람이 있다. 나에게 루이스 강가로사 교수님은 바로 그런 분이었다. 그는 나의 스승이자 삶의 전환점을 열어 준 인생의 은인이었다. 강가로사 교수님은 단순히 나의 스승이 아니었다. 그분은 나의 미래를 꿰뚫어 보며, 내가 아직 꿈꾸지 못한 가능성의 문을 활짝 열어 주신 분이었다.

조지아 의과대학의 저명한 교수였던 강가로사 교수님은 내 가능성을 가장 먼저 발견하고 따뜻하게 손을 내밀어 주셨다. 그의 연구실로부터 받은 초청장이 내 손에 쥐어졌을 때, 나는 한참을 그 자리에서 멍하니 서 있었다. 그것은 단순한 초청장이 아니었다. 내 인생을 송두

(왼쪽부터) 저자,
강가로사 교수,
그리고 서울대 정종평 박사.
1987년 학술대회에서

리째 바꿔 놓을 운명의 열쇠였다. 그 한 장의 종이가 나를 미국으로 이끌었고, 새로운 세계로 뛰어들 용기를 주었다. 그 순간이 없었다면 오늘의 나도 존재하지 않았을 것이다.

낯선 땅에서 언어도 문화도 낯설던 나는 수없이 흔들렸다. 그러나 강가로사 교수님은 언제나 나의 등 뒤에 든든히 서 계셨다. 교수님은 단순히 연구 방법을 가르친 분이 아니었다. 나를 진심으로 믿어 주셨고, 한 인간으로서, 미래의 과학자로서 성장할 수 있도록 길을 열어 주셨다. 때로는 엄하게, 때로는 따뜻하게 박사는 말씀하셨다. "자네는 더 큰 꿈을 꿔야 하네. 그럴 만한 자격이 충분하니 말일세." 그 말 한 마디가 내 삶을 지탱하는 버팀목이 되었다.

강가로사 교수님은 실험실을 넘어 내 삶 그 자체에 깊은 영향을 주었다. 교수님은 과학의 진정한 가치를 몸소 보여 주었고, 인내와 정직, 탁월함의 가치를 행동으로 증명했다. 언제나 학생들을 품어 안았으며, 그들의 성공을 자신의 기쁨으로 삼았다. 그분의 무조건적인 지지와 헌신은 오늘의 나를 만든 가장 큰 힘이었다. 나 역시 그분의 길을 좇으며 제자들에게 같은 울림을 주는 스승이 되기를 꿈꿔 왔다.

오늘 돌아보면, 내 커리어의 모든 궤적 위에 강가로사 교수님의 그림자가 드리워져 있다. 그는 단순한 스승이 아니라 교육이 얼마나 강력하게 한 사람의 운명을 바꿀 수 있는지를 보여 준 살아 있는 증거였다. 그가 남긴 울림은 지금도 내 안에서 생생히 살아 있고, 그분께서 영감을 주었던 무수한 학생들 속에서도 계속 이어지고 있다.

강가로사 교수님, 당신의 신뢰가 있었기에 나는 꿈을 좇을 수 있었고, 당신의 지도 덕분에 나는 그 꿈을 현실로 만들 수 있었습니다. 당신이 제 삶에 남긴 흔적은 나의 가장 큰 영광이며, 나는 그 가르침을 평생 가슴에 새기며 살아갈 것입니다. 진심으로 감사합니다. 당신은 제 인생의 빛이었습니다.

데보라 랭스턴 교수님*Dr. Deborah Langston*

내 경력에 영향을 준 많은 분들 중에서도 랭스턴 교수님은 특별한 스승이자, 탁월한 임상의과학자이며, 늘 영감을 주는 롤모델로 내 마음에 새겨져 있다. 래드클리프 칼리지를 졸업하고 코넬 의과대학에서 의학 박사 학위를 취득한 후, 하버드에서 안과학 수련을 받은 랭스턴 교수님은 노벨상 수상자인 제임스 왓슨(James Watson) 박사와 초기 유전자 연구를 함께 수행한 경이로운 학자였다. 하버드 의과대학 교수로서 임상의, 과학자, 교육자의 역할을 절묘하게 융합하며 학문적 헌신과 탁월함의 본보기가 되어 주었다.

데보라 랭스턴 교수

랭스턴 교수님이 나를 자신의 연구실 박사후 연구원으로 채용해 주었을 때, 내 인생의 새로운 장이 열렸다. 랭스턴 교수님의 연구실에서 나는 단순히 연구기술만 익힌 것이 아니라, 학문적·인격적 성장을 아우르는 진정한 지도를 경험했다. 그녀의 지적 엄격함, 발견을 향한 열정 그리고 정밀하고도 깊이 있는 과학적 접근은 내 경력의 기반을 새롭게 다지는 계기가 되었다. 랭스턴 교수님은 단순한 스승이 아니었다. 협력자로서 나의 목소리를 존중해 주었고, 비판적 사고를 가르치며 언제나 나를 새로운 도전의 길로 이끌어 주었다.

가장 놀라운 순간은 랭스턴 교수님이 나에게 하버드 치과대학원 과정에 등록하라고 강력히 권고하며 지지해 주었을 때였다. 상상조차 못 했던 길이었지만, 그 선택은 내 학문적·직업적 운명을 바꾸는 중대한 전환점이 되었다. 랭스턴 교수님은 늘 한발 앞서 후학의 잠재력을 꿰뚫어 보고, 성장의 기회를 아낌없이 열어 주는 비범한 분이었다.

임상의 과학자로서의 랭스턴 교수님은 연구와 환자 치료의 경계를 허물며 그 둘을 완벽하게 융합해 냈다. 복잡한 과학을 실제 의료 발전으로 이끄는 그녀의 통찰력과 집념은 연구실과 강의실을 넘어, 함께한 모든 이들의 마음에 깊은 울림을 남겼다. 그녀는 나뿐만 아니라 수많은 후학들의 길을 밝혀 주는 지식의 등불이자 영감의 원천이었다.

랭스턴 교수님, 이 헌사는 제가 느낀 깊은 감사와 존경의 마음을 담은 진심 어린 고백입니다. 당신의 지도, 따뜻한 협력 그리고 저의 잠재력에 대한 변함없는 신뢰는 제 경력에서 얻은 가장 값진 선물이었습니다. 교수님은 저에게 엄격한 과학의 길을 걷는 법, 정직의 가치를 지키는 법 그리고 교육이 가진 변혁의 힘을 몸소 보여 주었습니다. 나는 지금도 그 가르침을 가슴에 새기며 매일의 연구 속에서 그 정신을 이어 가고 있습니다. 당신께 배울 수 있었던 것 그리고 함께 걸어갈 수 있었던 그 길은 제 삶에서 영원히 소중한 빛으로 남을 것입니다.

폴 골드하버 학장님*Dean Paul Goldhaber*

골드하버 학장님은 내 경력뿐 아니라 내 삶 전체에서 가장 중요한 스승이자 선구자적 리더였다. 하버드 치과대학원의 학장으로서 골드하버 박사님은 확고한 신념과 따뜻한 지원으로 내 미래를 밝혀 주었다. 특히, 나를 암 연구의 세계로 이끌어 주신 순간은 내 학문적 여정에서 결코 잊을 수 없는 전환점이었다.

골드하버 학장님이 나를 하버드의 학생으로 받아들이고, 이후 교수로 임명해 주었을 때 나는 마침내 꿈꾸던 무대에 서게 되었다. 낯설고 험난한 환경 속에서도 골드하버 학장님은 나의 잠재력을 믿고 지지해 주었고, 그 신뢰는 내가 흔들리지 않고 학자로서 성장할 수 있는 든든한 버팀목이 되었다. 학장님은 언제나 개방적 사고를 장려했고,

(왼쪽부터) 폴 골드하버 학장과 저자. 2000년

인재 양성에 깊은 헌신을 쏟으며 후학들이 마음껏 꿈을 펼칠 수 있도록 학문적 토양을 마련해 주었다.

무엇보다도 암 연구로의 전환은 골드하버 학장님 덕분에 가능했다. 그 결단은 내 과학적 시야를 전혀 다른 차원으로 확장시켰고, 이후 내 연구 경력에서 가장 빛나는 성과로 이어졌다. 골드하버 학장님은 나로 하여금 새로운 길을 주저하지 않고 탐색하게 했으며, 더 큰 목표를 세우고 거침없이 도전하게 만들었다. 그의 탁월한 통찰력 그리고 교육과 연구의 혁명적 힘에 대한 믿음은 오늘날까지도 내 안에서 살아 숨 쉬고 있다.

골드하버 학장님의 영향력은 단순히 자신이 이끄는 프로그램을 넘어, 수많은 학생과 연구자의 삶과 경력을 형성하는 힘으로 확장되었다. 과학과 교육의 진보를 향한 학장님의 열정은 하버드를 뛰어넘어 전 세계 치의학 및 의학 연구의 지형을 변화시키는 위대한 유산으로 남아 있다.

골드하버 학장님의 가르침은 나에게 단순히 기회의 문을 열어 주는 데 그치지 않았다. 그는 목적의식과 결단력을 가지고 그 문을 어떻게 통과해야 하는지를 내게 깨우쳐 주었다. 이 헌사는 그 위대한 영향력을 기리고, 내 경력과 삶을 송두리째 변화시킨 학장님의 비전과 믿음에 진심으로 감사드리는 마음의 표현이다. 지금도 골드하버 학장님의 가르침은 나를 고무시키며, 의미 있는 변화를 일으키는 연구의 길을 끝없이 걸어가게 하는 원동력이 되고 있다.

골드하버 학장님, 제 여정에 늘 밝은 등불이 되어 주셔서 그리고 그 위대한 길을 열어 주셔서 진심으로 감사합니다.

찰스 베르톨라미 학장님*Dean Charles Bertolami*

찰스 베르톨라미 학장님은 2007년 이래 뉴욕대학교(NYU) 치과대학의 학장으로 재직 중이다. 그 이전에는 1995년부터 2007년까지 샌프란시스코 캘리포니아대학교(UCSF) 치과대학의 학장을 역임했으며, 치의학계의 길잡이로서 눈부신 여정을 걸어왔다.

그는 1974년 오하이오주립대학교에서 치의학 박사(DDS) 학위를, 1979년 하버드대학교에서 의학과학박사(DMedSc) 학위를 취득했다. 이후 코네티컷대학교, 하버드 치과대학 그리고 UCLA 등 주요 기관에서 교수 및 리더로 활동했으며, UCLA에서는 구강악안면외과 과장을 맡아 학문적 토대를 공고히 했다. 그의 주요 연구 분야는 안면 조직 재생과 턱관절 장애 치료에 있어서 히알루론산의 역할에 관한 것으로, 치의학 윤리 교육에도 깊이 있는 기여를 해왔다.

1988년, UCLA 치과대학은 구강악안면외과의 새로운 과장을 찾고 있었다. 당시 하버드에 있던 찰스가 이상적인 후보로 떠올랐고, 나는 그의 임상 역량을 평가하고 면접에 참여해 달라는 요청을 받았다. 그때까지만 해도 찰스와 나는 하버드에

찰스 베르톨라미 학장

서 안면 정도만 있던 사이였지만, 나는 은근히 그가 우리 학교에 합류하길 바라고 있었다. 면접 자리에서 그는 다소 엉뚱한 우려를 털어놓았다. 바로 캘리포니아의 지진에 대한 걱정이었다. 나는 웃으며 그에게 안심하라고 했고, 이후 1994년 노스리지 대지진이 발생한 뒤, 이 일은 우리 사이에 오랜 농담거리로 남았다.

결국 찰스는 UCLA에 합류했고, 곧 그는 나의 소중한 연구 파트너이자 절친한 친구가 되었다. 나는 그에게 한국 음식을 소개했다. 우리는 자주 함께 식사를 하거나 여행을 다니면서 '떼려야 뗄 수 없는 듀오(the inseparable duo)'라는 별명까지 얻었다.

우리가 함께 이룬 가장 의미 있는 업적 중 하나는 1995년, 미국 국립보건원(NIH)으로부터 5년간의 연구 보조금을 확보한 일이었다. 이 지원금을 통해 우리는 UCLA-킹드루 소수민족 구강건강 지역연구센터(UCLA-King Drew Regional Research Center for Minority Oral Health)를 설립했고, 이는 의료 소외 계층의 구강건강 향상을 위한 역사적인 전환점이 되었다.

UCLA에서 찰스는 빠르게 승진했다. 그는 구강악안면외과 과장을 넘어 교수 인사 담당 부학장과 UCLA 병원의 치과진료부장까지 역임하며 학문과 행정, 임상을 아우르는 입체적 리더십을 발휘했다. 그로부터 약 5년 후, 그는 UCSF 치과대학 학장 후보로 지명되었고, 그는 나에게 의견을 구했다. 나는 그의 지성과 리더십이 그 누구에게도 뒤지지 않는다며 강하게 추천했고, 찰스는 결국 UCSF 총장 조셉 마틴으로부터 학장직을 제안받았다.

당시 찰스는 전국적인 인지도가 그리 높진 않았지만, 탁월한 교육

철학과 UC 시스템에 대한 깊은 이해 그리고 강력한 비전과 설득력 있는 화법으로 심사위원단을 사로잡았다. 그는 그 후 12년간 UCSF를 이끄는 학장으로서 눈부신 성과를 이뤘고, 그 여정은 고등교육과 전 세계 치의학계에 깊은 족적을 남겼다. 찰스가 떠난 것은 UCLA 치과대학에는 커다란 손실이었지만, 학문 공동체 전체에 있어서는 커다란 선물이었다.

그는 내 개인의 여정에도 깊은 영향을 주었다. 그의 충고 덕분에 나는 미국 국립치과두개안면연구소(NIDCR)의 연구비 특별 심사위원회에 위원으로 참여할 수 있었고, UCLA 학장직에 지원할 때에도 그는 귀중한 조언과 격려를 아끼지 않았다.

이후 그는 뉴욕대학교(NYU) 치과대학의 학장직을 맡아 지금까지도 치과 교육의 미래를 설계하는 지도자로 활동 중이다. 나는 지금도 그 여정을 곁에서 지켜본 것을 특권이라 느끼며, 그와 함께했던 시간과 우정을 인생의 큰 축복으로 기억한다.

찰스의 조언과 통찰은 내가 학장으로서 성장하는 데 결정적 자양분이 되었고, 그의 본보기는 지금 이 순간에도 나를 더 나은 리더로 살아가게 하는 힘이 되고 있다.

로리 흄 총장님*President W. Rory Hume*

로리 흄 총장님은 UCLA 치과대학의 학장을 역임한 탁월한 선견지명의 지도자이자, 따뜻한 인간미와 포용력으로 주위를 빛낸 분이다. 그와 함께 일한 모든 사람들은 그의 고매한 인품과 깊은 지혜를 오래도록 마음에 새겼다. 지적 탁월함과 놀라운 공감 능력을 동시에 지닌 그는 늘 주변 사람들을 감화시키며 공동체의 구심점이 되어 주었다.

학문과 행정, 그 어떤 영역에서도 탁월함을 발휘한 흄 총장님의 영향력은 UCLA라는 울타리를 훌쩍 넘어 학계 전반으로 확산되었다. UCLA의 총괄 부총장으로 재임하던 시절, 그는 학문 기획부터 예산, 교수 인사, 전략적 이니셔티브까지 대학의 핵심 사안을 총괄하며, 총장의 가장 신뢰받는 전략 파트너로 활약했다. 효율성과 진정성 그리고 탁월한 리더십을 고루 갖춘 그는 UCLA 역사상 가장 존경받는 총괄 부총장 중 한 분으로 손꼽히기에 부족함이 없었다.

흄 총장님의 발자취는 UCLA에만 머무르지 않았다. 총괄 부총장직을 마친 후 그는 오스트레일리아의 뉴사우스웨일스 대학교의 제6대

(왼쪽부터) 로리 흄 총장과 저자, 2015년 UCLA 치과대학 창립 50주년 갈라 행사에서

총장으로 부임하며 세계 학계에 또 다른 획을 그었다. 2006년에는 캘리포니아 대학교(UC) 시스템의 학문 및 보건 분야 총괄 부총장으로 돌아왔고, 이후 아랍에미리트대학교 총장직까지 맡으며 글로벌 리더십의 진면목을 유감없이 보여 주었다.

그는 나에게 단순한 친구 그 이상의 존재였다. 내가 리더의 길로 나아가야 할지 깊이 고민하던 순간, 흄 총장님의 사려 깊은 조언과 나에 대한 확신이 결정적인 힘이 되어 주었다. 그의 신뢰와 격려는 앞으로 맞이할 거센 도전을 준비하는 나에게 큰 용기와 방향을 안겨 주었다. 학장 재임 시절, 그는 언제나 나의 가장 든든한 후원자였고, 그의 응원은 단순한 업무적 지지를 넘어 나의 행복과 성장까지 진심으로 염원하는 진정한 우정에서 비롯된 것이었다.

그는 늘 진솔하고 변함없는 친구였다. 어려운 시기에는 묵묵히 내 곁을 지켜 주었고, 기쁜 순간에는 함께 마음껏 웃어 주었다. 주변 사람들에게 따뜻함과 존중을 전하는 그의 모습은 진정한 인간성의 표본이었다.

돌아보면, 나는 그와 맺은 우정과 신뢰의 끈에 깊은 감사를 느낀다. 흄 총장님의 유산은 단지 화려한 성취에 그치지 않는다. 그것은 연민, 친절 그리고 타인의 잠재력을 북돋우는 헌신으로 이루어져 있다. 그의 영향력은 여전히 내 삶과 리더십의 원동력이 되고 있으며, 진정한 리더십이란 결국 사람을 살리는 힘임을 언제나 새롭게 일깨워 준다.

앨버트 카르네세일 총장님*Chancellor Albert Carnesale*

앨버트 카르네세일 총장님은 원자물리학자이자 정치학자로서, 학문의 경계를 자유자재로 넘나드는 지성의 거장이었다. 그는 1997년 UCLA의 총장으로 부임하기 전, 하버드대학교 학무부총장으로 재직하며 이미 학계에서 깊은 신망을 얻고 있었다. 2006년 6월 30일까지 UCLA의 수장으로 재임하는 동안, 카르네세일 총장님은 학문적 탁월성과 다양성 그리고 캠퍼스 발전이라는 세 축을 굳건히 지탱하며 UCLA를 한 단계 도약시키는 놀라운 여정을 이끌었다.

그의 리더십 아래 UCLA는 연구 이니셔티브를 폭넓게 확장하고, 과학, 기술, 공학, 수학 관련 학과 및 연구 프로그램에 대한 자금 지원을 대폭 증대시켰으며, 혁신과 창의성이 꽃피는 문화를 견고히 다졌다. 무엇보다 그는 포용성을 최우선 가치로 삼으며 소외된 커뮤니티의 목소리가 닿을 수 있는 길을 넓혔다. 캠퍼스 시설의 현대화와 학제간 협력 촉진을 위한 그의 치밀한 노력은 UCLA를 세계적 수준의 공립 연구대학으로 우뚝 서게 한 초석이 되었다.

카르네세일 총장님은 지성과 따뜻함을 겸비한 리더였다. 그는 "진정한 미래의 지도자를 양성하는 데 다양성은 필수적이다"라는 소신을 늘 강조했고, 이는 공립대학의 사명 그 자체이기도 했다. 특히 2001년 9월 11일의 비극 이후, 카르네세일 총장님은 UCLA의 모토인 "Fiat Lux(빛이 있으라)"에서 이름을 딴 특별한 세미나 프로그램을 출범시켰다. 이 프로그램은 200개의 세미나로 구성되었으며, 학생들이 9.11의 충격과 그 파장을 심층적으로 성찰할 수 있도록 마련되었

(왼쪽부터) 저자, 앨버트 카르네세일 총장, Larry Wolinsky 박사.
2011년 UCLA 치과대학 학위수여식에서

다. 총장님은 직접 국가 안보를 주제로 한 세미나를 이끌며, 리더로서의 책임감을 몸소 실천했다.

그의 재임 중 가장 야심 찬 프로젝트 중 하나는 고등교육 역사상 유례없는 31억 달러 규모의 모금 캠페인이었다. 카르네세일 총장님은 이 계획을 성공적으로 완수하며 UCLA의 재정적 기반을 한층 더 단단히 다졌다. 그는 또한 캘리포니아 나노시스템 연구소(CNSI), 브로드 줄기세포 연구소, 나자리안 이스라엘 연구센터, 사회 및 유전학 연구소 등 세계적 권위를 자랑하는 연구 기관들의 설립을 주도하며 UCLA의 학문적 위상을 비약적으로 끌어올렸다.

카르네세일 총장님은 치과대학의 전임 학장이었던 로리 흄 박사를 UCLA의 총괄 부총장으로 영입했고, 나 역시 그의 신뢰 속에 치과대학 학장으로 임명되었다. 매년 학장들에게 직접 자신의 전략적 구상을 공유하며 "기반 강화, 경계 넘기, 탁월성 집중(Strengthening Foundations, Crossing Boundaries, and Concentrating on Excellence)"이라는 슬로건 아래 웅대한 비전을 제시했는데, 나는 그날의 감동적인 연설을 지금도 잊지 못한다. 그의 선견지명과 날카로운 통찰은 늘 나를 고무시켰고, 나는 그의 조언과 지지를 받으며 학장직을 성공적으로 수행할 수 있었다. 그의 영향력은 단순히 행정적 차원을 넘어, 나의 리더십 정신에 깊이 새겨졌다.

진 블록 총장님*Chancellor Gene Block*

블록 총장님은 2007년 8월 1일, 버지니아대학교에서 UCLA로 자리를 옮겨 제6대 총장으로 취임했다. 그의 부임은 UCLA에 새로운 도약의 신호탄이었다. 그의 리더십 아래 UCLA는 괄목할 만한 성장을 이루었고, 연간 연구 예산은 마침내 17억 달러를 돌파하며 미국 최고의 공립대학으로 자리매김했다. 블록 총장님은 또한 학생 장학금 확대에 전념했으며, UCLA 창립 100주년을 기념하는 시기에 50억 달러 이상의 대규모 모금 캠페인을 성공적으로 이끎으로써 대학의 미래를 더욱 밝게 비추었다.

그의 부임 직전, UCLA 치과대학의 교정과 레지던시 프로그램과 관련된 민감한 사건이 있었다. 한 내부 고발자가, 졸업생의 자녀나 손주에게 입학 특혜가 제공되었다는 의혹을 제기하며 대학 사회에 파문을 일으킨 것이다. 대학 차원의 철저한 조사를 통해 이러한 주장을 뒷받침할 어떠한 증거도 발견되지 않았지만, 블록 총장이 부임한 직후 UCLA 학생신문인 데일리 브루인(Daily Bruin)은 이 문제를 다시 수면 위로 끌어올리려 했다. 나는 학장으로서 블록 총장님을 만나 이 민감한 문제에 대해 긴밀히 논의했다. 그때 그의 대응은 실로 탁월했다. 블록 총장님은 치과대학과 나를 전폭적으로 지지하며, UCLA의 진실성과 명예를 굳건히 지키겠다는 결연한 의지를 보였다. 그의 신뢰와 결단력은 무차별적 비난의 소용돌이 속에서 대학을 지키는 강력한 방패가 되어 주었다.

(왼쪽부터) 진 블록 총장, 총장의 부인 캐롤 블록 여사, 그리고 저자.
2016년 저자의 학장직 은퇴 행사에서

내가 블록 총장님과 함께 학장으로 재임한 9년 동안 그는 내게 있어 한결같이 든든한 후원자였다. 위기 속에서만이 아니라, 소외된 학생들을 위한 예비 대학 과학 교육 프로그램과 같은 교육적 이니셔티브에서도 그는 흔쾌히 지지와 지원을 아끼지 않았다. 그는 UCLA 치과대학의 행사에도 자주 참석해 주었고, 통찰력 있는 발언을 통해 교직원과 학생 모두에게 큰 울림과 영감을 선사하기도 했다. 그의 리더십은 신뢰, 공감 그리고 미래지향적 비전의 상징이었다. 총장님의 따뜻한 격려는 학교뿐만 아니라 내 개인적 여정에 있어서도 귀중한 보석처럼 빛났다.

나는 내 인생을 돌아보며 블록 총장님께 진심 어린 감사의 마음을 품는다. 그의 유산은 단순한 성취의 나열이 아니다. 그것은 진심에서 우러나온 친절과 깊은 인간애로 구성된, 세대를 넘어 울림을 전하는 유산이다. 그분께 배운 교훈들을 내 삶 속에 실천하며 이어 나가는 것은 더할 나위 없는 영광이다. 블록 총장님의 영향력은 영원히 내 이야기에 함께할 것이다.

최옥자 교수님

최옥자 박사님은 나에게 단순한 후원자가 아니라, 제2의 어머니 같은 존재였다. 그분은 나의 인생 여정에서 든든한 버팀목이 되어 주었음은 물론, 삶의 방향을 근본적으로 변화시켜 주었다. 그녀의 삶은 불굴의 의지와 탁월한 업적 그리고 무엇보다 끝없는 관용과 사랑으로 채워진 장대한 서사시였다.

우리의 인연은 뜻밖의 순간에 시작되었다. 내가 부학장으로 재직하던 시절, UCLA에 긴급한 요청이 접수되었다. 급박히 최 박사님을 위한 척추 수술이 필요하다는 절박한 사연이었다. 나는 동료들의 도움을 받아 서둘러 수술을 주선했고, 기적처럼 그녀의 생명을 구할 수 있었다. 박사님이 다시 건강을 되찾은 그 순간부터, 우리의 인연은 단순한 환자와 의료인의 관계를 넘어, 영혼 깊숙이 이어지는 특별한 인연으로 발전했다.

최 박사님은 참으로 놀라운 분이었다. 유능한 의사이자 예술가, 안수받은 목사였으며, 세종대학교의 전 총장으로서 교육계에도 커다란 발자취를 남겼다. 그토록 많은 업적을 쌓고도 그녀는 언제나 겸손했고, 늘 타인에게 영감을 주는 빛나는 존재였다. 나는 그녀의 남편 치과 진료를 맡으면서 더 깊은 교감을 나누게 되었고, 그녀의 따뜻한 권유 덕분에 잊고 있던 그림에 대한 열정을 다시 일깨울 수 있었다. 그렇게 다시 잡은 붓끝에서 피어난 작품들은 내 개인적·직업적 정체성

(왼쪽 아래부터) 최옥자 박사, 최 박사의 남편 추영하 총장, 저자, 그리고 율리

최옥자 박사의 유화 작품, '흰 소나무'

의 소중한 일부로 자리 잡게 되었다.

최 박사님의 격려는 단순한 칭찬을 넘어 나의 내면 깊숙이 울림을 주었다. 예술이 그저 표현의 수단을 넘어 타인과 마음을 나누는 언어가 될 수 있다는 걸, 나는 그녀를 통해 배웠다. 학장 재임 시절, 그녀는 감사의 뜻으로 직접 그린 그림을 나에게 선물했다. 그녀의 따뜻한 미소와 응원은 나로 하여금 예술뿐만 아니라 리더십과 인생의 본질에 대해 다시금 깊이 성찰하게 만들었다.

안타깝게도 최 박사님은 알츠하이머병과 싸우다 2019년, 향년 99세를 일기로 세상을 떠났다. 그녀를 잃은 것은 나에게 큰 슬픔이었지만, 나는 믿어 의심치 않았다. 그녀가 남긴 사랑과 헌신 그리고 수많

2000년에 저자가 모작한 무명 화가의 작품

은 이들에게 심어 준 영감은 세월을 뛰어넘어 오래도록 이어질 것임을. 그녀의 추모식에서 나는 최 박사님을 영혼 깊이 사랑한 '제2의 어머니'로 기억하며 헌사를 올렸다. 그녀의 친절, 지혜 그리고 변함없는 지지는 내 인생의 궤적을 바꿨고, 나는 그 사랑의 빛을 평생 간직하고 있다.

2006년에 저자가 모작한 파블로 피카소의 '농부와 아내'

2006년에 저자가 모작한 폴 세잔의 '사과가 있는 정물화'

스스무 미야타 이사장님, 준 미야타 이사장, 그리고 카츠유키 오토모 총장

1999년, 나는 UCLA 치과대학과 10년간 자매 관계를 이어 온 메이카이대학교와 아사히대학교를 공식 방문하는 뜻깊은 기회를 가졌다. 두 대학 모두 일본을 대표하는 권위 있는 치과대학을 보유하고 있었기에 이번 방문은 그 자체로 큰 의미가 있었다. 당시 우리 대학 간 교류는 학생 교환 프로그램이 존재했지만, 수년간 교류가 정체된 상태였다. 그러나 학장직에 오른 나는 이 관계에 새로운 숨결을 불어넣고자 결심했다.

나와 아내는 스스무 미야타 이사장님의 초대로 일본을 방문하게 되었고, 도착과 동시에 우리는 진심 어린 따뜻한 환대를 받았다. 미야타 이사장님과 그의 팀은 극진한 예의를 다하며 우리를 맞아 주었고, 나는 그 순간부터 이 관계가 단순한 형식적 교류를 넘어 진정한 우정과 신뢰로 발전할 것임을 예감할 수 있었다. 방문 중 나는 교수진과 학생들에게 강의를 진행했고, 졸업식에서는 기조 연설을 맡았다. 그 모든 순간이 내 마음 깊숙이 각인되었고, 우리 대학 간의 관계 역시 그때부터 새로운 장으로 나아가기 시작했다.

그 이후로 우리의 인연은 해마다 더 깊어졌다. 스스무 미야타 이사장님의 아들이자 메이카이대학 경영대학 교수인 준 미야타 교수 그리고 아사히대학교 차기 총장이자 미야타 이사장님의 사위인 카츠유키 오토모 박사와도 긴밀한 우정을 나누게 되었다. 나는 그들을 우리 집에 초대해 함께 식사를 하고 골프를 즐기며 교육과 문화에 대한 열

2005년 스스무 미야타 이사장과 함께

정을 공유했다. 우리의 관계는 단순한 직업적 파트너십을 넘어, 인생을 나누는 소중한 친구 관계로 발전했다.

우리는 함께 머리를 맞대고 강력하고 지속 가능한 교육 및 문화 교류 프로그램을 설계했다. 매년 UCLA 치과대학의 3학년생 10명이 열흘간 일본을 방문해 현지 교육 시스템과 문화를 직접 체험했으며, 메이카이대학과 아사히대학에서도 각각 5명씩 총 10명의 학생들이 UCLA를 찾아 로스앤젤레스의 활기찬 교육과 문화를 몸소 경험했다. 이 프로그램은 단순한 학문적 교류를 넘어, 서로의 삶을 배우고 평생 지속될 우정을 다지는 귀중한 장이 되었다.

스스무 미야타 이사장님은 이 프로그램을 누구보다 소중히 여기며 헌신적으로 지원했다. 그는 UCLA에 100만 달러 기금을 조성해 학생 교류의 지속성을 보장했고, 그의 넓은 마음과 비전은 나에게 깊은 울림을 주었다. 그의 헌신 덕분에 이 프로그램은 앞으로도 수많은 학생들의 인생을 풍요롭게 할 것이다.

나는 2016년 학장직에서 은퇴한 후, 메이카이대학과 아사히대학으로부터 명예 이학박사 학위를 받았다. 그날의 감격과 감사는 말로 다 표현할 수 없었다. 그 영예는 단순한 개인의 성취가 아니라, 함께 만들어 낸 협력의 결실이자 세대를 넘어 이어질 우정의 증거였다. 2023년, 나는 다시 두 대학을 찾아 교수진 대상 연구 강연을 할 기회를 가졌다. 나는 그들의 학문적 열정과 헌신에 깊은 감명을 받았고, 그 모든 열정이 미야타 박사와 후계자들이 심어 온 씨앗에서 비롯된 것임을 새삼 깨달았다.

지금도 우리의 파트너십은 변함없이 이어지고 있다. 스스무 미야타 이사장님의 은퇴 후, 준 미야타 교수가 이사회 의장으로, 오토모 박사가 아사히대학 총장으로 자리 잡으며 우리 관계의 토대를 굳건히 지키고 있다. 그들의 리더십 아래 '협력, 우정, 상호 존중'이라는 우리의 모토는 여전히 생생히 살아 숨 쉬고 있다. 이 이야기는 단순한 국제 교류의 기록이 아니라, 진정한 관계의 힘과 비전 그리고 지속 가능한 유대의 증거다. 하나의 만남으로 시작된 이 여정은 문화를 연결하고 세대를 아우르며, 오늘도 누군가의 삶을 변화시키는 소중한 가교로 남아 있다.

(왼쪽부터) 준 미야타 이사장, 저자, 율리, 그리고 오토모 총장. 2015년 나리타 공항에서

신영균 교수님

신영균 박사님은 치과의사에서 대한민국 영화계의 상징적 배우로 변신한 독보적인 경력을 지닌 인물이다. 그는 〈시집가는 날(1956)〉, 〈연산군(1962)〉, 〈한양에 온 성춘향(1963)〉, 〈빨간 마후라(1964)〉 등 수많은 고전 작품을 포함해 200편이 넘는 영화에 출연하며, 다채로운 연기로 한국 영화사에 뚜렷한 족적을 남겼다.

나는 운 좋게도 2007년부터 신영균 박사님과 개인적 친분을 맺게 되었고, 그와의 우정은 내 삶에서 가장 값진 선물 중 하나로 자리 잡았다. 그의 지혜, 겸손함 그리고 따뜻한 마음은 언제나 나에게 깊은 영감을 준다. 나는 한국을 방문할 때마다 늘 박사님을 찾아뵈어 왔다. 우리의 대화에는 늘 온기와 울림 그리고 유쾌함이 가득하다.

이제 95세가 된 신영균 박사님은 여전히 비전이 넘치는 분이다. 그는 100세가 되는 해에 새로운 영화를 제작하겠다는 야심 찬 계획을 가지고 있으며, 고맙게도 그 프로젝트에 나를 참여시켜 주었다. 그의 예술에 대한 열정은 결코 연기에만 국한되지 않는다. 그는 대한민국 국회의원을 역임했고, '신영균 예술문화재단'을 설립해 재능 있는 창작자들을 지원하며 문화 발전에 큰 기여를 해왔다.

내게 신영균 박사님은 단순히 전설적인 배우나 자선가를 넘어, 무한한 창의성과 따뜻한 관대함 그리고 끊임없이 새로운 목표를 향해 나아가는 굳건한 정신의 화신이다. 그의 경력과 자선 활동은 결단력과 재능을 어떻게 세상의 선한 변화로 전환할 수 있는지를 증명하는 살아 있는 사례다.

신영균 박사님의 지속적인 영향력은 그가 걸어온 길을 넘어 수많은 사람들에게 자신만의 열정을 발견하고 꿈을 좇으며 공동체에 기여하

(왼쪽 상단부터) 율리,
신영균 박사의 부인, 저자,
그리고 신영균 박사, 2007년

도록 영감을 준다. 그의 비전은 우리 모두에게 끊임없이 스스로를 재창조하고, 역경 속에서도 흔들림 없이 전진하며, 더 큰 선을 위해 헌신하라고 독려한다. 그는 우리에게 성공이란 단순한 개인적 성취가 아니라, 우리가 세상에 남기는 긍정적 흔적에 의해 진정으로 평가된다는 사실을 늘 상기시켜 준다.

김상재 교수님

김상재 박사님과 지난 10여 년간 함께해 온 시간은 나에게 특권과도 같았다. 그 긴 시간 동안 나는 그가 과학 연구와 혁신을 향해 보여준 흔들림 없는 헌신을 지켜보며 깊은 감명을 받았다. 재활의학을 전공한 의사인 김 박사님은 로스앤젤레스에 본사를 둔 텔로이드(Teloid Inc.)의 CEO이자, 서울의 젬백스앤카엘(GemVax/Kael Inc.)의 CEO 겸 CSO(최고과학책임자)로 재직 중이다. 그는 100편 이상의 연구 논문을 발표한 저명한 과학자로, 특히 다기능성 소펩타이드 GV1001의 놀라운 치료적 가능성에 주목하며 연구해 왔다.

김 박사님과의 협업은 나의 경력에서 가장 지적으로 만족스러운 경험 중 하나였다. 우리는 함께 GV1001이 동맥경화와 알츠하이머병에 미치는 영향을 연구했으며, 실험용 생쥐 모델을 통해 이 펩타이드가 질병의 진행을 억제하는 탁월한 효능을 밝혀냈다. 이 연구 결과는 널리 주목받는 연구 논문으로 이어졌고, 국제적으로도 큰 반향을 일으켰다.

GV1001은 심혈관 및 신경퇴행성 질환을 넘어 종양학 분야에서

(왼쪽부터) 저자, 김상재 박사의 부인, 김상재 박사. 2016년 저자의 학장 퇴임 파티에서

도 놀라운 가능성을 보여 주고 있다. 우리의 연구는 이 펩타이드가 암세포가 분비하는 CD47을 억제한다는 사실을 입증했다. CD47은 암세포가 면역 감시로부터 자신을 숨기기 위해 보내는 "나를 먹지 마"란 의미의 신호로 알려져 있다. 이 방어 기전을 무력화함으로써 GV1001은 면역세포가 암세포를 인식하고 공격할 수 있도록 돕는다. 이 발견은 두경부암, 유방암, 폐암, 혈액암 등 다양한 암 치료에서 중요한 전환점을 제시하며 면역치료의 새로운 길을 열어 주었다.

김 박사님과 함께한 이 여정은 과학적으로나 개인적으로나 큰 영감을 주는 시간이었다. 우리의 공동 연구는 현대 의학의 가장 복잡한 문제들을 해결하는 데 있어 협력의 힘이 얼마나 중요한지를 잘 보여 주었다. GV1001은 심혈관 및 신경계 질환에서부터 종양학에 이르기까지 획기적인 치료제를 향한 길을 열어 주고 있으며, 앞으로도 의학 발전의 중심에 설 잠재력을 지니고 있다. 이 협력의 발자취를 되돌아보며 나는 앞으로의 미래에 대한 낙관과 기대감으로 가슴이 벅차오른다. 김 박사님의 선견지명 있는 리더십과 생명공학 분야에서의 끝없는 기여는 혁신 그 자체이며, 그의 지속적인 노력은 인류의 생명을 구하는 새로운 치료법을 개척할 것이다. 이 놀라운 여정 속에서 그와 함께할 수 있었던 것은 내게 큰 영광이었다.

얼 프레이밀러 교수님*Dr. Earl Freymiller*

프레이밀러 박사님은 내가 아는 사람 중 가장 탁월하면서도 겸손한 분이다. 구강악안면외과 분야에서의 환자 치료, 교육, 리더십 그리고 봉사에 이르기까지 그는 그 어떤 영역에서도 빠짐없이 뛰어난 성과를 보여 주었다. 하버드 치과대학을 졸업하고 매사추세츠 종합병원과 하버드 의과대학에서 의학박사(MD) 학위를 마친 뒤, 그는 UCLA 치과대학의 구강악안면외과학과 학과장과 ULCA 병원의 의료진 최고 책임자 등 중요한 직책을 맡아왔다. 그가 남긴 발자취는 늘 혁신과 탁월함의 상징이었다.

프레이밀러 박사님은 이처럼 빛나는 경력에도 불구하고 늘 겸손하고 따뜻하다. 그는 매년 멕시코로 봉사활동을 떠나 의료 혜택을 받기 어려운 이들에게 무료로 외과 진료를 해주며, 자신의 전문성을 통해 많은 이들의 삶을 바꿔 왔다. 그의 이런 헌신은 진정한 치유자의 본보기가 되었고, 수많은 사람에게 깊은 울림을 주고 있다.

교육 및 공공 봉사에 대한 그의 탁월한 기여는 공식적으로도 인정받아, 그는 2013년 UCLA에서 제정된 '밥 & 매리언 윌슨 석좌교수직'의 초대 교수로 임명되기도 했다. 그리고 그는 2023년 6월 전임교수직에서 은퇴했다.

나는 동료이자 친구로서의 프레이밀러를 진심으로 존경하고, 그의 헌신과 따뜻한 지지를 늘 감사히 여긴다. 그는 수술실 안팎에서 차세대 외과의들을 위한 지도에 전념해 왔으며, 동료들을 향한 아낌없는 격려와 나눔은 '교육과 협업은 세상을 바꾸는 힘'이라는 신념에서 비롯된 것이었다.

그의 성실과 진정성 그리고 한결같은 배려심은 그를 아는 모든 이

(왼쪽부터) 프레이밀러 박사와 저자, 2015년 UCLA 치과대학 창립 50주년 기념 갈라 행사에서

들에게 깊은 감동을 준다. 프레이밀러의 삶과 경력은 '의술로 세상을 바꾸는 사람'의 모범이라 할 수 있다. 나에게 있어 그와 함께 일할 수 있었던 시간은, 경력 중 가장 큰 영예이자 축복이었다. 그는 UCLA, 지역 사회 그리고 셀 수 없이 많은 이들의 삶에 깊고도 지속적인 흔적을 남겼다.

크리스챤 스톨러 학장님*Dean Christian Stohler*

스톨러 학장님은 나에게 가장 친한 친구 중의 하나이자 학술 리더십 분야에서 신뢰할 수 있는 동료였다. 그는 메릴랜드대학교와 콜롬비아대학교 치과대학에서 학장을 역임하며 탁월한 리더십을 발휘했고, 과학자로서도 특히 통증 메커니즘 연구로 널리 인정받았다. 그의 학문적 업적은 치의학계를 넘어 많은 이들의 존경을 받고 있다.

학장 회의에서 처음 인연을 맺은 우리는 수시로 아이디어를 나누고 깊이 있는 대화를 이어 갔다. 그의 통찰력 덕분에 내 시야도 한층 넓어졌고, 우리의 전문적 신뢰와 우정은 점점 더 깊어졌다. 내가 학장으로 재임하는 동안, 그는 언제나 든든한 후원자이자 조언자로서 큰 힘이 되어 주었다. 우리 학교 창립 50주년 기념 심포지엄에서는 기꺼이 기조연설을 맡아 주었는데, 그의 참여 덕분에 그날은 더욱 뜻깊고 잊지 못할 순간으로 남았다.

학장 퇴임식 때도 스톨러 학장님은 직접 참석해 내 오랜 재임을 축하해 주었다. 그의 따뜻한 축사와 진심 어린 격려는 큰 감동을 주었고, 우리가 함께 쌓아 온 깊은 신뢰와 우정이 얼마나 소중한지 새삼

(왼쪽부터) 저자 그리고 크리스챤 스톨러 학장

느끼게 해주었다.

스톨러 학장님은 동료이자 친구로서 내 인생과 경력에 큰 흔적을 남겼다. 그의 현명한 조언과 한결같은 지지 덕분에 나는 수많은 고비를 잘 넘길 수 있었고, 그의 우정은 내게 늘 든든한 버팀목이 되어 주었다. 우리는 함께 많은 대화를 나누며 소중한 추억을 쌓았고, 나는 그 모든 시간에 진심으로 감사하고 있다. 스톨러 학장님의 영향력은 한 사람의 경력을 뛰어넘어, 진정한 협력과 동료애의 가치를 보여 주는 소중한 유산으로 남아 있다.

밥 윌슨 회장님*Chairman Bob Wilson*

밥 윌슨 회장을 처음 만난 건 1995년, 내가 UCLA 치과연구소장으로 재직하던 시절이었다. 그날의 기억은 지금도 내 마음속에 선명하다. 말없이 건네 온 악수, 따뜻한 눈빛 그리고 그 눈빛 뒤에 담겨 있던 깊고도 고요한 울림. 그는 말보다 행동으로 사람의 마음을 움직이는 사람이었다.

밥은 UCLA를 누구보다도 사랑한 자랑스러운 동문이었다. 잠시 UCLA 로스쿨에 몸담았지만 인생의 방향을 달리 잡은 그는 은행에서 대출 담당자로 사회생활을 시작했고, 곧 자신의 신념과 눈으로 바라본 세상 속에서 부동산 개발이라는 길을 스스로 열었다. 그가 일군 사업은 단순한 성공의 지표를 넘어, '사람을 위한 공간'을 짓는 일이었다. 미국 전역에 60개가 넘는 대형 쇼핑몰과 수많은 식당들이 그의 손끝에서 탄생했다. 특히 샌디에이고에는 무려 1,500명이 넘는 손님을 동시에 맞이할 수 있는 대형 식당이 있었고 여기서 일하는 직원 수만 400여 명에 육박했다.

그런데 그런 성공보다 더 깊이 내 가슴을 울린 건 어느 날 그가 들려준 한 편의 이야기였다. 샌디에이고의 그 대형 레스토랑에서 큰 화재가 나 1년 넘게 영업이 중단된 일이 있었다고 한다. 그런데 그는 그 기간 내내 모든 직원의 고용을 유지하며 단 한 번도 거르지 않고 급여를 지급하고 의료보험료를 지원했다고 한다. "그들도 나를 믿고 함께 해줬는데, 내가 어찌 그들을 버리겠나." 그 한마디에 나는 숨이 멎는 듯했다. 그것은 인간에 대한 믿음과 책임 그리고 사랑이 깃든 말이었다.

한번은 그와 함께 델마에 있는 그의 레스토랑에서 식사를 한 적이 있다. 점심시간이었고, 바쁜 와중에도 그는 지나치는 직원 한 명 한 명에게 이름을 불러 인사했고, 눈을 맞추고 안부를 물었다. 누군가의 가족이 아프다는 이야기를 기억하고, 그날 당장 병원비를 지원해 주겠다는 말까지 꺼냈다. 나는 그 모습을 보며 깨달았다. 밥 윌슨에게 직원은 '고용인'이 아니라 '삶을 함께 나누는 동반자'였다는 것을. 그리고 그 따뜻한 마음은 직원들에게도 고스란히 전해져 있었다. 그를 바라보는 직원들의 눈빛은 존경과 애정이 깃든, 가족을 대하는 듯한 눈빛이었다.

그는 항상 내게 이렇게 말했다.

"나는 평생 사람을 소중히 생각했어. 결국 사람이 먼저지."

그 말은 그저 멋진 문장이 아니었다. 그것은 그가 살아온 방식, 그가 세상을 대하는 자세였다. 그는 누구든지 차별 없이 존중했고, 도움이 필요한 사람에게는 늘 먼저 다가갔다. 나보다 더 잘사는 사람, 더 많이 가진 사람은 많았지만, 나보다 더 사람을 사랑한 사람은 없었다고 말할 수 있는 유일한 사람이었다.

나는 그를 알게 된 것을 인생의 큰 축복이라 여긴다. 그와의 만남은 내 삶을 바꾸어 놓았다. 사람을 대하는 태도, 책임을 지는 용기, 나눔을 실천하는 삶. 그는 그것들을 책이 아니라 삶으로 가르쳐 주었다. 겸손이란 무엇인지, 진정한 성공이란 무엇인지 그리고 인생이란 결국 누군가의 마음에 어떤 흔적을 남기는 일임을—밥은 내게 그렇게 가르쳐 주었다. 그는 내 마음에 하나의 문을 열어 준 사람이었다. 그리고 그 문 너머엔, 진정으로 따뜻한 사람이 되어야 한다는 삶의 진실이 기다리고 있었다.

밥 윌슨 회장은 UCLA 치과대학의 사명 실현에 기여해 준 여러 인연 중에서도 단연 두드러지는 존재였다. 그의 온화하고 인정 많은 리더십은 우리 대학과 UCLA 공동체 그리고 세상 너머까지 깊은 울림을 남겼다. 교육, 의료, 자선 활동을 향한 그의 한결같은 헌신은 세상을 더 나은 곳으로 만들고자 하는 모든 이들에게 살아 있는 등불이 되었다.

캘리포니아 베니스에 설립된 UCLA 윌슨-제닝스-블룸필드 치과센터(UCLA Wilson-Jennings-블룸필드 Dental Center)는 밥 윌슨 회장의 정신이 살아 숨 쉬는 증거다. 이 최첨단 시설은 의료 접근성의 벽을 허물고, 소외된 이들에게 양질의 치과 진료를 제공하기 위해 세워졌다. 윌슨 회장은 경제적 지위에 따라 인간의 존엄이 좌우되지 않는 세상을 꿈꾸었고, 그 숭고한 꿈은 이곳에서 매일같이 현실로 구현되고 있다. 오늘날에도 수많은 사람들이 이곳에서 필수적인 치료를 받으며, 윌슨 회장이 심어 놓은 사랑과 정의의 씨앗을 거두고 있다.

그러나 그의 헌신은 진료실에만 머물지 않았다. UCLA 치과대학의 교육과 연구 역시 윌슨 회장과 매리언 여사의 아낌없는 기부를 통해 거듭나게 되었다. 그들이 세운 '밥 & 매리언 윌슨 석좌교수직'과 '밥 & 매리언 윌슨 장학 기금'은 교육이 인생을 변화시킬 수 있다는 그들의 굳은 믿음을 증명했다. 이 기금들은 세계 최고 수준의 교수진을 유치하고, 획기적인 연구를 가능케 하며, 열정과 재능을 가진 학생들이 자신의 꿈을 향해 거침없이 나아갈 수 있도록 든든한 토대를 마련해 주었다. 세월이 흘러도, 그들의 관대함은 끊임없이 새로운 생명을 불어넣고 있다.

윌슨 회장은 학생들의 성취를 격려하는 데도 누구보다 앞장섰다. 그는 나의 이름을 딴 '박노희 박사 상(Dr. No-Hee Park Award)'의 설립에 결정적인 기여를 했다. 이 상은 매년 리더십, 연구, 예술과 과학 분야에서 탁월한 성과를 이룬 세 명의 치과대학 3학년 학생에게 1인당 매년 2만 불의 상금을 수여하는 상이다. 수상자들은 경제적 지원과 함께, 자신의 재능을 세상에 꽃피우고 더 큰 선을 위해 헌신할 강력한 동기를 얻게 된다.

(왼쪽부터) 저자와 밥 윌슨 회장. 2015년 UCLA 치과대학 창립 50주년 갈라 행사에서

그러나 무엇보다도 월슨 회장이 남긴 가장 깊은 유산은 그의 훌륭한 인격이었다. 그는 뛰어난 지도자이기 전에, 누구에게나 다가갈 수 있었던 따뜻한 사람이었다. 언제나 겸손했고, 진심 어린 관심으로 타인을 대했으며, 흔들림 없는 신념으로 삶을 이끌어 갔다. 그는 단순한 후원자가 아니라, 삶을 나누는 멘토였고, 진정한 친구였다. 그를 알게 된 모든 이들은 그의 존재 자체에서 깊은 영감을 얻었다.

월슨 회장이 93세의 나이로 세상을 떠났을 때, 그 빈자리는 이루 말할 수 없이 컸다. 그의 장례식에는 각계각층에서 모인 이들이 진심을 담아 그를 추모했다. 모두가 월슨 회장의 관대함, 비전 그리고 따뜻한 인간미가 자신에게 어떤 변화를 가져왔는지를 가슴 깊이 새겼다. 그날의 장면은 그의 선한 영향력이 얼마나 깊고 넓게 퍼져 있었는지를 극명하게 보여 주었다. 나 또한 그날, 다시금 가슴 저리게 깨달았다. 밥 월슨 회장의 지원과 믿음이 없었다면, 내가 학장으로서 걸어온 길은 훨씬 더 험난하고 외로웠을 것이라는 사실을.

랄프 샤피로 회장님*Chairman Ralph Shapiro*

지난 25년 동안, 비할 데 없는 겸손과 관대함 그리고 진실성을 지닌 랄프 샤피로 회장과 인연을 맺어 온 것은 내 인생의 커다란 축복이었다. 부동산 변호사이며 헌신적이고 가정적인 랄프는, 자기계발에 대한 끊임없는 열정과 함께 친절한 성품으로 주변 모든 이에게 끝없는 영감을 선사했다. 그는 단순히 훌륭한 인격을 지닌 개인을 넘어, UCLA, UCLA 치과대학 그리고 수많은 비영리 단체에 자애로운 손길을 펼친 위대한 자선가였다. 랄프는 그의 부인 셜리 여사와 함께 조용하고 겸손하게, 그러나 깊고 강력하게, 우리의 미래 세대를 위해 석좌교수직과 장학 기금을 설립하며 변함없는 지원을 이어 갔다.

2008년, 랄프와 셜리 여사는 UCLA 치과대학을 향한 신뢰와 사랑을 담아 '박노희 박사 석좌교수직'을 설립했다. 백만 달러에 달하는 그들의 기부는 교육과 의료에 대한 한결같은 헌신뿐 아니라, 나의 비전에 대한 굳건한 믿음을 보여 주는 증표였다. 그들의 지원은 단지 교수진의 유지와 연구 역량 강화에 그치지 않고, 학교의 사명을 향한 신뢰와 헌신을 뜨겁게 증명했다. 스스로의 이름이 드러나기를 원치 않고 오직 일의 결과에 집중했던 랄프의 소신은 그의 진정한 이타심을 온전히 보여 주는 것이었다.

랄프는 단순한 후원자가 아니었다. 그는 세상의 가장 연약한 이들에게 먼저 손을 내미는 사람이었고, 그 손길에는 말로 다 담을 수 없는 따뜻함이 배어 있었다. 장애를 가진 이들을 위한 그의 헌신은 단순한 동정이 아니었다. 그것은 깊고도 본질적인 공감, 타인의 고통을 마치 자기 일처럼 껴안는 사람이 아니고선 결코 가질 수 없는 마음이었다.

그는 UCLA에 '장애환자 치과진료 석좌교수직'을 설립하기 위해 아낌없는 기부를 했고, 오랫동안 소외되어 있던 장애환자 전용 진료소를 새롭게 단장할 수 있도록 힘을 보탰다. 그 공간은 이제 누군가에겐 마지막 희망이자 인간으로서 존엄을 회복하는 문턱이 되었다. 나는 그가 이뤄 낸 결과보다 그 안에 깃든 마음에 더욱 깊이 감동했다. 공감이란, 누군가의 아픔을 알아채는 섬세한 감각이면서도, 그 아픔을

(왼쪽부터) 밥 윌슨 회장, 셜리 샤피로 여사, 그리고 랄프 샤피로 회장.
2017년 저자의 초상화 제막식에서

덜어 주기 위해 행동하는 용기라는 것을 그는 온몸으로 보여 주었다

랄프와의 인연은 내 삶에 말로 표현할 수 없는 기쁨을 가져다주었다. 우리는 음식과 와인에 대한 사랑을 공유하며 우정을 더욱 깊게 다

져 갔다. 자선 활동을 넘어, 그는 내게 마음이 통하는 진정한 친구였고, 언제나 변함없는 격려의 원천이었다. 그는 특유의 관대함과 겸손함 그리고 통찰력을 통해 수많은 사람들의 삶 속에 깊고도 영원한 흔적을 남겼다.

2024년 8월 14일, 랄프는 93세의 나이로 조용히 세상을 떠났다. 그러나 그가 남긴 깊은 친절과 비전의 유산은 결코 사라지지 않을 것이다. UCLA는 그의 탁월한 공헌을 진심으로 기리며 공식 부고를 발표했고, 2024년 12월 5일에는 그 놀라운 삶을 찬양하는 추모식을 거행했다. 랄프의 별세에 나는 깊은 상실감에 잠겼지만, 동시에 그의 삶과 인연을 맺을 수 있었던 것에 대해 한없는 감사를 느꼈다. 랄프는 단순한 친구나 자선가를 넘어, 많은 세대에 영감을 주는 살아 있는 유산 그 자체였다.

나의 연구 제자들

지난 50년 동안 나는 100명이 넘는 제자들의 연구 여정을 함께하며 그들을 지도하고 멘토링할 수 있는 특권을 누렸다. 그들 중 많은 이들이 미국을 비롯한 여러 나라에서 존경받는 교수이자 연구자로 성장했다. 나는 그들의 발전에 조금이나마 기여했다는 사실에 큰 자부심을 느낀다. 하지만 돌이켜 보면, 그들 또한 나에게 깊은 영향을 주었다. 제자들의 열정과 호기심 그리고 신선한 시각은 내가 예상하지 못한 방식으로 나를 성장시키고 내 경력에도 새로운 활력을 불어

넣었다.

내 지도의 중심에는 늘 한 가지 믿음이 자리 잡고 있다. 연구 교육은 단순히 지식을 전달하는 데 그쳐서는 안 되며, 비판적 사고와 지적 호기심 그리고 흔들림 없는 진실성을 기르는 과정이어야 한다는 것이다. 나는 언제나 학생들과 젊은 연구자들이 독립적으로 사고하며 복잡한 문제를 해결하고, 의미 있는 기여를 하며 최고의 윤리 기준을 지킬 수 있도록 돕고자 했다.

◈ 호기심과 독립성: 연구의 뿌리

훌륭한 연구는 무엇보다 '왜?'라는 질문에서 시작된다. 나는 제자들에게 항상 열린 마음으로 연구에 접근하고, 해결되지 않은 질문을 끝까지 파고들며, 기존 지식의 빈틈을 찾아내길 강조했다. 호기심은 혁신의 씨앗이지만, 그것만으로는 충분하지 않다. 진정한 성장은 독립성을 통해 완성된다. 그래서 나는 제자들이 자기 연구에 온전히 주인의식을 갖고 실험 설계, 데이터 분석, 결과 해석까지 직접 해내도록 이끌었다. 이 실습 중심의 접근은 제자들이 자신감을 키우고, 궁극적으로 스스로 연구를 주도할 수 있는 힘을 기르는 데 큰 밑거름이 되었다.

◈ 철저함, 진실성 그리고 협력: 연구의 기본기

과학은 꼼꼼함과 정직함 위에 세워져야 한다. 연구는 반드시 재현 가능해야 하며, 투명하고 정직하게 수행돼야 한다. 나는 늘 제자들에게 '철저함'이 곧 연구자의 기본임을 강조했고, 최고의 윤리 기준을 지키는 것이 그들의 책무임을 분명히 했다. 그러나 연구는 결코 혼자서는 완성될 수 없다. 협력이 중요하다. 특히 빠르게 변화하는 오늘날, 학문 간 경계를 넘어 다양한 분야의 지식을 융합하는 일이 점점 더 중요해지고 있다. 나는 제자들에게 다른 분야의 전문가들과 협력하며 시야를 넓히고 연구의 깊이와 폭을 더하라고 늘 권했다.

◈ 과학에서 소통의 힘

연구의 가치는 그것이 세상과 공유될 때 비로소 완성된다. 훌륭한 연구자는 뛰어난 소통가이기도 해야 한다. 나는 제자들이 논문 작성 능력을 키우고, 연구 결과를 명확하게 발표하며, 학회나 세미나에서 자신 있게 의견을 전할 수 있도록 세심하게 지도했다. 강력한 소통 능력은 연구가 올바른 청중에게 전달되도록 보장할 뿐 아니라, 새로운 아이디어를 이끌어 내고 더 넓은 과학 공동체와의 연결 고리를 만들어 준다. 결국 과학은 단순히 지식을 발견하는 것이 아니라 그 지식을 세상과 나누는 일이다.

◈ 평생 학습과 적응력

연구는 끊임없이 진화한다. 나는 언제나 제자들에게 평생 학습의 중요성을 강조해 왔다. 새로운 아이디어, 방법론, 기술에 늘 열린 태도를 유지하는 것은 연구자로서 반드시 갖춰야 할 덕목이다. 빠르게 변화하는 환경에 유연하게 적응하는 능력은 장기적인 성장과 성공의 열쇠가 된다.

◈ 윤리적이고 영향력 있는 연구자 양성

이 모든 원칙을 연구 교육의 뼈대 삼아, 나는 단순히 지식을 갖춘 연구자를 키우는 것을 넘어 윤리적이고 영향력 있는 사람으로 성장시키고자 했다. 내 목표는 제자들이 스스로 발견의 길을 개척해 나가며, 연구 그 자체를 넘어 학문과 사회에 깊은 울림을 주는 인물이 되도록 돕는 것이었다.

이어지는 페이지에서는 나의 멘토링을 통해 눈에 띄는 성공을 거둔 제자들의 이야기를 소개할 예정이다. 그들의 흔들림 없는 헌신과 강인한 가치관 그리고 각자의 자리에서 만들어 낸 의미 있는 성과들은 멘토링의 진정한 가치를 잘 보여 준다. 모두의 업적을 일일이 담지 못해 아쉽지만, 특히 학계와 의료 분야에서 두드러진 공헌을 해온 제자들의 여정을 집중 조명하려 한다.

결국 우리가 남기는 가장 큰 유산은 바로 우리가 길러 낸 사람들이다. 나는 이곳에 소개된 제자들이야말로 내 인생 최고의 자산임을 자신 있게 말할 수 있다.

루벤 김 교수*Dr. Reuben Kim*

루벤의 이야기는 놀라운 회복력과 인내 그리고 역경을 딛고 일어선 승리의 여정이다. 나는 1997년, 그가 UC 샌디에이고에서 유망한 생체공학도로 공부하던 시절 처음 만났다. 학장으로서 행정 업무가 많아 직접 지도할 기회는 제한적이었지만, 그는 내 연구실에서 강모관 박사 등 여러 박사후 연구원들과 함께 일하며 과학적 이해력과 흔들

2017년 우리 연구팀

림 없는 성실함으로 곧 두각을 나타냈다.

1999년, 루벤은 UCLA 치과대학에 입학하며 새로운 도전을 시작했다. 비록 시간이 충분치 않았지만 나는 그 시기에 그를 최대한 돕고자 애썼고, 그는 기대 이상으로 성장해 주었다. 2003년 치과대학을 졸업한 그는 UCLA에서 곧바로 구강생물학 박사과정에 진학해 연구에 몰두했고, 2008년 박사 학위를 취득하며 또 한 번 도약했다. 그는 단연코 가장 촉망받는 젊은 학자 중 한 명으로 자리 잡았다.

당시 보존치과학 분야는 전국적으로도 인재가 부족했기에 나는 그가 박사과정을 마치기도 전에 조교수로 채용하는 과감한 결정을 내렸다. 그 선택은 곧 옳았음이 증명됐다. 루벤은 학생들을 가르치는 데도 뛰어났고, 열정적이면서도 명확한 설명으로 학생들의 신뢰를 얻었다. 동시에 연구에서도 놀라운 성과를 내며 굵직한 외부 연구비를 유치했다. 이런 노력의 결과 그는 종신 교수권을 획득했고, NIH의 주요 연구비 두 건을 따내며 학자로서 완전히 자리 잡았다.

하지만 2017년, 루벤은 림프종이라는 충격적인 진단을 받았다. 항암 치료로 머리카락과 눈썹이 빠지는 고통 속에서도 그는 강의를 멈추지 않았다. 나는 그가 힘든 치료 중에도 묵묵히 학생들 앞에 서던 모습을 잊지 못한다. 그의 용기와 끈기는 학생들에게도 큰 울림을 줬다.

그의 투병 소식은 학교 전체에 큰 충격을 안겼지만, 모두가 한마음으로 그를 응원하고 기도했다. 나 역시 간절한 마음으로 그의 쾌유를 빌며, 함께 고통을 나눴다. 그리고 마침내 기적 같은 일이 일어났다. 루벤은 완치 판정을 받았고, 그 소식은 모두에게 벅찬 기쁨을 안겨 주었다. 그것은 단순히 개인의 승리가 아니라 우리 모두의 승리였다.

회복 후 루벤은 다시 힘차게 도약했다. 나는 그의 역량을 믿고 보존치과학 과장직에 지원할 것을 권유했다. 초기에는 우려도 있었지만 나는 그의 잠재력을 확신했고, 그 믿음은 결국 현실이 됐다. 그는 현재 예방 및 복원과학 부서장을 맡아 보존치과학과 소아치과학 두 부서를 이끌고 있다. 여전히 열정적인 과학자이자 영감을 주는 교육자로 활약하며, 정의로운 소신과 용기로 늘 앞장서는 인물이다.

루벤의 여정은 인간 정신의 강인함을 보여 주는 살아 있는 증거다. 학생 시절부터 지금까지 그는 끊임없이 도전하며 자신의 한계를 넘어섰고, 그 과정에서 우리 모두에게 깊은 울림을 주었다. 나는 그의 이야기가 아직 끝나지 않았다고 믿는다. 앞으로도 그는 치의학계에서 더욱 큰 발자취를 남길 것이며, 나에게도 언제나 특별한 존재로 남을 것이다. 그는 심지어 언젠가 나의 마지막 길을 배웅하겠다고 기꺼이 약속했을 만큼, 내 인생에서 아주 깊은 인연으로 자리하고 있다.

강모관 교수

강모관 박사의 여정은 학생에서 학자 그리고 행정가와 임상가로 이어지는 보기 드문 경로였다. 처음 만났을 때부터 그는 지적 능력과 열정 그리고 탁월함을 향한 끈기를 두루 갖춘 인물이었다. 그의 학문적 호기심과 과학에 대한 열정은 대학 시절부터 빛났고, 치과대학 입학 이후에도 그 열정은 식을 줄 몰랐다. 내 지도 아래 그는 치의학 박사(DDS)와 이학박사(PhD)를 동시에 이수하는 고된 길을 걸었고, 2000년에 그 목표를 이뤄 냈다.

당시 근관치료(치아 신경 치료) 분야에는 임상 능력과 학문적 깊이를 모두 갖춘 인재가 절실했다. 나는 강 박사가 원래 치주학에 더 관심을 두고 있었음에도 불구하고, 근관치료 전문의 과정을 선택하도록 권유했다. 그는 오랫동안 고민했지만 내 조언을 믿고 그 길을 택했다. 그 선택은 그의 커리어를 크게 바꿔 놓았다. 그는 연구와 학문적 노력으로 상당한 외부 지원금을 받았고, 세계적 권위를 지닌 학술지에 다수의 논문을 게재하며 빠르게 성장했다.

UCLA에서 그는 구성 및 재생 과학 부서장으로서 근관치료, 치주학, 보존치과학을 포함한 여러 분야를 지휘했고, 근관치료 부문의 교수이자 잭 와이크먼(Jack Weichman) 석좌교수로도 활약하며 깊은 인상을 남겼다.

그의 성장 과정은 학문적 열정과 멘토링의 힘을 잘 보여 준다. 나는 그를 지도하면서 인재 양성의 중요성을 새삼 절감했고, 그가 만들어 낸 성취는 내게 큰 자부심이었다. 그러나 그는 결국 전임 교수직에서 물러나 임상과 개인 진료를 병행하는 파트타임의 길을 택했다. 그 결정은 내게 개인적으로 복잡한 감정을 안겨 주었다.

그가 교수로서 이룬 성과는 분명 크고 지속적이었다. 하지만 그의 전환은 내가 그를 위해 꿈꿨던 길과는 다른 방향이었기에, 내 마음에 작은 아쉬움을 남겼다. 그 순간 나는 다시 한번, 커리어란 본질적으로 예측할 수 없고 끊임없이 변화하는 여정임을 깊이 깨달았다. 그리고 결국, 각자의 선택이 존중받아야 한다는 점도 새삼 확인하게 됐다.

신기혁 교수

신기혁 박사의 이야기는 그의 개인적 역사와 학문적 탁월함이 놀랍도록 얽혀 있는 여정이다. 우리의 인연은 내가 한국에서 군 복무 중이던 시절로 거슬러 올라간다. 그때 나는 그의 아버지의 주선으로 군 치과 진료를 하던 중 호기심 많고 수줍던 다섯 살 소년, 기혁을 처음 만났다. 그의 아버지는 훗날 한국 육군에서 소장까지 진급한 군인이었다. 그때만 해도 그 어린아이가 훗날 내가 가장 헌신적으로 멘토링한 학자 중 한 명이 될 줄은 상상조차 하지 못했다.

기혁은 고려대학교에서 생물학을 전공한 뒤 UCLA에서 내 지도 아래 구강생물학 석사와 박사과정을 밟으며 본격적인 학문적 여정을 시작했다. 초기에는 연구 경험이 부족해 우리 모두에게 쉽지 않은 시간이었지만, 그의 꾸준함은 결국 빛을 발했다. 철저함과 호기심을 무기로 그는 1995년에 박사 학위를 취득하며 연구자로서의 첫 발판을 마련했다.

졸업 후 그는 국방의 의무를 다하기 위해 한국으로 돌아갔고, 그 기간 동안 서울대 의대 암센터에서 5년간 박사후 연구원으로 근무하며 경험을 쌓았다. 2001년, 그는 다시 UCLA로 돌아와 조교수로 임용되었고, 그 순간은 우리 모두에게 감격스러운 귀환이었다. 한때 치료하던 어린 소년이 이제는 존경받는 동료 연구자로 성장한 모습을 지켜보는 일은 내 경력에서 손꼽히는 보람이었다.

지금 그는 UCLA 치과대학에서 약리학과 미생물학을 가르치는 교수로 재직 중이다. 그러나 그의 커리어는 단순히 강의에만 그치지 않는다. 그는 암 줄기세포 연구라는 도전적인 분야에 집중하며, 난치성 암을 이해하고 치료할 가능성을 넓히는 데 기여하고 있다. 기혁은 학문적 업적도 훌륭하지만, 뛰어난 강의 실력 덕에 학생들에게 가장 인기 있는 교수이기도 하다. 무엇보다 학생들에게 복잡한 개념을 친근하게 풀어내는 그의 강의는 늘 호평을 받는다. 진심 어린 관심과 배려로 학생들의 존경과 사랑을 한 몸에 받고 있다.

기혁의 여정을 돌이켜 보면, 군 치과 클리닉에서의 첫 만남이 결국 평생 이어질 멘토링의 출발점이었음을 새삼 느낀다. 그의 성장 스토리는 멘토링이 단순히 기술을 가르치는 일이 아니라, 함께 성장하며 긴밀한 유대감을 쌓아 가는 과정임을 잘 보여 준다. 그의 발전을 지켜보며 느낀 기쁨은 내 경력의 소중한 보람 중 하나였고, 나는 그가 걸어온 길을 진심으로 자랑스럽게 생각한다.

이소라 교수

소라가 처음 내 연구팀에 합류하고 싶다는 뜻을 밝혔을 때, 솔직히 나는 망설였다. 그녀의 이력은 연구실 지원자의 일반적인 기준과는 거리가 있었기 때문이다. 연세대학교 치과대학을 졸업한 그녀는 당시 UCLA 의대에서 신경외과 전공의로 있던 남편 임 박사와 함께 미국에 막 정착한 상황이었다. 치의학 전공자이긴 했지만, 기초과학 연구 경험은 전무했기에 망설일 수밖에 없었다.

그러나 나를 놀라게 한 것은 그녀의 집념이었다. 처음에는 반신반의했지만, 그녀는 연구자가 되겠다는 결심이 단단했다. 보수도 없고 공식적인 자리도 보장되지 않았음에도 결코 포기하지 않았다. 나는 그녀의 열정과 결의를 인정하지 않을 수 없었고, 결국 예외적으로 무급 연구원으로 받아들였다. 그 결정은 예상보다 훨씬 더 큰 결실을 가져왔다.

소라는 빠르게 자기 역량을 입증했다. 그녀의 근면함, 호기심 그리고 실험실 환경에 대한 놀라운 적응력은 단연 돋보였다. 공식적인 연구 경력이 없다는 점이 오히려 그녀에게는 더 큰 동기부여가 되었고, 어느새 그녀는 팀의 핵심 멤버로 자리 잡았다. 과학의 매력에 빠져든 소라는 결국 정식으로 박사과정에 등록하기로 결심했고, 그 힘든 길을 묵묵히 걸어갔다. 그 결심은 결코 쉽지 않았지만, 그녀는 모든 어려움을 기꺼이 감수하며 끝내 박사 학위를 취득했다. 이 과정에서 그녀는 인유두종바이러스(HPV) 등 중요한 연구 프로젝트를 성공적으로 수행했다.

하지만 그녀의 여정은 거기서 끝나지 않았다. 박사학위를 마친 후,

다시 임상의 길을 걷기로 마음먹은 소라는 UCLA에서 교정학 레지던트 과정을 밟으며 연구와 임상을 결합해 나갔다. 그리고 현재 그녀는 메릴랜드 치과대학에서 시간강사와 임상의를 겸하고 있다.

소라의 이야기는 인내와 유연함이 어떻게 경계를 허물고 길을 만들어 가는지를 보여 주는 훌륭한 예다. 여러 차례의 경력 전환과 도전을 거치며, 그녀는 자신만의 독특한 영역을 개척해 냈다. 소라의 여정은 열정과 결단력 그리고 끝없는 배움의 자세가 만나면 어떤 놀라운 결과를 만들 수 있는지를 증명해 준다.

백정화 교수

백정화 교수는 서울대학교에서 박사후 연구원으로 나의 연구실에 합류했다. 그녀는 첫 순간부터 연구에 대한 깊은 열정과 세심함 그리고 탁월한 분석력을 보여 주었다. 그녀의 존재는 단지 한 명의 연구자를 넘어, 우리 연구실 전체의 사고방식을 새롭게 자극하고 연구의 질을 끌어올리는 역할을 했다.

백 교수는 복잡한 실험을 탁월하게 설계하고 해석해 내며, 우리가 진행하던 여러 연구의 패러다임을 한 단계 끌어올렸다. 그녀는 우리 연구실에 짧지 않은 흔적을 남기고, 서울대로 돌아간 후 눈부신 성장을 거듭했다. 이제는 약리학 교수이자 학과장으로 재직 중이며, 특히 최첨단 뼈 연구 분야에서 주목받고 있다. 그녀의 업적은 단순한 실험실의 결과가 아니라, 미래의 치료법으로 이어질 수 있는 실용적 가능성의 토대가 되고 있다.

백 교수와의 인연은 우리가 함께 쌓아 올린 지적 교류와 상호 존중의 토대를 잘 보여 준다. 그녀는 서울대와 UCLA라는 두 연구 공동체 사이를 잇는 가교였으며, 그 교량 위에서 수많은 아이디어와 영감이 오갔다. 백 교수는 과학이라는 끝없는 탐구의 길에서 흔들림 없는 동반자였다.

민병무 교수

민병무 교수는 박사후 연구원으로 처음 나의 연구실에 합류한 이후, 무려 다섯 차례에 걸쳐 다시 방문학자로 돌아왔다. 그의 복귀는 단순한 재방문이 아니라, 지속적인 신뢰와 학문적 동반자의 귀환이었다. 민 교수는 언제나 연구에 대한 놀라운 헌신과 날카로운 통찰력을 보여 주었고, 우리가 함께한 모든 프로젝트에서 그 뛰어난 자질을 분명히 드러냈다.

우리는 함께 여러 편의 영향력 있는 논문을 공동 저술하며, 각자의 전문 분야에 의미 있는 기여를 했다. 서울대학교에서 구강생화학 교수이자 학과장으로 활약한 그는, 교육과 연구 양면에서 깊은 존경을 받는 학자로 자리매김했다. 최근 그는 65세의 나이로 은퇴했지만, 그가 남긴 탁월함과 헌신의 유산은 여전히 학계에 울림을 남기고 있다.

민 교수와의 오랜 협업은 단순한 학문적 교류를 넘어, 국경을 초월한 진정한 학문적 파트너십이 무엇인지를 보여 주는 대표적인 사례였다. 그의 반복된 귀환과 변함없는 열정은 국제 협력의 진정한 가치와 지속 가능성을 증명해 주었다.

에우헤니오 에르보사 교수*Dr. Eugenio Herbosa*

에르보사 박사는 1982년 필리핀 마닐라의 동방대학교(University of the East)에서 학부 과정을 마쳤다. 졸업 후 하버드대학교 구강병리학 석사 과정에 진학했고, 바로 그 시기에 나는 그의 석사 연구 지도교수로 인연을 맺게 됐다. 1984년 1월 내가 UCLA로 자리를 옮기자, 에르보사 박사는 나를 따라와 내 지도를 받으며 연구 프로젝트를 마무리했다. 우리는 함께한 연구를 학술지에 게재하는 성과를 냈고, 그는 다시 하버드로 돌아가 정식으로 석사학위를 받았다.

이후 에르보사 박사는 UCLA의 구강악안면외과 레지던트 프로그램에 입학해 학업을 이어 갔다. 수련을 마친 뒤에는 미주리 주 세인트루이스로 가서 개인 진료를 개원하며 임상 현장에서 큰 성과를 거두었다. 임상 진료에 전념하는 동시에 캔자스대학교에서 시간제 임상교수로도 활동하며 후학 양성에 기여했다.

에르보사 박사는 오랜 세월 나와 꾸준히 직업적, 개인적 관계를 이어 왔다. 그는 UCLA에 대한 남다른 애정과 고마움을 늘 표현했고, 내가 학장으로 재직하는 동안 학교 발전을 위해 후한 기부도 아끼지 않았다. 그의 그런 모습은 나에게 늘 큰 감동과 감사로 남아 있다.

리차드 태니힐 교수*Dr. Richard J. Tannyhill*

리차드를 처음 만난 건 1994년, 그가 UCLA 치대 2학년이었을 때였다. 처음부터 호기심과 야망이 눈에 띄었고, 특히 연구에 대한 열정이 남달랐다. 그의 진지한 태도를 보고 나는 그를 연구실로 받아들였고, 세포 주기 조절과 암 발생에 관한 프로젝트를 맡겼다. 리차드는 놀라운 근면성과 꼼꼼함을 보였고, 중요한 데이터를 성실히 쌓아 나가며 연구자로서의 기초를 다졌다. 그의 헌신은 학생 연구 대회에서도 빛을 발했고, 그 연구는 결국 권위 있는 암 연구 저널에 게재되었다. 학부생 신분으로 이뤄 낸 성과치고는 이례적이었다.

졸업 후 그는 더 큰 도전에 나섰다. 1996년, 매사추세츠 종합병원의 구강악안면외과 레지던트 프로그램과 하버드 의대의 의학 박사(MD) 과정에 동시에 합격했다. 이 듀얼 프로그램은 엄청나게 까다롭고 힘든 과정이지만, 리차드는 이를 훌륭히 마쳤고 레지던트 수련과 의학 학위를 모두 취득했다. 이후 임상 현장에서 몇 년간 환자 치료에 전념하며 높은 전문성과 인간미로 명성을 쌓았다.

교육과 지도에 대한 열정으로 그는 다시 학계로 돌아왔다. 매사추세츠 종합병원 구강악안면외과 레지던트 프로그램의 디렉터를 맡아 미래의 외과의사들을 지도했으며, 현재는 보스턴대학교와 연계된 보스턴 메디컬센터에서 임상 교수이자 고급 교육 프로그램 디렉터로 활약 중이다. 리차드는 임상과 교육을 모두 아우르며 치의학 분야에 큰 발자취를 남기고 있다.

그는 항상 차분하고 협력적이며, 환자 한 사람 한 사람을 진심으로 대하는 태도로 존경받는다. 영어와 스페인어에 능통해 다양한 환자들과 자연스럽게 소통하며 문화적으로 세심한 진료를 실천하는 점도 큰 강점이다. 연구, 임상, 교육 등 여러 방면에서 그의 공헌은 이 분야에 깊은 흔적을 남겼다. 그의 성장을 지켜본 것은 내게도 큰 자부심이다.

제임스 캘러핸 교수*Dr. James Callahan*

제임스는 하버드 시절 내 동기였다. 당시 프로그램에서는 모든 학생이 졸업을 위해 연구 논문을 제출해야 했는데, 나는 이미 약리학 박사 학위와 하버드 의대 교수직을 갖고 있었기에 이 요건에서 면제되었다. 대신 다른 동기들의 연구 멘토로 참여할 기회를 얻었고, 그 덕분에 제임스와도 함께하게 됐다.

제임스는 처음부터 배우고자 하는 열망이 강했고 끈기가 돋보였다. 비록 연구 경험은 많지 않았지만 진지한 태도와 노력으로 부족함을 채워 갔다. 결국 그는 우리가 함께한 프로젝트로 감염질환학 저널에 논문을 발표하며 큰 성취를 이뤘다. 이는 그가 학자로서 성장했음을 보여 주는 중요한 이정표였다.

졸업 후 제임스는 추가 임상 훈련을 위해 로스앤젤레스로 옮겼고, 이후 환자 진료에 헌신하며 경력을 쌓았다. 그는 재향군인 병원의 치과 진료부장으로 임명되어, 임상 전문성을 발휘함은 물론 재향군인의 건강을 위해 특별한 사명을 다했다. 그의 헌신 덕분에 많은 재향군인들이 훌륭한 치료를 받을 수 있었다.

제임스는 UCLA 치과대학에서도 강사로 활동하며 교육자로서도 역할을 다했다. 그의 열정과 성실함은 많은 후학들에게 귀감이 되었고, 실무와 학문을 잇는 다리 역할을 훌륭히 수행했다. 그는 지금도 UCLA 교수진의 중요한 구성원으로 자리하고 있다.

제임스의 여정은 연구 초심자에서 존경받는 임상가이자 교육자로 성장한 이야기다. 그의 이야기는 열정과 인내 그리고 끊임없는 헌신이 얼마나 큰 힘을 발휘하는지를 잘 보여 준다. 나는 그의 학문적 여정을 함께할 수 있었던 것이 정말 자랑스럽고, 그의 성장을 지켜보며 늘 기쁘고 감사한 마음이다.

보 유 교수*Dr. Bo Yu*

보의 여정은 공학, 치의학 그리고 연구를 하나로 엮은 멋진 이야기다. 나는 2006년 UC 버클리에서 학부생으로 연구실에 들어온 보를 처음 만났다. 그때 이미 그의 뛰어난 두뇌, 근면함 그리고 겸손함이 인상 깊었다. 전기공학을 전공하며 3.95라는 놀라운 학점을 기록한 보는 단순히 이론에 머무르지 않고, 연구를 통해 한계를 넘어서겠다는 강한 의지를 보였다.

나는 그를 UCLA로 데려오기 위해 DDS와 PhD 결합 프로그램에 전액 장학금을 제공했고, 그는 춘유 왕(Cun-Yu Wang) 교수의 지도와 내 지원 속에서 눈부신 성과를 거뒀다. 2011년 DDS, 2014년에는 PhD를 취득하며 학업을 마친 그는 암 생물학과 줄기세포 연구에서 획기적인 결과를 내며 주요 학술지에 논문을 발표했고, 학계의 기대주로 떠올랐다.

2016년 보는 UCLA에 조교수로 복귀해 교육자이자 연구자로서 탁월한 성과를 이어 갔다. 학생들에게는 큰 영감을 주었고 '올해의 교수상'을 수상했으며, 암 치료와 재생의학 분야에서도 세계적 수준의 연구를 주도했다. 놀라운 성공에도 불구하고 그는 언제나 겸손했고, 주변 사람들에게 진심 어린 배려와 헌신을 아끼지 않았다. 보가 학부생에서 세계적 연구자로 성장해 나가는 모습을 지켜본 것은 내게 큰 기쁨이자 보람이었다. 그는 새로운 기회를 찾아 떠났지만, 그의 지성과 따뜻한 인품은 나와 우리 모두에게 계속 영감을 주고 있다.

백대일 교수

백대일 교수는 내 인생에서 특별한 의미를 지닌 인물이다. 그는 1986년 서울대학교에서 온 첫 방문 교수였고, 그래서 더 각별하게 기억된다. 공중보건학 교수로서 연구실에 합류했지만, 기초과학 분야에서는 경험이 많지 않았다. 그럼에도 불구하고 그는 탁월한 적응력과 배우려는 강한 열정을 보여 주었다.

우리 연구실에서 백 교수는 놀라운 성장을 보여 주었다. 복잡한 개념을 빠르게 이해하고 연구에 몰입하는 그의 자세는 늘 감탄을 자아냈다. 그는 어떤 어려움도 피하지 않았고, 오히려 그것을 성장의 발판으로 삼았다. 진정한 학자적 태도를 지닌 그는 안주하지 않고 늘 미지의 영역에 도전했다.

함께한 시간은 고작 1년이었지만, 그 짧은 시간 안에 우리는 깊고 진한 유대감을 쌓았다. 단순히 직업적 관계가 아니라 상호 존중과 신뢰, 진심이 바탕이 된 우정이었다. 백 교수가 떠난 뒤 연구실은 한동안 허전했지만, 그와의 인연은 오히려 더 단단해졌다.

세월이 흐르면서 나는 그를 동료이자 친구, 나아가 가족 같은 존재로 여기게 됐다. 우리가 함께한 시간은 단순히 연구 이상의 의미를 가졌고, 그는 내게 늘 영감과 위안을 주는 존재였다. 그의 태도와 학문적 열정은 내 인생에 깊은 흔적을 남겼다. 우리는 각자의 길을 가고 있지만, 우리의 인연은 시간과 거리를 넘어 여전히 굳건하다. 그는 내게 단순한 동료나 제자가 아니라 진정한 가족 같은 존재다.

쉬안 리우 교수*Dr. Xuan Liu*

쉬안 박사는 내 마음속에 언제나 아프게 자리 잡은 존재다. 그는 내 두 번째 박사과정 학생으로, 그와 함께한 시간은 말로 다할 수 없이 소중했다. 중국에서 미국으로 건너온 그는 연구자로서 큰 꿈을 품고 있었고, 탁월한 지성과 강한 추진력을 지녔다.

연구실에 합류한 순간부터 그는 뛰어난 창의성과 집중력을 발휘했다. 복잡한 문제를 새롭게 접근하는 능력이 뛰어났고, 연구팀의 핵심 인물로 빠르게 자리 잡았다. 그의 헌신은 한결같았고, 연구에 대한 기여도 매우 컸다. 그는 마침내 박사학위를 취득하며 오랜 노력의 결실을 맺었고, 이후 찰스 드루 의과대학 교수진으로 합류해 연구자이자 교육자로 활약했다. 그는 과학과 교육에 대한 헌신으로 학생들과 동료들에게 존경받았다.

나는 그를 우리 학교로 다시 데려오는 방안을 진지하게 고민하기도 했다. 그의 지성, 창의성 그리고 사람들을 고무시키는 힘은 정말 큰 자산이었다. 그러나 너무나도 안타깝게도 쉬안은 예기치 못한 사고로 세상을 떠났다. 그 소식을 들었을 때의 충격과 슬픔은 아직도 생생하다.

쉬안을 생각할 때마다 나는 그의 지성과 열정 그리고 인간적인 따뜻함을 떠올린다. 그는 더 이상 우리 곁에 없지만, 그의 창의성은 나와 그를 기억하는 모든 사람들에게 여전히 살아 숨 쉬고 있다.

셩린 리 교수 *Dr. Shenglin Li*

셩린 리 교수는 북경대학교 박사후 연구원으로 내 연구실에 합류했다. 2년 3개월 동안 그녀는 탁월한 근면함과 세심한 주의력으로 깊은 인상을 남겼고, 연구의 질을 한층 끌어올리는 데 크게 기여했다. 리 교수는 복잡한 과제를 명확하고 정밀하게 풀어내는 능력이 뛰어났고, 지적 엄격함과 끝없는 열정으로 나를 늘 감탄하게 만들었다.

첫 임기 후 3년이 지나 다시 UCLA를 찾았을 때, 그녀의 학문적 열정과 우리가 맺은 끈끈한 유대가 얼마나 깊은지 새삼 느낄 수 있었다. 처음엔 이름과 소속만 보고 중국인이라고 생각했지만, 나중에 그녀가 조선족임을 알게 되었고, 그 사실은 그녀의 이야기에 또 다른 흥미로운 색을 더했다. 이 경험은 지식 탐구가 얼마나 국경과 민족을 초월하는지 다시금 느끼게 해주었다.

리 교수는 연구 성과뿐 아니라 연구실 분위기에도 큰 영향을 미쳤다. 협력적이고 사려 깊은 태도로 동료들에게 늘 좋은 자극을 주었고, 지적 호기심과 상호 존중의 문화를 자연스럽게 만들어 갔다. 북경대학교로 돌아간 후에도 그녀는 꾸준히 뛰어난 성과를 이어 갔고, 마침내 북경대학교 구강의학대학 교수로 임명되며 자신의 자리에서 확고히 자리 잡았다.

2000년, 그녀는 나를 북경대학교 객원교수로 초청했다. 나는 늘 중국의 역사와 문화에 관심이 있었기에 기쁜 마음으로 처음 중국을 방문했다. 당시 중국은 아직 미개발국이었지만, 국민들이 교육과 학문을 진심으로 중시하는 모습이 깊이 와닿았다. 경제적 여건은 넉넉지 않았지만, 배움과 발선에 대한 그들의 열망은 눈부셨고, 나는 머지않아 중국이 세계적인 강국으로 성장할 것이라 예감했다. 그 예감은 결국 현실이 되었다.

셩린 리 교수의 여정은 개인적 성취를 넘어 과학적 교류와 문화적 연결의 힘을 보여 준다. 그녀와 함께한 시간은 나를 비롯해 많은 이들에게 지속적인 영감을 주고 있으며, 지식의 힘이 얼마나 멀리 뻗어 나갈 수 있는지 잘 증명해 주고 있다.

박노현 교수와 헬렌 김 교수

박노현 박사와 헬렌 김 박사는 서울대 의과대학의 존경받는 교수였다. 박 박사는 부인암 외과 전문의로 자궁경부암의 주요 원인인 HPV 관련 암 연구에 집중했고, 김 박사는 소화기 질환 전문의로서 암 연구에 각자의 영역에서 성과를 쌓았다. 이 부부는 연구실 안팎에서 훌륭한 연구 파트너였다.

박 박사 부부는 UCLA에 방문학자로 와서 2년간 심도 깊은 연구를 수행했으며, 함께 여러 영향력 있는 논문을 발표하며 암 생물학 발전에 크게 기여했다.

귀국 후 박 박사는 서울대학교 의과대학 종신 교수로 임용되었고, 이후 서울대 연구 부총장을 거쳐 한국 국립보건연구원 원장에까지 올랐다. 그의 경력은 학계뿐 아니라 공중보건 분야 전반에 걸친 리더십을 보여 주는 상징적 사례였다.

특히 흥미로웠던 것은, 나와 박 박사가 초등학교부터 대학교까지 같은 학교를 졸업한 동문이었다는 점이다. 이런 인연은 놀라울 만큼 드물고, 서로에 대한 신뢰와 우정을 한층 더 깊게 만들어 주었다. 박 박사와 함께한 시간은 협력과 우정이 어우러진 소중한 시기로 남아 있으며, 글로벌 연구 협력의 가치를 다시금 일깨워 주었다.

오종석 교수

오종석 교수는 뛰어난 의사이자 미생물학자로서, 방문학자 자격으로 나의 연구실에 합류했다. 그는 단순히 뛰어난 연구자였을 뿐 아니라, 우리 실험실에 분자생물학의 기반을 심어 준 창립자적 인물이었다. 그의 기여 덕분에 우리는 새로운 실험 모델을 구축할 수 있었고, 그 기반 위에서 수많은 과학적 진보가 가능해졌다.

연구실에서의 임기를 마친 뒤, 그는 전남대학교 의과대학으로 돌아가 미생물학 및 면역학과의 교수이자 학과장으로 활약했다. 특히 주목할 만한 업적은, 어린이 구강 내에서 발견한 유익한 박테리아를 통해 치아우식증을 예방할 수 있는 가능성을 제시한 연구였다. 이 획기적인 성과는 기초과학이 어떻게 실제 보건 문제의 해결책으로 이어질 수 있는지를 보여 주는 강력한 사례였다.

오 교수는 단순한 연구자가 아니었다. 그는 지식과 실천, 실험실과 병원, 연구와 현실을 잇는 다리였다. 그의 과학적 여정은 의학과 생물학, 교육과 응용 사이의 경계를 허물었고, 그가 쌓아 올린 성취는 지금도 수많은 사람에게 영감을 주고 있다.

케이시 리 교수*Dr. Kasey Li*

케이시 리 박사는 UCLA 치과대학 마지막 학년 때 나의 연구실에 들어왔다. 그는 졸업 후 또 다른 1년을 오롯이 우리 연구실에 헌신하며 석사 과정을 이어 갔다. 처음 만났을 때부터 느낄 수 있었던 그의 지식에 대한 갈망과 열정은 눈부시게 빛났다.

리 박사의 학문적 여정은 결코 평범하지 않았다. 그는 매사추세츠 종합병원의 명망 높은 구강악안면외과 전문 프로그램에 입학하고, 동시에 하버드대학교 의학박사(MD) 과정에 도전했다. 이 혹독한 훈련을 마친 후에도 안주하지 않고 매사추세츠 안이병원에서 이비인후과 전문 프로그램까지 밟으며 자신의 전문성을 한층 더 갈고닦았다.

하지만 그의 탁월함을 향한 도전은 여기서 멈추지 않았다. 리 박사는 로스앤젤레스로 돌아와 UC 어바인에서 성형외과 펠로우로 활동하며 한계를 다시 넘어섰고, 마침내 스탠포드대학교 의과대학 임상교수로 임명되는 영예를 안았다. 그는 수면 무호흡증과 안면 재건 분야의 혁신적인 선구자가 되어, 자신의 클리닉을 세우고 복잡한 의학적 문제에 창의적 해법을 제시하는 독자적인 길을 개척했다.

고된 임상 현장에서도 리 박사는 연구에 대한 열정을 놓지 않았다.

그는 무려 100편이 넘는 임상 연구 논문을 발표하며 수면 무호흡증과 안면 재건 분야의 발전을 선도했다. 나는 그의 전문성을 인정하고 그를 우리 구강악안면외과학과의 학과장으로 초빙해 수면 무호흡증 센터를 설립하려는 야심 찬 계획을 세웠지만, 의과대학의 기존 프로그램과의 충돌로 인해 아쉽게도 그 꿈은 실현되지 못했다. 비록 영입은 무산되었으나, 리 박사와의 인연은 공적·사적으로 끈끈하게 이어져 오고 있다.

리 박사는 단순한 동료가 아니다. 그는 나에게 마치 아들과도 같은 존재다. 그의 찬란한 경력은 겸손함과 헌신이라는 본질적 가치로 더욱 빛나며, 그의 길을 함께 걸었던 이들에게 지금도 끊임없이 깊은 울림과 영감을 전하고 있다. 우리의 협력은 열정과 탁월함을 향한 흔들림 없는 헌신이 얼마나 강력한 결실을 맺을 수 있는지를 보여 주는 살아 있는 증거다.

박준봉 교수

거의 40년 전, 한국 경북대학교에서 온 박준봉 박사는 방문 교수로 나의 연구실에 합류했다. 그때부터 오늘에 이르기까지 우리의 인연은 끊임없이 이어져 오고 있다. 연구실에서 함께한 시간 동안 나는 그의 깊은 열정과 한없는 학문적 호기심에 감탄하지 않을 수 없었다. 비록 그의 주전공은 치주학이었지만, 그가 보여 준 학문에 대한 집념은 그 어떤 분야에서도 결코 빛을 잃지 않았다.

고국으로 돌아간 후 박 박사는 연구실을 새로 세우고 기초 과학의 길을 개척하기 시작했다. 그리고 경희대학교로 자리를 옮겨 학문적 여정을 이어 갔으며, 치과대학 학장으로 5년간 학교를 이끌었다. 법정 정년인 65세에 은퇴한 지금도 그는 여전히 왕성한 활동을 펼치고 있다. 특히 해외의 도움이 필요한 사람들을 위해 봉사하는 비영리 단체를 통해 기부와 나눔의 삶을 실천하며, 임상 의사로서도 높은 존경을 받고 있다.

박 박사는 지식인으로서의 탁월함뿐 아니라, 따뜻한 인품으로도 내게 깊은 인상을 남긴 분이다. 그의 일관된 열정과 학문적 성취는 우리 모두에게 끝없는 영감을 주며, 학자로서 살아간다는 것이 무엇인지를 다시금 일깨워 준다.

김경순 교수

김경순 교수는 1987년, 이화여자대학교에서 화학 박사 학위를 마친 뒤 박사후 연구원으로서 내 연구실에 합류하였다. 그녀는 인간 구강암 세포에서의 종양유전자 발현에 대한 연구를 수행하며, 2년간의 연구 활동 동안 탁월한 학문적 기여를 남겼다. 그녀의 연구는 단순한 실험을 넘어 암의 분자적 기전을 규명하려는 도전적 시도의 일환이었고, 우리 연구실에 새로운 활기를 불어넣는 계기가 되었다.

무엇보다도 김 교수의 존재는 실험실을 밝히는 등불 같았다. 특유의 생기 넘치는 성격, 끊임없는 지적 호기심 그리고 눈에 띄게 성실한 태도는 주변 연구자들에게 긍정적인 영향을 주었고, 연구실의 분위기를 더욱 활기차게 만들었다. 그녀는 자신의 프로젝트에 대해 깊이 있게 파고들며 문제 해결에 몰두했고, 그 과정에서 그녀의 학문적 진지함과 실험적 집념은 모든 동료들의 귀감이 되었다.

박사후 과정을 성공적으로 마친 후, 김 교수는 고국으로 돌아가 서울 명지대학교 화학과에 조교수로 임용되었다. 이후 수십 년에 걸쳐 연구와 교육에 헌신하며 눈부신 학문적 경력을 쌓아 왔다. 그녀의 강의는 열정과 통찰로 가득 차 있었고, 그녀의 연구는 국내 화학계의 수준을 한층 끌어올리는 데 기여하였다.

은퇴 후에도 그녀의 학문적 여정은 끝나지 않았다. 명지대학교에서는 그녀의 공로를 기리며 명예교수(Professor Emerita)의 칭호를 수여하였고, 김 박사는 여전히 후학들에게 영감을 주며 캠퍼스에서 존경받는 존재로 남아 있다.

김경순 교수의 삶은 단순한 연구자의 길을 넘어, 지식을 향한 열망과 후배들을 향한 따뜻한 헌신으로 빛나는 여정이었다. 그녀와 함께했던 시간은 나에게도 커다란 의미로 남아 있으며, 그녀의 이야기는 과학과 교육의 숭고한 가치를 말없이 증명하는 감동 그 자체였다.

카일 입 교수*Dr. Kyle Yip*

2003년, 나는 UCLA 학부 4학년에 재학 중이던 카일을 처음 만났다. 믿기 어려울 정도로 그는 고등학교 과정을 건너뛰고 중학교를 마치자마자 대학에 입학한 천재 소년이었다. 17세에 UCLA를 졸업한 그는 곧바로 나의 연구실에 합류했고, 그의 눈부신 재능은 단번에 드러났다.

나는 그의 잠재력을 한눈에 알아보고 대학원 석사과정을 추천했으며, 더 나아가 의대나 치대 진학까지 권유했다. 결국 그는 치의학의 길을 택했고 UCLA 치과대학을 졸업했다. 이후 USC에서 구강악안면외과와 의대를 통합한 프로그램을 통해 전문 과정을 마치고 의학박사 학위까지 취득했다.

오늘날 카일 입 박사는 로스앤젤레스 지역에서 저명한 구강악안면외과 전문의로 자리매김했으며, 10년 넘는 경력을 자랑한다. 현재 그는 하버-UCLA 메디컬 센터에서 구강악안면외과 프로그램 디렉터로 재직 중이며, 그 자리에서 임상적 탁월성과 차세대 외과의사 교육을 위해 헌신하고 있다. 그의 경로는 젊은 시절 내 연구실에서 시작된 작은 불꽃이 얼마나 거대한 빛으로 성장할 수 있는지를 여실히 보여 준다.

서진숙 교수

2016년 7월 1일, 나는 학장직에서 물러나 다시금 나의 뿌리였던 연구와 교육으로 돌아가기로 결심했다. 그때 나는 새로운 도전을 찾았다. 나는 치주학자였지만, 아이러니하게도 치주 질환 연구에 본격적으로 뛰어든 적은 한 번도 없었다. 이때 나는 치주염과 동맥경화, 알츠하이머병, 류마티스 관절염 등 전신 질환 사이의 연관성을 탐구하는 심층 연구에 착수했다.

바로 이 시기에 나의 연구실에 합류한 인물이 바로 서진숙 박사다. 두 아이의 엄마이자 다정한 남편을 둔 그녀는 놀라운 경력과 강인한 의지를 지닌 인물이었다. 함께 일하며 나는 그녀의 야망과 창의성, 독립심 그리고 근면함에 매료되었고, 그녀야말로 진정한 과학자의 표본임을 깨달았다.

그러나 약 1년 후 그녀의 남편이 실리콘밸리의 애플 테크놀로지로부터 취업 제안을 받으면서 그녀의 남편만 홀로 샌프란시스코 지역으로 이주하게 되었다. 남편과 떨어진 채 두 아이를 홀로 돌보며 연구를 이어 간 서 박사의 모습은 경이로웠고, 결국 그녀는 가족과 다시 합치기 위해 UCSF에서 새 직책을 잡았다. 나는 이 과정에서 그녀가 새로운 길을 열 수 있도록 기꺼이 힘을 보탰다.

단 2년, 결코 길지 않은 시간이었지만 서 박사의 기여는 실로 대단했다. 그녀는 그 짧은 기간 동안 우리 연구의 중추적 주제를 다룬 세 편의 중요한 논문을 발표하며, 그 누구도 부정할 수 없는 탁월함을 입증했다. 오늘날 그녀는 바이오테크 산업의 선두주자로 자리 잡아, 인공 연어 고기를 개발하는 혁신적 프로젝트에 몰두하고 있다. 지속 가능한 식량 문제 해결이라는 지구적 과제에 도전하는 그녀의 모습은, 창의성과 과학적 집념이 만나 세상을 바꾸어 가는 진정한 예라고 할 수 있다.

진숙은 지금 이 순간에도 연구실에서 그랬던 것처럼 새로운 혁신을 이끌고 있을 것이다. 나는 그녀가 걸어가는 길이 결코 평탄치 않더라도, 변함없이 과학의 경계를 넓혀 가리라 믿는다. 그녀의 놀라운 여정에 작은 이정표라도 될 수 있었던 것은 나에게도 큰 영광이었다.

야스히코 반도 교수

야스히코 반도 박사는 일본 메이카이대학교에서 부교수로 재직하던 중, 방문 학자로 나의 연구실에 합류했다. 치의학 박사(DDS)이자 해부학 박사(PhD)라는 든든한 학문적 토대를 지닌 그는, 기초과학 연구에 대한 폭넓은 지식과 깊이를 우리 팀에 불어넣으며 새로운 협력의 시대를 열었다. 반도 박사의 합류는 단순한 방문이 아니었다. 그는 첫날부터 연구에 몰입하며 열정적이고 치밀한 태도로 눈부신 헌신을 보여 주었다.

그는 인간 구강 세균을 이용한 쥐 모델의 치주염 유도 연구라는 중대한 프로젝트를 이끌었다. 그의 연구는 구강 건강과 전신 건강 사이의 미묘한 연결고리를 밝혀내는 데 핵심적인 역할을 했고, 임상계와 학계 모두에 새로운 패러다임을 제시했다. 그의 철저한 접근 덕분에 우리는 연구 결과를 권위 있는 학술지에 발표할 수 있었고, 이는 반도 박사가 남긴 커다란 족적의 증거로 남았다.

원래 계획은 2년의 체류였지만, 전 세계를 뒤흔든 코로나 팬데믹으로 인해 그 꿈은 갑작스레 꺾였다. 불가피하게 1년 만에 일본으로 돌아가야 했던 그는, 마지막까지 변함없는 성실함과 따뜻한 마음을 남기고 떠났다. 특히 팬데믹으로 인해 나의 집에서 식사 자리를 함께하지 못했던 유일한 방문 학자였다는 점은, 사소하지만 우리의 소중한 인연 속 아쉬움으로 남아 있다. 그 사실은 우리가 직면했던 전례 없는 시대의 상처와 도전을 상기시키는 상징적인 기억이 되었다.

2023년, 나는 메이카이대학교에서 강연할 기회를 얻었고, 그 자리에서 반도 박사와 다시 재회했다. 그는 여전히 연구에 열정을 불태우며 학생들을 성심껏 가르치고 있었고, 그 변함없는 모습에 나는 깊은 감동을 받았다. 그 재회는 공동 연구를 통해 맺어진 인연이 얼마나 오래 지속될 수 있는지를 보여 주는 뭉클한 순간이었다.

정 림 교수*Dr. Jung Lim*

정 림 박사는 1995년 UCLA 학부생으로 나의 연구실에 첫발을 디뎠다. 처음부터 남달랐다. 치밀하고 성실했으며, 실험대 앞에서 빛을 내는 학생이었다. 1997년, 그는 나의 지도 아래 석사 과정에 진학했고, 동시에 UCLA 치과대학에 입학하며 치열한 학문의 길을 걷기 시작했다. 이중 학위를 병행하는 고된 여정 속에서도 그는 결코 흔들리지 않았고, 마침내 2002년 치의학 박사(DDS)와 석사학위를 동시에 취득하는 눈부신 성과를 거두었다. 이는 강인한 인내와 탁월한 재능이 만나 이룬 인상적인 업적이었다.

그 후 그는 치열한 경쟁을 뚫고 펜실베이니아대학교 치과대학의 근관치료 레지던시 프로그램에 합격했다. 이 과정은 그의 임상 역량을 한 단계 끌어올리는 전환점이 되었고, 그는 근관치료 분야의 전문가로 자리 잡았다.

레지던시를 마친 그는 다시 로스앤젤레스로 돌아와 우리 대학에서 임상 조교수로 후학을 양성하는 길을 선택했다. 환자 진료와 교육을 병행하며 그는 학생들에게 깊은 울림을 주는 스승이 되었고, 임상적 탁월함과 친근한 강의 스타일로 학생들이 가장 존경하는 교육자 중 한 명으로 자리매김했다. 그의 걸음걸이는 치의학계에서 탁월함을 향한 집념과 열정이 어떤 열매를 맺을 수 있는지를 보여 주는 또 하나의 산 증거다.

웨이 첸 교수*Dr. Wei Chen*

웨이 첸 박사는 연구자로서의 본질을 완벽히 체현한 인물이다. 그는 무려 10년에 걸쳐 나의 연구실에서 중심적 역할을 수행하며 우리 연구의 핵심 동력으로 자리했다. 그가 참여한 수많은 프로젝트와 50편이 넘는 학술 논문은 그가 남긴 방대한 유산의 일부에 불과하다.

특히 동맥경화증 연구에서 그는 탁월한 실험 설계 능력과 집요한 분석으로 연구실의 명성을 높였고, 과학계에도 깊은 족적을 남겼다. 그의 혁신적 접근은 새로운 길을 개척했고, 연구실 전체의 수준을 끌어올렸다. 연구실에서의 그의 기여는 단순한 논문 이상의 가치가 있었으며, 매 순간이 우리 공동체를 성장시키는 자양분이 되었다.

현재 그는 우리 대학의 신임 조교수로서 또 다른 장을 열고 있다. 연구뿐 아니라 멘토링에도 깊이 헌신하며 차세대 연구자들에게 귀감이 되고 있다. 나는 첸 박사의 눈부신 여정을 지켜보며, 그가 앞으로도 변함없이 자신의 분야에서 혁신을 이어 나갈 것을 확신한다.

오드리 윤 교수*Dr. Audrey Yoon*

오드리 윤 박사는 처음 만났을 때부터 단연코 빛났다. 나는 학장 재임 시절, 서울대학교 치과대학 졸업생인 그녀에게 UCLA의 국제 치과의사 전문 프로그램(PPID)에 참여할 것을 적극 권유했다. 그만큼 그녀의 잠재력은 확신할 만했다. 프로그램에 참여한 그녀는 국제 학생으로서도 뛰어난 학업 성취와 리더십을 보여 주었고, 교정학 교수진의 지도하에 연구를 이어 갔다.

그녀는 다시금 도전을 멈추지 않았다. UCLA에서 교정학과 소아치과학을 결합한 전문의 프로그램에 입학하여 치의학 박사와 기초 의학 석사 학위를 취득했고, 그 과정에서 폐쇄성 수면무호흡증에 관한 획기적 연구를 완성했다. 현재 그녀는 스탠포드 수면 의학 센터의 임상 교수이자 태평양대학교의 교정학 임상 교수로 활동하며, 직접 창립한 '퍼시픽 교정-치과 수면 의학 펠로우십' 프로그램의 디렉터로도 활약 중이다.

윤 박사는 치과 수면 의학의 지평을 넓히는 데 누구보다 선도적이었다. 세계 치과안면 수면학회를 설립하고 회장직을 맡아 국제 학술계의 중추적 인물로 자리 잡았으며, 'DOME(Distraction Osteogenesis Maxillary Expansion: 수면무호흡증이나 비강 통로의 협착, 좁고 높은 치조궁을 가진 성인 환자의 상악 확장을 위해 고안된 신개념 최소침습 골절골 신장술)'이라는 혁신적 치료법을 개발하며 수면무호흡증 치료의 패러다임을 전환시켰다. 그녀는 단순한 연구자나 임상의가 아니다. 교과서의 여러 장을 저술하고 새로운 프로토콜을 제시하며, 글로벌 보건 전문가들에게까지 강연과 임상 자문을 아끼지 않는 선구자다.

윤 박사는 UCLA에 크나큰 명예를 안겨 주었으며, 내가 그녀를 UCLA로 영입했던 그 결정은 지금까지도 내게 큰 자부심으로 남아 있다. 그녀의 여정은 탁월함과 열정 그리고 끊임없는 도전의 역사이며, 치의학계의 미래를 밝혀 주는 등불이다.

김윤정 교수

김윤정 박사는 최근 내 연구실에 합류한 뛰어난 인재로, 서울대학교에서 방문 교수로 온 학자다. 기초 분자 생물학 연구 경험이 전혀 없었음에도 불구하고, 그녀는 탁월한 지능과 놀라운 적응력 그리고 흔들림 없는 결단력으로 단숨에 두각을 나타냈다. 처음부터 김윤정 박사는 복잡한 개념과 방법론을 꿰뚫는 비범한 통찰력과, 우리가 진행 중인 프로젝트에 완전히 몰입하는 열정과 근면함을 아낌없이 보여 주었다. 그녀는 놀라운 능력으로 새로운 연구 환경의 도전을 기꺼이 받아들이며, 스스로의 한계를 뛰어넘었다.

무엇보다 김윤정 박사의 가장 빛났던 점은 협업 정신과 뛰어난 문제 해결 능력이었다. 이러한 자질 덕분에 그녀는 놀라울 정도로 짧은 시간 안에 연구에 의미 있는 족적을 남길 수 있었다. 그녀는 새로운 분야의 높은 요구에 흔쾌히 맞서며, 실험 설계부터 데이터 분석, 원고 작성에 이르기까지 전방위적으로 참여해 기대를 훌쩍 뛰어넘는 성과를 만들어 냈다. 단 1년 만에 그녀의 헌신과 인내는 두 편의 연구 논문 공동 저자라는 빛나는 결실로 이어졌고, 이는 그녀의 잠재력과 학문적 탁월함을 극적으로 증명하는 인상적인 업적이었다.

기술적인 기여를 넘어, 김윤정 박사는 연구실에 따뜻한 동료애와 긍정의 에너지를 불어넣었다. 그녀의 호기심과 배움에 대한 열정은 지식을 나누고 동료들을 북돋우려는 태도와 맞물려, 연구실 전체의 분위기를 한층 더 풍요롭게 만들었다.

김윤정 박사를 지도하며 그녀가 연구자로서 성장하는 모습을 지켜

본 것은 내게 진정한 영광이었다. 그녀의 발자취는 노력, 적응력 그리고 배우고자 하는 열정의 힘이 얼마나 위대할 수 있는지를 여실히 보여 준다. 나는 그녀가 앞으로도 학문과 인생의 무대에서 쉼 없이 전진하며 비범한 성공을 거둘 것이라 굳게 믿는다. 김윤정 박사의 이야기는 그녀와 함께했던 모든 이들에게 깊은 울림과 영감을 선사한다. 나는 그녀가 앞으로 세상에 미칠 영향에 대해 큰 확신을 품고, 기대를 아끼지 않는다.

감사의 말

제가 기록한 이 자서전은 반성, 감사 그리고 성장의 여정을 담고 있습니다. 제 삶에서 중요한 역할을 해주신 많은 분들의 변함없는 지지와 격려가 없었다면 이 모든 성취는 불가능했을 것입니다.

가장 먼저 저의 가족, 특히 아내 율리에게 깊은 감사를 표하고자 합니다. 당신의 사랑과 나에 대한 믿음은 나의 가장 큰 힘의 원천이었습니다. 모든 도전과 성취 속에서, 늘 한결같은 당신이란 존재가 오늘의 나를 만들어 주었습니다.

또한 저를 한결같이 지지해 준 스승, 동료, 제자 그리고 친구들에게 진심으로 감사의 마음을 전하고 싶습니다. 여러분의 격려, 지혜 그리고 우정 덕분에 제 삶은 더욱 풍요로워졌고, 또 저의 이야기를 나눌 수 있는 자신감을 얻게 되었습니다.

친절함, 강인함, 현명함과 같은 고귀한 가치를 통해 저에게 영감을 주신 모든 분들께 진심으로 감사드립니다. 여러분의 영향은 제 삶에 지울 수 없는 흔적을 남겼으며, 이 책은 여러 면에서 여러분에게서 배운 교훈들의 반영입니다.

마지막으로, 시간을 내어 제 이야기를 읽어 주신 모든 독자들에게 감사의 말씀을 전하고 싶습니다. 작은 공감, 혹은 나아가 깊은 통찰이나 격려 등 어떠한 형태로든 제 삶의 이야기가 여러분의 마음에 울림을 줄 수 있기를 기대합니다.

깊은 감사와 함께,

박노희 *No-Hee Park*

❖ 박노희(No-Hee Park) 학장 이력

학력

1968년 치의학사(D.D.S.), 서울대학교, 치의학
1970년 치의학석사(M.S.), 서울대학교, 약리학
1971년 수료증(Certificate), 서울대학교, 치주학
1978년 이학박사(Ph.D.), 조지아 의과대학, 약리학
1980년 박사후 과정(Postdoc.), 하버드 의과대학 안구 연구소, 바이러스학
1982년 치의학박사(D.M.D.), 하버드대학교, 치의학

병역 사항

1971년~1974년 대한민국 육군 대위

학술 행정 경력 사항

1975년 1월~1978년 2월 박사후 연구원, 조지아 의과대학
1978년 3월~1980년 2월 박사후 연구원, 하버드 의과대학 안구 연구소
1978년 3월~1982년 6월 강사, 하버드 의과대학 안과학과
1982년 7월~1984년 12월 조교수, 하버드 의과대학 안과학과
1982년 7월~1984년 12월 조교수, 하버드대학교 치과대학
1984년 1월~1985년 6월 부교수, UCLA 치과대학

1985년 7월~2006년 6월 교수, UCLA 치과대학

2004년 7월~2006년 6월 교수, UCLA 데이비드 게펜 의과대학 내과(혈액학 및 종양학 분과)

2006년 7월~현재 석학교수, UCLA 치과대학 조직 구성 및 재생 과학부

2006년 7월~현재 석학교수, UCLA 데이비드 게펜 의과대학 내과(혈액학 및 종양학 분과)

행정 보직 경력 사항

1995년 1월~2002년 6월 소장, UCLA 치과연구소

1997년 1월~1998년 6월 연구부학장, UCLA 치과대학

1998년 7월~2016년 6월 학장, UCLA 치과대학

2016년 7월~ 현재 명예학장, UCLA 치과대학

주요 수상 및 표창

1978년 〈연구 펠로우십 상〉, 국립안구연구소(NIH), 미국

1997년 〈명예 이학박사〉, 세종대학교, 대한민국

2001년 〈뛰어난 과학자 상〉, 국제치과연구협회(IADR), 미국

2002년 〈자연과학 분야 우수과학자 상〉, KBS(한국방송공사) 해외동포상, 한국

2002년 〈올해의 자랑스러운 동문〉, 서울대학교 치과대학, 한국

2006년 〈석학교수〉, UCLA, 미국

2006년 〈초빙교수〉, 북경대학교 건강과학센터, 중국

2007년 〈Silver Anniversary 상〉, 하버드대학교, 미국

2007년 〈올해의 자랑스러운 서울대인〉, 서울대학교, 한국

2009년 〈치의학 부문 박노희 박사 석좌교수직〉 설립, UCLA, 미국

2010년 〈ADEA Gies 치과 교육자 공로상〉: 미국 치과 교육 협회가 선정한 세계 치과계에서 가장 뛰어난 업적을 이룬 교육자로 선정, 미국

2010년 〈올해의 뛰어난 동문〉, 조지아 의과대학, 미국
2012년 〈AAAS(미국 과학진흥협회) 펠로우〉: 구강암 및 치과 교육 분야, 특히 구강암 발생, 바이러스 감염 및 세포 노화에 대한 뛰어난 공헌을 한 인물에게 수여, 미국 과학진흥협회, 미국
2015년 〈2015년 명예 동문〉, UCLA 치과대학, 미국
2016년 〈명예박사(과학 분야)〉, 메이카이대학교와 아사히대학교, 일본
2017년 〈졸업식 연사〉, UCLA 치과대학 졸업식, 미국
2018년 〈대한민국 과학기술 유공자〉 선정, 한국
2019년 〈과학기술 명예의 전당〉 영예, 한국
2022년 〈AADOCR Irwin D. Mandel 우수 지도자 상〉, AADOCR(치과, 구강 및 두개 안면 연구 협회 2022/03/23 AADOCR/CADR 연례 회의), 미국

주요 연구 논문(총223건 중 엄선)

1. Immortalization of Normal Human Oral Keratinocytes with Type 16 Human Papillomavirus. Carcinogenesis 12(9):1627-1631, 1991. PMID:1654226
2. Combined oral carcinogenicity of HPV-16 and benzo(a)pyrene: An in vitromultistep carcinogenesis model. Oncogene 10:2145-2153, 1995. PMID:7784058
3. HPV-16 oncogenes E6 and E7 are mutagenic in normal human oral keratinocytes. Oncogene14:2347-2353, 1997. PMID:9178911
4. Anticancer Effect of Lentiviral Vector Capable of Expressing HIV-1 Vpr. Clinical Cancer Res.7:3567-3573, 2001. PMID:11705878
5. Heterogeneous Nuclear Ribonucleoprotein G Shows Tumor Suppressive Effect against Oral Squamous Cell Carcinoma Cells. Clinical Cancer Res.12:3222-3228, 2006. PMID:16707624
6. Grainyhead-like 2 Enhances the Human Telomerase Reverse Transcriptase Gene Expression by Inhibiting DNA Methylation at the 5'-

CpG Island in Normal Human Keratinocytes. J Biol Chem. 285:40852-40863, 2010. PMID:20938050

7. Histone Demethylases KDM4B and KDM6B Promote Osteogenic Differentiation of Human MSCs. Cell Stem Cell11:50-61, 2012. PMID:22770241

8. Non-canonical Wnt4 prevents skeletal aging and inflammation by inhibiting NF-κB. Nature Medicine, 20:1009-1017. Doi: 10.1038/nm.3586. Epub 2014. PMID:25108526

9. The p63 Gene is Regulated by Grainyhead-Like 2 (GRHL2) Through Reciprocal Feedback and Determines Epithelial Phenotype in Human Keratinocytes. Journal of Biological Chemistry, 2015 Aug 7;290(32):19999-20008. PMID: 26085095

10. Hyperlipidemia is Necessary for the Initiation and progression of atherosclerosis Induced by Severe Periodontitis in Mice. Mol Med Rep2022 Aug;26(2):273. 2022. 12789. PMID: 35795972

11. GV1001, hTERT Peptide Fragment, Prevents Doxorubicin-induced Endothelial-to-Mesenchymal Transition in Human Endothelial Cells and Atherosclerosis in Mice. Cells 2025 Jan 10;14(2):98. PMID: 39851526

주요 저서

1. The Oncogenesis of Head and Neck Cancer, Begell House, New York-Connecticut, 2018.

2. Novel Therapies in Head and Neck Cancer: Beyond the Horizon, Elsevier Inc. Academic Press, 2020.

당신은 그 길을 끝까지 갈 수 있습니다

글 박노희
옮긴이 임수현
발행일 2025년 8월 30일 초판 1쇄

발행처 다반
발행인 노승현
출판등록 제2011-08호(2011년 1월 20일)
주소 서울특별시 마포구 양화로81 H스퀘어 320호
전화 02-868-4979 **팩스** 02-868-4978

이메일 davanbook@naver.com
인스타그램 @davanbook

ISBN 979-11-94267-38-6 03510